プリント形式のリアル過去問で本番の臨場感！

京都府

同志社女子中学校

後期日程

2025年春受験用

解答集

本書は，実物をなるべくそのままに，プリント形式で年度ごとに収録しています。
問題用紙を教科別に分けて使うことができるので，本番さながらの演習ができます。

■ 収録内容

・解答集(この冊子です)

書籍ＩＤ番号，この問題集の使い方，最新年度実物データ，リアル過去問の活用，
解答例と解説，ご使用にあたってのお願い・ご注意，お問い合わせ

・2024(令和６)年度 ～ 2022(令和４)年度　学力検査問題

○は収録あり	年度	'24	'23	'22		
■ 問題(後期日程)		○	○	○		
■ 解答用紙		○	○	○		
■ 配点		○	○	○		

算数に解説があります

◎前期日程は別冊で販売中
注)国語問題文非掲載:2023年度の問題二

問題文の非掲載につきまして

著作権上の都合により，本書に収録している過去入試問題の本文の一部を掲載しておりません。ご不便をおかけし，誠に申し訳ございません。
本文の一部を掲載できなかったことによる国語の演習不足を補うため，論説文および小説文の演習問題のダウンロード付録があります。弊社ウェブサイトから書籍ＩＤ番号を入力してご利用ください。
なお，問題の量，形式，難易度などの傾向が，実際の入試問題と一致しない場合があります。

教英出版

JN131808

■　書籍ＩＤ番号

入試に役立つダウンロード付録や学校情報などを随時更新して掲載しています。
教英出版ウェブサイトの「ご購入者様のページ」画面で，書籍ＩＤ番号を入力してご利用ください。

書籍ＩＤ番号　113428

（有効期限：2025年9月30日まで）

【入試に役立つダウンロード付録】
「要点のまとめ(国語／算数)」
「課題作文演習」ほか

■　この問題集の使い方

年度ごとにプリント形式で収録しています。針を外して教科ごとに分けて使用します。①片側，②中央のどちらかでとじてありますので，下図を参考に，問題用紙と解答用紙に分けて準備をしましょう（解答用紙がない場合もあります）。

針を外すときは，けがをしないように十分注意してください。また，針を外すと紛失しやすくなりますので気をつけましょう。

① 片側でとじてあるもの　　② 中央でとじてあるもの

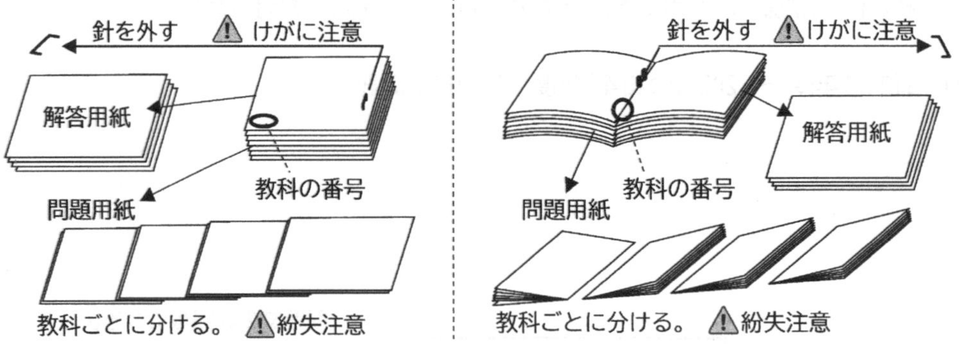

※教科数が上図と異なる場合があります。
解答用紙がない場合や，問題と一体になっている場合があります。
教科の番号は，教科ごとに分けるときの参考にしてください。

■　最新年度　実物データ

実物をなるべくそのままに編集していますが，収録の都合上，実際の試験問題とは異なる場合があります。実物のサイズ，様式は右表で確認してください。

問題用紙	Ｂ５冊子(二つ折り)
解答用紙	Ｂ４片面プリント

リアル過去問の活用

～リアル過去問なら入試本番で力を発揮することができる～

本番を体験しよう！

問題用紙の形式（縦向き／横向き），問題の配置や余白など，実物に近い紙面構成なので本番の臨場感が味わえます。まずはパラパラとめくって眺めてみてください。「これが志望校の入試問題なんだ！」と思えば入試に向けて気持ちが高まることでしょう。

入試を知ろう！

同じ教科の過去数年分の問題紙面を並べて，見比べてみましょう。

① 問題の量

毎年同じ大問数か，年によって違うのか，また全体の問題量はどのくらいか知っておきましょう。どのくらいのスピードで解けば時間内に終わるのか，大問ひとつにかけられる時間を計算してみましょう。

② 出題分野

よく出題されている分野とそうでない分野を見つけましょう。同じような問題が過去にも出題されていることに気がつくはずです。

③ 出題順序

得意な分野が毎年同じ大問番号で出題されていると分かれば，本番で取りこぼさないように先回りして解答することができるでしょう。

④ 解答方法

記述式か選択式か（マークシートか），見ておきましょう。記述式なら，単位まで書く必要があるかどうか，文字数はどのくらいかなど，細かいところまでチェックしておきましょう。計算過程を書く必要があるかどうかも重要です。

⑤ 問題の難易度

必ず正解したい基本問題，条件や指示の読み間違いといったケアレスミスに気をつけたい問題，後回しにしたほうがいい問題などをチェックしておきましょう。

問題を解こう！

志望校の入試傾向をつかんだら，問題を何度も解いていきましょう。ほかにも問題文の独特な言いまわしや，その学校独自の答え方を発見できることもあるでしょう。オリンピックや環境問題など，話題になった出来事を毎年出題する学校だと分かれば，日頃のニュースの見かたも変わってきます。

こうして志望校の入試傾向を知り対策を立てることこそが，過去問を解く最大の理由なのです。

実力を知ろう！

過去問を解くにあたって，得点はそれほど重要ではありません。大切なのは，志望校の過去問演習を通して，苦手な教科，苦手な分野を知ることです。苦手な教科，分野が分かったら，教科書や参考書に戻って重点的に学習する時間をつくりましょう。今の自分の実力を知れば，入試本番までの勉強の道すじが見えてきます。

試験に慣れよう！

入試では時間配分も重要です。本番で時間が足りなくなってあわてないように，リアル過去問で実戦演習をして，時間配分や出題パターンに慣れておきましょう。教科ごとに気持ちを切り替える練習もしておきましょう。

心を整えよう！

入試は誰でも緊張するものです。入試前日になったら，演習をやり尽くしたリアル過去問の表紙を眺めてみましょう。問題の内容を見る必要はもうありません。どんな形式だったかな？受験番号や氏名はどこに書くのかな？…ほんの少し見ておくだけでも，志望校の入試に向けて心の準備が整うことでしょう。

そして入試本番では，見慣れた問題紙面が緊張した心を落ち着かせてくれるはずです。

※まれに入試形式を変更する学校もありますが，条件はほかの受験生も同じです。心を整えてあせらずに問題に取りかかりましょう。

同志社女子中学校【後期】

《国　語》

問題一　問1．ウ　問2．エ　問3．イ　問4．ア　問5．A．カ　B．ア　C．エ　問6．エ
問7．ウ　問8．ウ　問9．ア　問10．エ　問11．イ　問12．a．額　b．演技　c．自責
d．鏡　e．朗

問題二　問1．ウ　問2．A．ウ　B．エ　C．イ　問3．ウ　問4．忘却が個性～ばんである　問5．複雑
問6．イ　問7．え　問8．イ，オ　問9．ウ　問10．エ　問11．記おくの巨人　問12．エ
問13．エ

《算　数》

問題1　問1．$1\frac{11}{18}$　問2．$\frac{1}{4}$

問題2　問1．12　問2．450　問3．20　問4．144

問題3　問1．5　問2．1，5

問題4　282

問題5　46

問題6　36.48

問題7　1685.52

問題8　問1．16　問2．4：1

※**問題9**　22

※の求め方は解説を参照してください。

《理　科》

問題1　問1．酸素　問2．エ　問3．ア　問4．ウ　問5．ウ　問6．イ，ウ　問7．エ

問題2　問1．⑴オ　⑵B．イ　C．エ　⑶イ　問2．⑴ウ　⑵アルミニウムはく…ウ　エタノール…オ　⑶ウ
⑷ア　問3．⑴オ　⑵カ　⑶ウ

問題3　問1．⑴クレーター　⑵ア　⑶ウ　⑷カ　⑸エ　⑹オ　⑺エ　問2．⑴ウ　⑵ア　⑶位置…E　回数…2

問題4　問1．12600　問2．675　問3．エ　問4．⑴2520　⑵イ　問5．エ　問6．ア

《社　会》

問題1　問1．①最上　②仙台　問2．カ　問3．北方領土〔別解〕北方四島　問4．八戸　問5．オ
問6．イ　問7．⑴ウ　⑵エ　⑶品種改良　⑷イ　問8．⑴イ　⑵エ　問9．エ　問10．イ

問題2　問1．貝塚　問2．イ　問3．A．ア　B．エ　問4．エ　問5．ウ　問6．地頭
問7．2番目…イ　4番目…ア　問8．ウ　問9．⑴外様(大名)　⑵ア　問10．⑴ア　⑵イ
問11．エ　問12．イ　問13．⑴ウ　⑵アイヌ(民族)　問14．ア　問15．(官営)八幡製鉄所
問16．⑴ア　⑵ア→ウ→イ

問題3　問1．基本的人権　問2．⑴三権分立　⑵イ　⑶エ　⑷3　問3．ア，エ　問4．ア
問5．⑴地方自治体〔別解〕地方公共団体　⑵エ　問6．ウ　問7．エ　問8．A．ユニセフ
B．青年海外協力隊　C．PKO

問題1

問1　与式$=(\frac{3}{45}+\frac{10}{45})\div(\frac{85}{200}-\frac{72}{200})-2\frac{5}{6}=\frac{13}{45}\div\frac{13}{200}-2\frac{5}{6}=\frac{13}{45}\times\frac{200}{13}-2\frac{5}{6}=\frac{40}{9}-2\frac{5}{6}=3\frac{13}{9}-2\frac{5}{6}=$
$3\frac{52}{36}-2\frac{30}{36}=1\frac{22}{36}=\mathbf{1\frac{11}{18}}$

問2　与式より，$(\frac{2}{3}-\square)\div\frac{10}{9}\times\frac{8}{15}-\frac{1}{8}=\frac{3}{40}$　　$(\frac{2}{3}-\square)\times\frac{9}{10}\times\frac{8}{15}=\frac{3}{40}+\frac{1}{8}$　　$(\frac{2}{3}-\square)\times\frac{12}{25}=\frac{8}{40}$
$\frac{2}{3}-\square=\frac{1}{5}\times\frac{25}{12}$　　$\square=\frac{2}{3}-\frac{5}{12}=\frac{8}{12}-\frac{5}{12}=\frac{3}{12}=\mathbf{\frac{1}{4}}$

問題2

問1　**【解き方】食塩水の問題は，うでの長さを濃度，おもりを食塩水の重さとしたてんびん図で考えて，うでの長さの比とおもりの重さの比がたがいに逆比になることを利用する。**

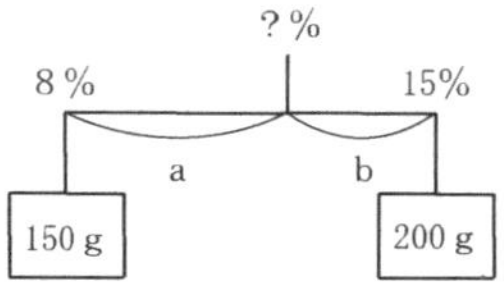

右のようなてんびん図がかける。a：bは，食塩水の量の比である150：200＝3：4の逆比になるので，a：b＝4：3となる。これより，a：(a＋b)＝4：7となるから，$a=(15-8)\times\frac{4}{7}=4$(%)なので，求める濃度は，8＋4＝**12**(%)

問2　1 ha＝100m×100m＝10000 ㎡だから，18ha＝180000 ㎡，1 t＝1000 kgだから，85 kg$=\frac{85}{1000}$t である。よって，求める重さは，$\frac{85}{1000}\times\frac{180000}{34}=\mathbf{450}$(t)

問3　**【解き方】50円玉2枚は100円玉1枚に両替できるので，100円玉2枚は50円玉2×2＝4(枚)として考える。**

10円玉が2枚，50円玉が2＋4＝6(枚)と考えて，10円玉を使う枚数は0～2枚の3通り，50円玉を使う枚数は0～6枚の7通りだから，合わせて3×7＝21(通り)の金額ができる。この中には0円がふくまれているので，支払うことができる金額は，21－1＝**20**(通り)

問4　**【解き方】右図の太線の六角形の内角の和から求める。**

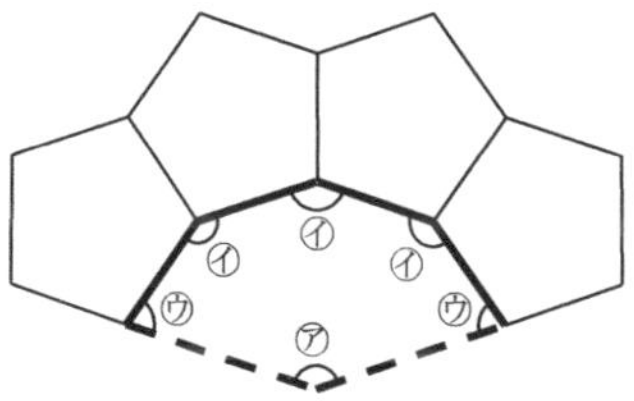

正五角形の1つの内角は，$\frac{180°\times(5-2)}{5}=108°$ だから，
角㋑＝360°－108°×2＝144°，角㋒＝180°－108°＝72°
六角形の内角の和は，180°×(6－2)＝720° だから，
角㋐＝720°－144°×3－72°×2＝**144°**

問題3

問1　(2×2＋3×4＋4×5＋5×3＋6×4＋7×1＋8×3＋9×1)÷23＝115÷23＝**5**(冊)

問2　**【解き方】(平均値)×(人数)＝(合計)となることを利用する。**

平均値は5－0.16＝4.84(冊)になったのだから，合計冊数は，4.84×25＝121(冊)になった。したがって，欠席していた2人の読んだ冊数の合計は，121－115＝6(冊)である。

23個のデータの中央値は，23÷2＝11余り1より，小さい方から12番目の5冊である。

25個のデータの中央値は，25÷2＝12余り1より，小さい方から13番目である。

ドットプロットで，4冊以下が11人いるから，欠席していた2人がともに4冊以下だと中央値が変わってしまう。したがって，2人のうち少なくとも1人は5冊以上である。この条件に合うように合計を6冊にするためには，2人の冊数が**1**冊と**5**冊でなければならない。このとき，最頻値(最も人数が多い値《あたい》)は4冊のまま変わらないので，条件に合う。

問題４

【解き方】過不足算を利用する。

児童が予定より８人多くいるとすると，１人に６枚ずつ配る場合，６×８＝48(枚)足りなくなる。したがって，１人に配る枚数を６－５＝１(枚)減らすと，全体で必要な枚数は48＋７＝55(枚)減る。

よって，児童は55÷１＝55(人)いるので，色紙の枚数は，55×５＋７＝**282**(枚)

問題５

【解き方】列車が進んだ道のりは右図のように表せる。

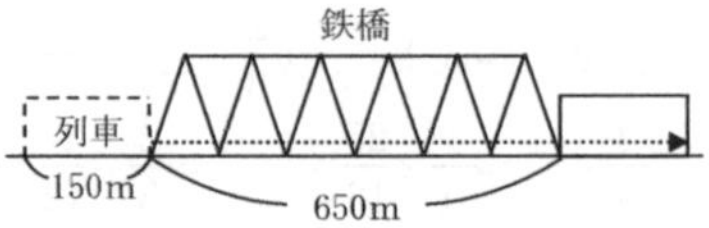

列車が鉄橋を渡り始めてから渡り終わるまでに進んだ道のりは，650＋150＝800(m)だから，列車の速さは，秒速$\frac{800}{32}$m＝秒速25mである。

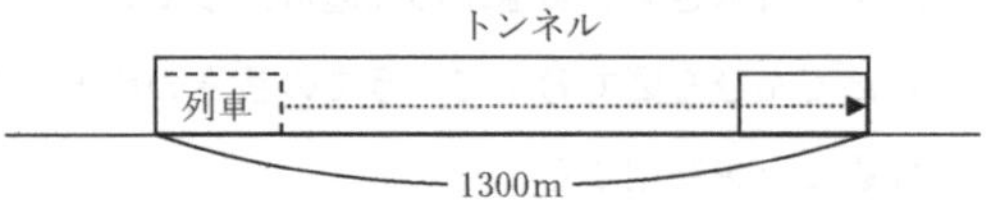

トンネルの中に列車全体が入っている間に進む道のりは，1300－150＝1150(m)だから，この間の時間は，$\frac{1150}{25}$＝**46**(秒)

問題６

【解き方】正方形はひし形にふくまれるので，正方形の面積はひし形の面積の公式で求められることを利用する。

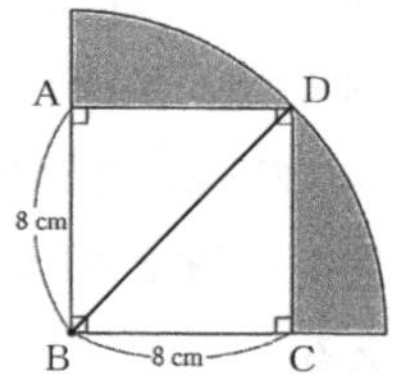

右図のように記号をおく。正方形ＡＢＣＤの面積は，８×８＝64(㎠)

したがって，ＢＤ×ＢＤ÷２＝64だから，ＢＤ×ＢＤ＝64×２＝128

よって，おうぎ形の面積は，ＢＤ×ＢＤ×3.14×$\frac{1}{4}$＝128×3.14×$\frac{1}{4}$＝32×3.14＝100.48(㎠)だから，色つき部分の面積は，100.48－64＝**36.48**(㎠)

問題７

直方体の体積は，14×15×10＝2100(㎤)　２つの円柱の体積の和は，３×３×3.14×４＋４×４×3.14×６＝36×3.14＋96×3.14＝(36＋96)×3.14＝132×3.14＝414.48(㎤)

よって，この立体の体積は，2100－414.48＝**1685.52**(㎤)

問題８

問１　**【解き方】三角形ＢＡＦと三角形ＢＣＦの面積比を求めるために，右のように作図する。**

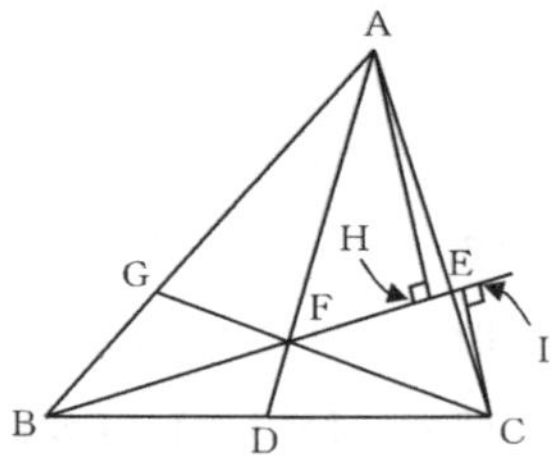

三角形ＢＣＦと三角形ＣＤＦは，底辺をそれぞれＢＣ，ＤＣとしたときの高さが等しいから，面積比はＢＣ：ＤＣ＝２：１となるので，

(三角形ＢＣＦの面積)＝(三角形ＣＤＦの面積)×２＝６×２＝12(㎠)

三角形ＡＨＥと三角形ＣＩＥは同じ形だから，ＡＨ：ＣＩ＝ＡＥ：ＣＥ＝２：１

三角形ＢＡＦと三角形ＢＣＦは，底辺をともにＢＦとしたとき，高さの比がＡＨ：ＣＩ＝２：１となるので，面積比も２：１だから，(三角形ＢＡＦの面積)＝(三角形ＢＣＦの面積)×２＝12×２＝24(㎠)

同様に，(三角形ＢＡＦの面積)：(三角形ＣＡＦの面積)＝ＢＤ：ＤＣ＝１：１だから，

(三角形ＣＡＦの面積)＝(三角形ＢＡＦの面積)＝24㎠

ＡＧ：ＧＢ＝(三角形ＣＡＦの面積)：(三角形ＢＣＦの面積)＝24：12＝２：１

(三角形ＡＦＧの面積)＝(三角形ＢＡＦの面積)×$\frac{\text{AG}}{\text{AB}}$＝24×$\frac{2}{2+1}$＝**16**(㎠)

問２　問１のように三角形ＣＤＦの面積を６㎠とすると，三角形ＣＡＦの面積は24㎠だから，

ＡＦ：ＦＤ＝(三角形ＣＡＦの面積)：(三角形ＣＤＦの面積)＝24：６＝**４：１**

問題９

【解き方】１個あたりの値段が安い順に，アメＢ，11個以上のときのアメＡ，10個以下のときのアメＡ，となる。この順になるべく個数を多くすればよいので，アメＡの個数をなるべく少なくする。

アメＢの合計金額は40の倍数になり，1000円も40の倍数である。40の倍数から40の倍数を引くと40の倍数になるから，アメＡの合計金額も40の倍数でなければならない。

アメＡが１個あたり70円の場合，アメＡの合計金額が40の倍数になるのはアメＡを(４の倍数)個買ったときである。アメＡの個数が最小の４の倍数の４個のとき，アメＢは(1000－70×４)÷40＝18(個)で，合計４＋18＝22(個)となる。

アメＡが１個あたり50円の場合，アメＡの合計金額が40の倍数になるのはアメＡを(４の倍数)個買ったときである。アメＡの個数が11以上で最小の４の倍数の12個のとき，アメＢは(1000－50×12)÷40＝10(個)で，合計12＋10＝22(個)になる。よって，求める個数は**22個**である。

2023 解答例 令和5年度 同志社女子中学校【後期】

《国 語》

問題一 問1．イ　問2．イ　問3．ア　問4．エ　問5．エ　問6．ア　問7．A．エ　B．ア
C．イ　D．キ　E．カ　問8．ウ，エ　問9．手　問10．イ　問11．エ
問12．a．入浴　b．副　c．精　d．胸　e．格好

問題二 問1．イ，ウ，オ　問2．ラッコも絶～ていたこと　問3．A．ア　B．エ　C．ウ　問4．イ
問5．ア　問6．ウ　問7．ア　問8．イ→エ→ア→オ→ウ　問9．動植物の死がいやはいせつ物
問10．ア　問11．イ　問12．B，E

《算 数》

問題1 $1\frac{1}{5}$

問題2 問1．5　問2．12　問3．750　問4．8500

問題3 問1．230　問2．236

問題4 問1．15　問2．30

問題5 5.2

問題6 問1．4：3　問2．2：21

問題7 59.7

問題8 42.6

※**問題9** 150

※の求め方は解説を参照してください。

《理 科》

問題1 問1．(i)ウ　(ii)エ　(iii)百葉箱　問2．A．ウ　B．オ　問3．(i)オ　(ii)エ　問4．ウ
問5．カ　問6．(i)エ　(ii)②

問題2 問1．ウ　問2．イ　問3．カ　問4．12　問5．98.9　問6．エ

問題3 問1．サ　問2．120　問3．35　問4．ク　問5．(i)40　(ii)30　問6．オ

問題4 問1．ウ　問2(i)I．横かく膜　II．筋肉　(ii)ウ　問3．エ　問4．呼吸
問5．(i)エ　(ii)エ　(iii)ア　問6．ウ　問7．86　問8．機関…イ　病名…カ

《社　会》

問題１　問１．A．人口　B．自由　C．権利　問２．安全保障　問３．ウ　問４．イ　問５．エ
問６．ウ　問７．文部科学　問８．⑴イ　⑵ウ　問９．イ　問10．ア　問11．エ
問12．〔ｉ〕ア　〔ⅱ〕ウ　問13．石油…エ　原子力…ア

問題２　問１．吉野ヶ里　問２．ウ　問３．ア　問４．８，９　問５．２番目…エ　４番目…イ
問６．ワカタケル　問７．ウ　問８．(X)ア　(Y)ウ　問９．竹崎季長　問10．エ　問11．ウ
問12．武家諸法度　問13．国分寺　問14．エ　問15．ア　問16．ウ→イ→ア　問17．イ
問18．朝鮮通信使　問19．イ　問20．ウ

問題３　問１．イ　問２．⑴A．イ　B．エ　C．ウ　⑵ア　⑶あ⃝中国　い⃝オーストラリア　⑷東海　⑸ク
問３．⑴カ　⑵ウ　問４．オ　問５．イ　問６．⑴ウ　⑵カ

問題１

与式$=(\frac{15}{70}+\frac{12}{70})\times(\frac{117}{36}-\frac{5}{36})=\frac{27}{70}\times\frac{112}{36}=\frac{6}{5}=1\frac{1}{5}$

問題２

問１　Aは60－４＝56の約数のうち，４より大きい数である。

56の約数は１と56，２と28，４と14，７と８だから，Aにあてはまる整数は，７，８，14，28，56の５個ある。

問２　まり子さん，わかなさん，みつ子さんをそれぞれA，B，Cとすると，３人の座り方は，(A，B，C)(A，C，B)(B，A，C)(B，C，A)(C，A，B)(C，B，A)の６通りある。この６通りに対して，くみ子さんが左はしに座る場合と右はしに座る場合の２通りがあるので，求める座り方は全部で，６×２＝12(通り)ある。

問３　**【解き方】いちばん安い人形の値段を基準に考える。**

２番目に安い人形の値段は，いちばん安い人形の値段より300円高い。

３番目に安い人形の値段は，いちばん安い人形の値段より(300×２)円高い。

同様に考えると，８体の人形全部の値段は，いちばん安い人形８体分の値段より，

300＋300×２＋300×３＋…＋300×７＝300×(１＋２＋３＋４＋５＋６＋７)＝300×28＝8400(円)高い。

よって，いちばん安い人形８体分の値段は14400－8400＝6000(円)なので，求める値段は，6000÷８＝750(円)

問４　金のかたまりは，体積が$0.5\times0.5\times0.5=\frac{1}{2}\times\frac{1}{2}\times\frac{1}{2}=\frac{1}{8}$(㎤)あたりの値段が20400円である。

１㎤あたりの重さが19.2ｇなので，$\frac{1}{8}$㎤あたりの重さは$19.2\times\frac{1}{8}=2.4$(ｇ)である。

よって，2.4ｇあたりの値段が20400円なので，１ｇあたりの値段は，20400÷2.4＝8500(円)

問題３

問１　売れた個数の合計は(平均値)×(種類)＝250×６＝1500(個)だから，

㋐にあてはまる数は，1500－(219＋247＋208＋354＋242)＝1500－1270＝230

問２　６÷２＝３より，中央値は，大きさ順で３番目と４番目の平均である。売れた個数を小さい順で並べると，208個，219個，230個，242個，247個，354個となるので，中央値は，(230＋242)÷２＝236(個)

問題４

問１　**【解き方】同じ道のりを進むのにかかる時間の比は，同じ時間で進む道のりの比の逆比に等しいことを利用する。**

２人が逆向きに出発して，初めてすれちがうまでに，兄が進んだ道のりをA，弟が進んだ道のりをBとする。

兄はAを６分で進み，残りのBを10－６＝４(分)で進んだので，AとBの道のりの比は６：４＝３：２である。

よって，兄と弟の同じ道のりを進むのにかかる時間の比は，同じ時間で進む道のりの比である３：２の逆比の２：３である。兄が初めてA地点にもどってきたのは出発してから10分後なので，弟が初めてA地点にもどってきたのは，出発してから$10\times\frac{3}{2}=15$(分後)である。

問２　２人が出発してから，兄は10分ごと，弟は15分ごとにA地点にもどる。10と15の最小公倍数は30なので，２人が初めてA地点ですれちがったのは，出発してから30分後である。

問題５

もとの容積は，７×７×19.4＝950.6(㎤)

入った牛乳の量は１Ｌ＝1000㎤なので，増えた容積は，1000－950.6＝49.4(㎤)

よって，求める割合は，$\frac{49.4}{950.6}\times 100=5.19\cdots$より，5.2％である。

問題６

問１　ＡＤ：ＤＥ＝（２＋１）：１＝３：１だから，ＤＥ＝ＡＤ×$\frac{1}{3}$

ＡＤ＝ＢＣで，ＢＣ：ＢＦ＝（１＋３）：１＝４：１だから，ＢＦ＝ＢＣ×$\frac{1}{4}$＝ＡＤ×$\frac{1}{4}$

ＡＤとＢＣは平行なので，三角形ＤＥＧと三角形ＢＦＧは同じ形の三角形である。

よって，ＤＧ：ＧＢ＝ＤＥ：ＢＦ＝（ＡＤ×$\frac{1}{3}$）：（ＡＤ×$\frac{1}{4}$）＝４：３

問２　**【解き方】平行四辺形ＡＢＣＤの面積を１として，三角形ＤＥＧの面積を表す。その際，右の「１つの角を共有する三角形の面積」を利用する。**

１つの角を共有する三角形の面積

右図のように三角形ＰＱＲと三角形ＰＳＴが１つの角を共有するとき，三角形ＰＳＴの面積は，

（三角形ＰＱＲの面積）×$\frac{PS}{PQ}\times\frac{PT}{PR}$

で求められる。

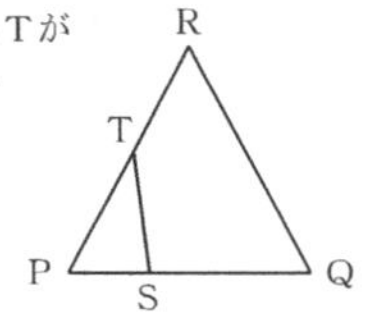

ＢＤは平行四辺形ＡＢＣＤの対角線なので，三角形ＡＢＤの面積は，（平行四辺形ＡＢＣＤの面積）÷２＝$\frac{1}{2}$

（三角形ＤＥＧの面積）＝

（三角形ＡＢＤの面積）×$\frac{ED}{AD}\times\frac{DG}{BD}=\frac{1}{2}\times\frac{1}{3}\times\frac{4}{4+3}=\frac{2}{21}$

よって，三角形ＤＥＧと平行四辺形ＡＢＣＤの面積の比は，$\frac{2}{21}$：１＝２：21

問題７

【解き方】円の中心が通ったあとは，右図の太線部分である。

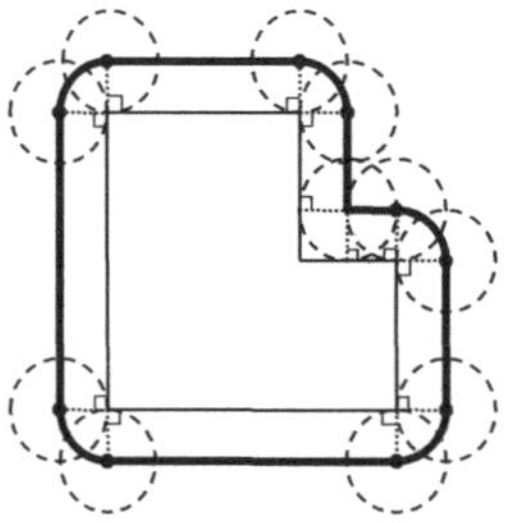

太線部分について，直線部分の長さの和は，

12＋12＋６＋（４－２）＋（６－２）＋（12－４）＝44（cm）

曲線部分の長さの和は，半径が２cmで中心角が90°のおうぎ形の曲線部分の長さの５倍だから，$2\times2\times3.14\times\frac{90^\circ}{360^\circ}\times5=15.7$（cm）

よって，求める長さは，44＋15.7＝59.7（cm）

問題８

【解き方】右のように作図し，（おうぎ形ＯＡＢの面積）－（三角形ＯＣＢの面積）で求める。

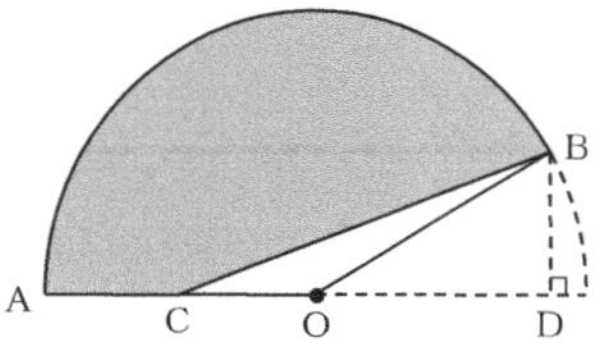

おうぎ形ＯＡＢの面積は，$6\times6\times3.14\times\frac{150^\circ}{360^\circ}=47.1$（㎠）

角ＢＯＤ＝180°－150°＝30°より，三角形ＯＢＤは２つ合わせると１辺がＯＢ＝６cmの正三角形ができるので，ＢＤ＝６÷２＝３（cm）

ＯＣ＝６－３＝３（cm）だから，三角形ＯＣＢの面積は，ＯＣ×ＢＤ÷２＝３×３÷２＝4.5（㎠）

よって，求める面積は，47.1－4.5＝42.6（㎠）

問題９

【解き方】夏を表す部分のおうぎ形の中心角→児童全員の人数，の順で求める。

春を表す部分のおうぎ形の中心角は48°×３＝144°だから，夏と秋と冬を表す部分のおうぎ形の中心角の和は，360°－144°＝216°である。夏と冬を表す部分のおうぎ形の中心角の和と，秋を表す部分のおうぎ形の中心角は同じだから，それらはそれぞれ216°÷２＝108°である。よって，夏を表す部分のおうぎ形の中心角は108°－48°＝60°で，夏を選んだ児童は25人だから，児童全員の人数は，$25\times\frac{360^\circ}{60^\circ}=150$（人）

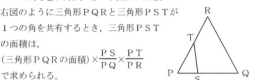

同志社女子中学校【後期】

《国　語》

問題一　問1．エ　問2．ア　問3．ウ　問4．さえ〔別解〕すら　問5．エ　問6．イ
問7．「なんちゅ　問8．イ　問9．ア　問10．ウ　問11．エ
問12．a．移　b．応対　c．背中　d．訳　e．意地

問題二　問1．ア　問2．A．ウ　B．オ　C．ア　D．エ　問3．イ　問4．エ　問5．エ
問6．(1)そのアイデ～うなげん想　(2)ウ　問7．イ　問8．ア　問9．Ⅰ．イ　Ⅱ．ア　Ⅲ．ウ
問10．エ

《算　数》

問題1　問1．$\frac{1}{2022}$　問2．5
問題2　問1．8　問2．24
問題3　あ．9.2　い．9.4
問題4　15
問題5　ア．2　イ．1　ウ．4　エ．3
問題6　問1．150　問2．12　問3．4500
問題7　問1．152　問2．$7\frac{1}{3}$
問題8　1099
※**問題9**　89

※の求め方は解説を参照してください。

《理　科》

問題1　問1．キ　問2．ア　問3．ウ　問4．塩化水素／アンモニア　問5．3
問題2　問1．二酸化炭素　問2．ア　問3．エ　問4．8：3　問5．41　問6．エ　問7．エ
問題3　問1．たい積岩　問2．オ　問3．化石　問4．エ　問5．イ　問6．ウ　問7．オ
問題4　問1．50　問2．ウ　問3．4　問4．キ　問5．①800　②220　問6．カ　問7．イ
問8．X．297　Y．352
問題5　問1．種類…5　枚数…7　問2．9　問3．ウ　問4．オ　問5．ウ　問6．イ　問7．ウ
問8．ア

《社　会》

問題１　問１．イ，オ　問２．１．カ　２．オ　３．タ　４．キ　５．サ　６．ア　問３．５，３　問４．エ
問５．エ　問６．国民主権　問７．ア　問８．１．カ　２．コ　３．イ　４．ウ　５．ア　６．キ
問９．ウ　問10．現地生産　問11．イ　問12．イ　問13．ウ

問題２　問１．ア　問２．エ　問３．A．キ　B．ア　C．イ　D．オ　問４．A．オ　B．キ　C．カ
D．イ　問５．ア　問６．渡来人　問７．天智　問８．エ　問９．イ　問10．ウ
問11．大塩平八郎　問12．A．徴兵令　B．オ　問13．エ　問14．A．ウ　B．ア　問15．オ
問16．エ

問題３　問１．⑴①能登　②琵琶　③伊豆　⑵オ　問２．⑴①東海道　②中山道　⑵エ　⑶イ　⑷イ　⑸ア　⑹ウ
問３．⑴イ　⑵①ウ　②ア　③ハザードマップ

2022 算数解説 令和4年度 同志社女子中学校【後期】

←解答例は前のページにありますので，そちらをご覧ください。

問題1

問1　与式$=\frac{1}{6}-56\div(360-23)=\frac{1}{6}-56\div337=\frac{1}{6}-\frac{56}{337}=\frac{337}{2022}-\frac{336}{2022}=\frac{1}{2022}$

問2　与式より，$(\frac{1}{4}-\frac{1}{\square})\times35=4-2\frac{1}{4}$　$\frac{1}{4}-\frac{1}{\square}=\frac{7}{4}\div35$　$\frac{1}{\square}=\frac{1}{4}-\frac{1}{20}$　$\frac{1}{\square}=\frac{5}{20}-\frac{1}{20}$　$\frac{1}{\square}=\frac{1}{5}$　$\square=5$

問題2

問1　$\frac{82}{999}=82\div999=0.082082\cdots$より，$\frac{82}{999}$を小数で表すと，小数第1位から，0，8，2の3つの数が繰《く》りかえされる。50÷3＝16余り2より，小数第50位までに，3つの数字が16回繰りかえされ，その後0，8と続くから，小数第50位の数字は，8である。

問2　**【解き方】つるかめ算を用いる。**

44個すべてがクッキーだった場合，重さの合計は9.3×44＝409.2(g)となり，実際より409.2－274.8＝134.4(g)重い。クッキー1個をチョコレート1個に置きかえると，重さは9.3－3.7＝5.6(g)軽くなるから，チョコレートの個数は，134.4÷5.6＝24(個)

問題3

xの値の範囲《はんい》は5.75以上5.85未満であり，yの値の範囲は3.45以上3.55未満である。

よって，$x+y$の値の範囲は，5.75＋3.45＝あ9.2以上，5.85＋3.55＝い9.4未満である。

問題4

【解き方】AとBが同じ時間でそうじできるゆかの面積の比は，同じ面積のゆかをそうじするのにかかる時間の比の逆比に等しく，10：9である。よって，A，Bが1分間でそうじできるゆかの面積をそれぞれ10，9とおける。

A9台を45分使うと体育館のゆかのそうじが終わるので，体育館のゆかの面積は，(10×45)×9＝4050

B1台が30分でそうじできる面積は9×30＝270だから，Bの台数は，4050÷270＝15(台)

問題5

5×5＝25，5×5×5＝125より，298÷125＝2余り48，48÷25＝1余り23，23÷5＝4余り3だから，

298＝5×5×5×2＋48＝5×5×5×2＋5×5×1＋23＝5×5×5×ア2＋5×5×イ1＋5×ウ4＋エ3

問題6

問1　久美さんは4分で600m進むから，求める速さは，分速(600÷4)m＝分速150m

問2　**【解き方】9時10分に電車と久美さんがすれちがっていることから，電車の速さを求める。**

9時4分から9時10分までの6分間で，電車と久美さんは合わせて6000－600＝5400(m)進んだから，1分間で5400÷6＝900(m)進んだ。久美さんの速さは分速150mだから，電車の速さは，分速(900－150)m＝分速750m

電車はQ駅を出発してから6000÷750＝8(分後)にP駅に到着《とうちゃく》するので，求める時間は，9時4分＋8分＝9時12分

問3　**【解き方】電車が2回目にQ駅を出発する時間→そのときの久美さんの位置，の順で求める。**

同じ時間で進む距離《きょり》の比は，速さの比に等しいことを利用する。

電車は2つの駅の間を8分間で移動するから，電車が2回目にQ駅を出発するのは，9時から4＋8＋4＋8＋4＝28(分後)の，9時28分である。このとき，久美さんはP駅から150×28＝4200(m)進んだ位置にいる。

このとき，電車と久美さんの間の距離は6000－4200＝1800(m)であり，ここから電車と久美さんがすれちがうまでに進んだ距離の比は，750：150＝5：1だから，久美さんはすれちがうまでに$1800\times\frac{1}{5+1}$＝300(m)進んだ。

したがって，□にあてはまる数は，4200＋300＝4500

問題７

問１　五角形ＡＢＣＤＥの面積は，たてが３＋９＝12(㎝)，横が６＋12＝18(㎝)の長方形の面積から，４つの三角形の面積をひけばよいので，12×18－12×３÷２－４×９÷２－４×８÷２－６×(12－８)÷２＝216－18－18－16－12＝152(㎠)

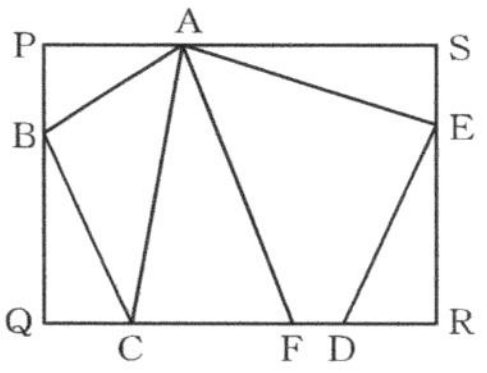

問２　**【解き方】点Ａを通る直線とＣＤとの交わる点をＦとして，右のように作図する。三角形ＡＢＣの面積→三角形ＡＣＦの面積→ＣＦの長さ，の順で求める。**

(三角形ＡＢＣの面積)＝(台形ＡＰＱＣの面積)－(三角形ＡＰＢの面積)－(三角形ＢＣＱの面積)＝(６＋４)×12÷２－12－16＝32(㎠)

四角形ＡＢＣＦの面積は，五角形ＡＢＣＤＥの面積の半分だから，152÷２＝76(㎠)

(三角形ＡＣＦの面積)＝(四角形ＡＢＣＦの面積)－(三角形ＡＢＣの面積)＝76－32＝44(㎠)

三角形ＡＣＦは底辺をＣＦとすると，高さが12㎝となるから，ＣＦ＝44×２÷12＝$7\frac{1}{3}$(㎝)

問題８

この立体の底面は，半径が４＋６＝10(㎝)，中心角が150°のおうぎ形から，半径が４㎝，中心角が150°のおうぎ形を取りのぞいた形になるので，底面積は，10×10×3.14×$\frac{150°}{360°}$－４×４×3.14×$\frac{150°}{360°}$＝35×3.14(㎠)

高さは10㎝だから，求める体積は，35×3.14×10＝350×3.14＝1099(㎤)

問題９

【解き方】４人の点数を高いほうから順に，Ａ点，Ｂ点，Ｃ点，Ｄ点として，それぞれの点数の関係を式で表すことで，Ｂの値を求める。

１番低い点数を除くＡ，Ｂ，Ｃの値の合計は，86×３＝258…①

１番高い点数を除くＢ，Ｃ，Ｄの値の合計は，79×３＝237…②

１番高い点数と１番低い点数であるＡとＤの値の合計は，81.5×２＝163…③

①と②の値を足し，そこから③の値をひくことで，ＢとＣの値の和の２倍は，258＋237－163＝332だとわかる。

よって，ＢとＣの値の和は，332÷２＝166

ＢとＣの値の差は12だから，Ｂの値の２倍は166＋12＝178であり，Ｂの値は，178÷２＝89

したがって，求める点数は89点である。

■ ご使用にあたってのお願い・ご注意

（1）問題文等の非掲載

著作権上の都合により，問題文や図表などの一部を掲載できない場合があります。

誠に申し訳ございませんが，ご了承くださいますようお願いいたします。

（2）過去問における時事性

過去問題集は，学習指導要領の改訂や社会状況の変化，新たな発見などにより，現在とは異なる表記や解説になっている場合があります。過去問の特性上，出題当時のままで出版していますので，あらかじめご了承ください。

（3）配点

学校等から配点が公表されている場合は，記載しています。公表されていない場合は，記載していません。

独自の予想配点は，出題者の意図と異なる場合があり，お客様が学習するうえで誤った判断をしてしまう恐れがあるため記載していません。

（4）無断複製等の禁止

購入された個人のお客様が，ご家庭でご自身またはご家族の学習のためにコピーをすることは可能ですが，それ以外の目的でコピー，スキャン，転載（ブログ，ＳＮＳなどでの公開を含みます）などをすることは法律により禁止されています。学校や学習塾などで，児童生徒のためにコピーをして使用することも法律により禁止されています。

ご不明な点や，違法な疑いのある行為を確認された場合は，弊社までご連絡ください。

（5）けがに注意

この問題集は針を外して使用します。針を外すときは，けがをしないように注意してください。また，表紙カバーや問題用紙の端で手指を傷つけないように十分注意してください。

（6）正誤

制作には万全を期しておりますが，万が一誤りなどがございましたら，弊社までご連絡ください。

なお，誤りが判明した場合は，弊社ウェブサイトの「ご購入者様のページ」に掲載しておりますので，そちらもご確認ください。

■ お問い合わせ

解答例，解説，印刷，製本など，問題集発行におけるすべての責任は弊社にあります。

ご不明な点がございましたら，弊社ウェブサイトの「お問い合わせ」フォームよりご連絡ください。迅速に対応いたしますが，営業日の都合で回答に数日を要する場合があります。

ご入力いただいたメールアドレス宛に自動返信メールをお送りしています。自動返信メールが届かない場合は，「よくある質問」の「メールの問い合わせに対し返信がありません。」の項目をご確認ください。

また弊社営業日（平日）は，午前９時から午後５時まで，電話でのお問い合わせも受け付けています。

2025 春

株式会社教英出版
〒422-8054　静岡県静岡市駿河区南安倍３丁目 12-28
TEL　054-288-2131　　FAX　054-288-2133
URL　https://kyoei-syuppan.net/
MAIL siteform@kyoei-syuppan.net

神奈川県

①［県立］
相模原中等教育学校
平塚中等教育学校

②［市立］南高等学校附属中学校

③［市立］横浜サイエンスフロンティア高等学校附属中学校

④［市立］川崎高等学校附属中学校

✿⑤聖光学院中学校

✿⑥浅野中学校

⑦洗足学園中学校

⑧法政大学第二中学校

⑨逗子開成中学校（1次）

⑩逗子開成中学校（2·3次）

⑪神奈川大学附属中学校（第1回）

⑫神奈川大学附属中学校（第2·3回）

⑬栄光学園中学校

⑭フェリス女学院中学校

新潟県

①［県立］
村上中等教育学校
柏崎翔洋中等教育学校
燕中等教育学校
津南中等教育学校
直江津中等教育学校
佐渡中等教育学校

②［市立］高志中等教育学校

③新潟第一中学校

④新潟明訓中学校

石川県

①［県立］金沢錦丘中学校

②星稜中学校

福井県

①［県立］高志中学校

山梨県

①山梨英和中学校

②山梨学院中学校

③駿台甲府中学校

長野県

①［県立］
屋代高等学校附属中学校
諏訪清陵高等学校附属中学校

②［市立］長野中学校

岐阜県

①岐阜東中学校

②鶯谷中学校

③岐阜聖徳学園大学附属中学校

静岡県

①［国立］静岡大学教育学部附属中学校（静岡·島田·浜松）

②
［県立］清水南高等学校中等部
［県立］浜松西高等学校中等部
［市立］沼津高等学校中等部

③不二聖心女子学院中学校

④日本大学三島中学校

⑤加藤学園暁秀中学校

⑥星陵中学校

⑦東海大学付属静岡翔洋高等学校中等部

⑧静岡サレジオ中学校

⑨静岡英和女学院中学校

⑩静岡雙葉中学校

⑪静岡聖光学院中学校

⑫静岡学園中学校

⑬静岡大成中学校

⑭城南静岡中学校

⑮静岡北中学校

⑯
常葉大学附属常葉中学校
常葉大学附属橘中学校
常葉大学附属菊川中学校

⑰藤枝明誠中学校

⑱浜松開誠館中学校

⑲静岡県西遠女子学園中学校

⑳浜松日体中学校

㉑浜松学芸中学校

愛知県

①［国立］愛知教育大学附属名古屋中学校

②愛知淑徳中学校

③
名古屋経済大学市邨中学校
名古屋経済大学高蔵中学校

④金城学院中学校

⑤椙山女学園中学校

⑥東海中学校

⑦南山中学校男子部

⑧南山中学校女子部

⑨聖霊中学校

⑩滝中学校

⑪名古屋中学校

⑫大成中学校

⑬愛知中学校

⑭星城中学校

⑮名古屋葵大学中学校
（名古屋女子大学中学校）

⑯愛知工業大学名電中学校

⑰海陽中等教育学校（特別給費生）

⑱海陽中等教育学校（I·II）

⑲中部大学春日丘中学校

新刊⑳名古屋国際中学校

三重県

①［国立］三重大学教育学部附属中学校

②暁中学校

③海星中学校

④四日市メリノール学院中学校

⑤高田中学校

⑥セントヨゼフ女子学園中学校

⑦三重中学校

⑧皇學館中学校

⑨鈴鹿中等教育学校

⑩津田学園中学校

滋賀県

①［国立］滋賀大学教育学部附属中学校

②［県立］
河瀬中学校
守山中学校
水口東中学校

京都府

①［国立］京都教育大学附属桃山中学校

②［府立］洛北高等学校附属中学校

③［府立］園部高等学校附属中学校

④［府立］福知山高等学校附属中学校

⑤［府立］南陽高等学校附属中学校

⑥［市立］西京高等学校附属中学校

⑦同志社中学校

⑧洛星中学校

⑨洛南高等学校附属中学校

⑩立命館中学校

⑪同志社国際中学校

⑫同志社女子中学校（前期日程）

⑬同志社女子中学校（後期日程）

大阪府

①［国立］大阪教育大学附属天王寺中学校

②［国立］大阪教育大学附属平野中学校

③［国立］大阪教育大学附属池田中学校

④[府立]富田林中学校
⑤[府立]咲くやこの花中学校
⑥[府立]水都国際中学校
⑦清風中学校
⑧高槻中学校(A日程)
⑨高槻中学校(B日程)
⑩明星中学校
⑪大阪女学院中学校
⑫大谷中学校
⑬四天王寺中学校
⑭帝塚山学院中学校
⑮大阪国際中学校
⑯大阪桐蔭中学校
⑰開明中学校
⑱関西大学第一中学校
⑲近畿大学附属中学校
⑳金蘭千里中学校
㉑金光八尾中学校
㉒清風南海中学校
㉓帝塚山学院泉ヶ丘中学校
㉔同志社香里中学校
㉕初芝立命館中学校
㉖関西大学中等部
㉗大阪星光学院中学校

兵庫県

①[国立]神戸大学附属中等教育学校
②[県立]兵庫県立大学附属中学校
③雲雀丘学園中学校
④関西学院中学部
⑤神戸女学院中学部
⑥甲陽学院中学校
⑦甲南中学校
⑧甲南女子中学校
⑨灘中学校
⑩親和中学校
⑪神戸海星女子学院中学校
⑫滝川中学校
⑬啓明学院中学校
⑭三田学園中学校
⑮淳心学院中学校
⑯仁川学院中学校
⑰六甲学院中学校
⑱須磨学園中学校(第1回入試)
⑲須磨学園中学校(第2回入試)
⑳須磨学園中学校(第3回入試)
㉑白陵中学校
㉒夙川中学校

奈良県

①[国立]奈良女子大学附属中等教育学校
②[国立]奈良教育大学附属中学校
③[県立]
国際中学校
青翔中学校
④[市立]一条高等学校附属中学校
⑤帝塚山中学校
⑥東大寺学園中学校
⑦奈良学園中学校
⑧西大和学園中学校

和歌山県

①[県立]
古佐田丘中学校
向陽中学校
桐蔭中学校
日高高等学校附属中学校
田辺中学校
②智辯学園和歌山中学校
③近畿大学附属和歌山中学校
④開智中学校

岡山県

①[県立]岡山操山中学校
②[県立]倉敷天城中学校
③[県立]岡山大安寺中等教育学校
④[県立]津山中学校
⑤岡山中学校
⑥清心中学校
⑦岡山白陵中学校
⑧金光学園中学校
⑨就実中学校
⑩岡山理科大学附属中学校
⑪山陽学園中学校

広島県

①[国立]広島大学附属中学校
②[国立]広島大学附属福山中学校
③[県立]広島中学校
④[県立]三次中学校
⑤[県立]広島叡智学園中学校
⑥[市立]広島中等教育学校
⑦[市立]福山中学校
⑧広島学院中学校
⑨広島女学院中学校
⑩修道中学校
⑪崇徳中学校
⑫比治山女子中学校
⑬福山暁の星女子中学校
⑭安田女子中学校
⑮広島なぎさ中学校
⑯広島城北中学校
⑰近畿大学附属広島中学校福山校
⑱盈進中学校
⑲如水館中学校
⑳ノートルダム清心中学校
㉑銀河学院中学校
㉒近畿大学附属広島中学校東広島校
㉓AICJ中学校
㉔広島国際学院中学校
㉕広島修道大学ひろしま協創中学校

山口県

①[県立]
下関中等教育学校
高森みどり中学校
②野田学園中学校

徳島県

①[県立]
富岡東中学校
川島中学校
城ノ内中等教育学校
②徳島文理中学校

香川県

①大手前丸亀中学校
②香川誠陵中学校

愛媛県

①[県立]
今治東中等教育学校
松山西中等教育学校
②愛光中学校
③済美平成中等教育学校
④新田青雲中等教育学校

高知県

①[県立]
安芸中学校
高知国際中学校
中村中学校

福岡県

①[国立] 福岡教育大学附属中学校（福岡･小倉･久留米）
②[県立] 育徳館中学校
門司学園中学校
宗像中学校
嘉穂高等学校附属中学校
輝翔館中等教育学校
③西南学院中学校
④上智福岡中学校
⑤福岡女学院中学校
⑥福岡雙葉中学校
⑦照曜館中学校
⑧筑紫女学園中学校
⑨敬愛中学校
⑩久留米大学附設中学校
⑪飯塚日新館中学校
⑫明治学園中学校
⑬小倉日新館中学校
⑭久留米信愛中学校
⑮中村学園女子中学校
⑯福岡大学附属大濠中学校
⑰筑陽学園中学校
⑱九州国際大学付属中学校
⑲博多女子中学校
⑳東福岡自彊館中学校
㉑八女学院中学校

佐賀県

①[県立] 香楠中学校
致遠館中学校
唐津東中学校
武雄青陵中学校
②弘学館中学校
③東明館中学校
④佐賀清和中学校
⑤成穎中学校
⑥早稲田佐賀中学校

長崎県

①[県立] 長崎東中学校
佐世保北中学校
諫早高等学校附属中学校
②青雲中学校
③長崎南山中学校
④長崎日本大学中学校
⑤海星中学校

熊本県

①[県立] 玉名高等学校附属中学校
宇土中学校
八代中学校
②真和中学校
③九州学院中学校
④ルーテル学院中学校
⑤熊本信愛女学院中学校
⑥熊本マリスト学園中学校
⑦熊本学園大学付属中学校

大分県

①[県立]大分豊府中学校
②岩田中学校

宮崎県

①[県立]五ヶ瀬中等教育学校
②[県立] 宮崎西高等学校附属中学校
都城泉ヶ丘高等学校附属中学校
③宮崎日本大学中学校
④日向学院中学校
⑤宮崎第一中学校

鹿児島県

①[県立]楠隼中学校
②[市立]鹿児島玉龍中学校
③鹿児島修学館中学校
④ラ・サール中学校
⑤志學館中等部

沖縄県

①[県立] 与勝緑が丘中学校
開邦中学校
球陽中学校
名護高等学校附属桜中学校

もっと過去問シリーズ

北海道

北嶺中学校
7年分(算数・理科・社会)

静岡県

静岡大学教育学部附属中学校
(静岡･島田･浜松)
10年分(算数)

愛知県

愛知淑徳中学校
7年分(算数・理科・社会)
東海中学校
7年分(算数・理科・社会)
南山中学校男子部
7年分(算数・理科・社会)
南山中学校女子部
7年分(算数・理科・社会)
滝中学校
7年分(算数・理科・社会)
名古屋中学校
7年分(算数・理科・社会)

岡山県

岡山白陵中学校
7年分(算数・理科)

広島県

広島大学附属中学校
7年分(算数・理科・社会)
広島大学附属福山中学校
7年分(算数・理科・社会)
広島学院中学校
7年分(算数・理科・社会)
広島女学院中学校
7年分(算数・理科・社会)
修道中学校
7年分(算数・理科・社会)
ノートルダム清心中学校
7年分(算数・理科・社会)

愛媛県

愛光中学校
7年分(算数・理科・社会)

福岡県

福岡教育大学附属中学校
(福岡･小倉･久留米)
7年分(算数・理科・社会)
西南学院中学校
7年分(算数・理科・社会)
久留米大学附設中学校
7年分(算数・理科・社会)
福岡大学附属大濠中学校
7年分(算数・理科・社会)

佐賀県

早稲田佐賀中学校
7年分(算数・理科・社会)

長崎県

青雲中学校
7年分(算数・理科・社会)

鹿児島県

ラ･サール中学校
7年分(算数・理科・社会)

※もっと過去問シリーズは
国語の収録はありません。

教英出版
〒422-8054
静岡県静岡市駿河区南安倍3丁目12-28
TEL 054-288-2131
FAX 054-288-2133
詳しくは教英出版で検索
教英出版　検索
URL https://kyoei-syuppan.net/

2024年度　後期日程

同志社女子中学校
入学考査問題

【国　　語】

(45分)

（注　　意）

・試験開始の指示があるまで、この問題冊子の中を見てはいけません。
・試験開始の指示があったら、冊子のページがそろっているかを確認《にん》してください。もし、不備があれば手をあげてください。　【ページ数　国語：1～21】
・解答用紙は、問題冊子の中にはさんであります。答えはすべて解答用紙に書きなさい。
・解答を始める前に、解答用紙に「受験番号・氏名」を必ず書きなさい。
・試験終了の指示があったら、すぐに鉛《えん》筆を置き、問題冊子をそろえ、その上に解答用紙を表向きに置いて静かに待っていてください。

問題一　次の文章を読んで、後の問いに答えなさい。

「光都《みつ》ちゃんの紙しばい、楽しみねぇ。お休みのところ、ありがとうね」

*雪乃《ゆきの》さんに言われて私はほおをゆるませる。

進学した東京《とうきょう》の大学で私はえん劇サークルに入った。あるとき、新入生かんげいの余興でやった紙しばいが思いのほか楽しくて、私がやりたいのはこれだ！　と思った。

自分ひとりでなんでも決められて、経費がほとんどかからないのも良かった。私が立って絵をぬいたり差したりするための、半径一メートルほどのスペースを用意してもらえれば、特に設備もいらず外でも室内でもできるのだ。保育園や老人ホーム、地域のお祭りなど、こちらから働きかければ興味を持ってくれるところはたくさんあって、一度やるとまた来てくださいと声をかけてもらえることが多い。

それで私は、卒業後は通販《はん》オペレーターの仕事をしながら、*ライフワークとして紙しばいを続けている。

今回、帰省することになったのは、*マスターから話を聞いた雪乃さんに依頼《いらい》されたからだ。彼《かの》女は公民館でパートタイムで働いていて、こどもの日のイベントの一かんとしてぜひにとお願いされた。求められてうれしかった。だから張り切って準備してきたのだ。

お吸い物を一口飲み、私が雪乃さんに返事しようとしたところでおばあちゃんが言った。

「紙しばいなんて、今どき流行《はや》らへんやろ」

以前、私が雪乃さんとネット動画の話で盛り上がっていたら「流行《はや》りばっかり追って軽はくな」って言っていたじゃないか。この人は結局いちゃもんをつけたいだけなのだ。こうなると、おばあちゃんを前に紙しばいの良さや熱意を語る気になんてとう底なれなかった。

私はだまってとうがらしをかじる。おばあちゃんがしばづけをかむブリブリという音が、食たくにひびいていた。

食事を終えると、私は台所で雪乃さんと並んで雑談をしながら、食器を洗ったりふいたりした。後片付けをすませて居間にもどる。
おばあちゃんがロッキングチェアの背にもたれて目をつむっていた。軽く aヒタイに手を当てている。
今日最初に会ったときから思っていたけど、いまいち顔色がよくない。どこか具合が悪いんじゃないだろうか。胸のざわつきをおさえながら私はたずねる。
「おばあちゃん、お茶飲む?」
おばあちゃんはうっすら目を開け「ああ」と答える。そして、台所に向かおうとする私にとうとつに言った。
「紙しばい、どんなのやってるんだい」
私はふり返った。少し心がはねた。おばあちゃんが、興味を持ってくれた。
「宮沢賢治《みやざわけんじ》」
私はその名前をくっきりふち取るように答える。するとおばあちゃんは「へえ!」とさけんでつき放すように言った。
「あんたに宮沢賢治なんか理解できるんかね。難しいよ、賢治を読み解くのは。まして他人《ひと》様に読んで聞かせようなんて、たいそうなことやで」
ずくん、と胸のおくで大きな音がした。①暗い穴が開いたみたいだった。その穴に私が落ちていくのにも気づかず、おばあちゃんは*じょうぜつになる。
「大学に行ってしばいをやり始めたって聞いたときもびっくりしたで。光都は小さいころからぴいぴいぴいぴい、よく泣く子やったし、バランス感覚が悪いのかしょっちゅう転ぶし、こないトロくて大丈《じょう》夫かいなと思ってたからな。それが人前で bエンギするなんて、まあ、信じられへんわ」
小ばかにした笑い。いつものことだ。いつもの……。聞き流せばいい。
でもどうしても、できなかった。いかりなのか悲しみなのか、そのどちらもなのか、ふきこぼれそうな熱いいきどおりを止められなかった。

*雪乃さん…光都のおば。　*ライフワーク…一生をかけて行う仕事。
*マスター…光都の知人で、きっさ店の店長。　*じょうぜつ…口数が多くおしゃべりであること。

「…………なんでなの？」

しぼりだすようになんとかそこまで言い、真顔になったおばあちゃんに私は声をぶつける。

「なんでいっつもそうやって、私のやることにケチつけるの！」

おばあちゃんはまゆをひそめた。

「光都が失敗せえへんように、教えたげてんのやないか」

「おばあちゃんは私がどれだけがんばってもぜんぜん認めてくれない。子どものころからずっとそうだった。さかあがりができるようになったときも、読書感想文が入選したときも、難関って言われてた高校に受かったときも、なんだかんだ、あらさがしばっかりして」

「さかあがりって、あんた。そんな昔のこと根に持ってたんか」

「持ってるよ、ずっと持ってるよ！　その無神経さが人をどれだけ傷つけてるか、おばあちゃんはぜんぜんわかってないんだよ！」

おばあちゃんはだまった。私もだまった。

たえられなくなって、私は居間を飛び出す。お茶の入った湯のみを三つ、おぼんにのせて立っている雪乃さんのとなりをすりぬけて。

自分の部屋で、私はベッドに寝《ね》転がってしばらくぼんやりしていた。

なみだがこぼれた。おばあちゃんに対するやるせなさが流れたあとは、ぴしぴしとc ジセキの念にかられた。

おばあちゃんって、いくつだっけ。たしか八十二さいだ。今さらあんなこと言っていやな空気にすることなかった。今度いつ会うかわからないのに。

がまんができなくてさとった。私は、②他のことはどうでも、これだけはおばあちゃんに肯《こう》定してほしかったのだ。

私は起き上がり、紙しばいセットの入ったふくろに手をのばす。

東京から持ってきた木製の紙しばいフレーム。探して探して、こだわって、やっと見つけたお気に入りだ。ちょっと重いけど、絵のぬき差しがスムーズで、なによりもクラシックなデザインがすごくいい。お客さんを紙しばいの世界にひきこむ、＊ムーディーな舞《ぶ》台になってくれる。

持ってきた作品は、どれも宮沢賢治だった。

あんたに宮沢賢治なんか理解できるんかね。おばあちゃんにさされたとげがぬけない。自分の中の、いちばんやわらかいところをつかれた気がする。

宮沢賢治の読み解きが難しいことぐらい、私にだってわかっている。だから何作も、何度も何度も、読みこんだ。私なりに考えた。今だって、紙しばいを打つときはいつも考えてる。そして宮沢賢治の作品を、私は愛してる。子どものころから。

――九さいのときだった。

仕事がいそがしいながらも夜中には帰ってきていた両親が、あるとき出張になった。夕方から台風が来ていて、夜になると外でごうごうと大きな音がした。

お父さんもお母さんも、大丈夫かな。この家、ふき飛ばされちゃうんじゃないかな。電気を消すのも不安になって、私は自分の部屋を明るくしたまま、ベッドの中で③まんじりともできずにいた。

閉じたドアのすき間から光がもれていることに気づいたのだろう、おばあちゃんが入ってきた。

「ねむれへんのか」

おばあちゃんが言った。私がふとんをかぶったままうなずくと、おばあちゃんは「弱虫な子やねえ」とぶつぶつつぶやきながら行ってしまい、そしてすぐにもどってきた。

「本でも読んだげるわ」

おどろいた。おばあちゃんは、本を取りに行っていたのだ。かけぶとんをはがすと無理やり私の横にもぐりこんできて、老眼dキョウをかけ、本を開いた。

そしておばあちゃんは、声に出して物語を読み始めた。

宮沢賢治の＊『よだかの星』だった。

＊ムーディー…ここちよいふんいきのあるさま。

＊『よだかの星』…他の鳥たちからいじめられているよだかが、星になりたいと願って飛び続け、ついに星になるという物語。

おばあちゃんがそんなことをしてくれたのは初めてで、さらに思いのほかおばあちゃんのeロウ読は迫《はく》力があって、私はどきどきしながら話を聞いた。

でも、そのときの私には、よだかはあまりにも苦しいキャラクターだった。姿がみにくいと言われたり、羽虫を食べることがつらかったり、よだかは何も悪くないのに、ただやさしいのに、ひどい目にあってばかりだった。星になるラストにいたっては、こわくて悲しくて、泣いてしまった。ただでさえ心細い夜に、おばあちゃんはなんでこの話を選ぶんだろうと思った。

するとおばあちゃんは、大きな声で私をしかった。

「泣くんやない。よだかは、どんな鳥よりも美しいものになったんだ。なんでかわかるか。自分の力で必死に空をのぼったからやで！」

あれは絵本ではなかった。「宮沢賢治全集」のひとつで、文庫だった。おばあちゃんはそれを何度もくり返し読んだのだろう。表紙はもうよれよれだった。

「もうだれからも傷つけられへんし、だれのことも傷つけへん。ただみんなを照らしてる。④せやからもう大丈夫なんや、よだかは」

おばあちゃんは本に目を落としたまま言った。

そしてそれ以上の読み聞かせはしてくれず、横になったままひとりで読書を始めた。私は話しかけるのも申し訳なく、やることもなく、いつのまにかねむってしまい、早朝に目が覚めたらとなりでおばあちゃんが寝ていたのでびっくりした。

せやからもう大丈夫なんや、よだかは。おばあちゃんのあの声は、今でもまだ、私の耳の底にいる。

部屋にこもってから二時間ばかりたって、のどがかわいたので台所に行った。居間におばあちゃんの姿はない。雪乃さんがすでに夕飯の仕こみをしていた。私は雪乃さんのとなりに立つ。

「ごめん、やらせっぱなしで」

「いいのいいの。下ごしらえ、もう終わるから。びわ、食べる?」
千葉《ちば》の実家から送られてきたのだという。私が答える前に雪乃さんは冷蔵庫からびわのパックを取り出し、ざるに実をあけてさっと洗った。私はもう一度、居間を確認《にん》してからたずねる。
「……おばあちゃんは?」
「部屋でちょっと寝るって」
やっぱり、どこか悪いんだろうか。私があんなこと言ったせいで、悪化したのかもしれない。
もし。もしおばあちゃんが、病気だったら。心臓がドクドクと早打ちした。私は思い切って雪乃さんに切り出す。
「あの……おばあちゃん、もしかして体調がよくない、とか?」
雪乃さんが、ぷ、とこらえきれなくなったように笑った。
きょとんとしていると、雪乃さんはびわをお皿にのせながら言う。
「ごめんごめん、笑ったりして。心配いらないわよ、めずらしくお昼寝してるだけ。健康しん断もばっちり優しゅうで、骨密度年齢《れい》なんて二十さいも若いんだから。もう、健康体そのものよ」
雪乃さんは食たくにすわった。私もそれにならって向かい合う。彼女はびわをひとつ手に取ると、器用な手つきでするすると皮をむき始めた。
「タヅさんね、今日光都ちゃんが来るから、うれしくてうれしくて昨夜一すいもできなかったんだって。今朝だって何度も時計ばっかり見て、新幹線は予定通り走ってるかＪＲに確認の電話かけたり、家の外でちょっとでも物音がすると光都ちゃんじゃないかって窓からのぞいたりしてね。昼ごはんだって、何にしようかタヅさんがさんざん考えた献《こん》立よ」
それは私も [A] 気づいていた。私の好物ばかりだったこと。あのしゅう念ともいえる錦糸《きんし》卵の細さは、おばあちゃんの手によるものだということ。きれいに皮のむけた実を、雪乃さんは私のほうに差し出す。
「なのに、光都ちゃんが来たらあんなツンツンした態度とって。私、もうおかしくて」
私はびわを受け取る。みずみずしいその果肉は、口にふくむとやさしくてあまくて、さっぱりした酸味も感じられた。雪乃さんみたいだな、とぼんやり思う。

「⑤タヅさん、かわいいひとよ。いつも光都ちゃんの話ばっかり」

「どうせ、悪口しか言わないでしょ」

照れかくしもあって、私はそう答えた。雪乃さんはちょっと首をかたむける。

「悪口っていうか。タヅさんって、自分にとって魅《み》力のない人の話はしないのよ。大好きか、どうでもいいか、どっちかなの」

私は顔を上げる。雪乃さんはふっくら笑った。

「毎日夕方になるとタヅさん、テレビで全国の天気予報を見ててね。東京は雨だねとか、寒くないかねとか、つぶやいてるの。首都圏《けん》の地震《しん》速報なんて出ようものなら、それが震度2でも1でも、絶対安心だってわかるまで部屋をうろうろしてるのよ。光都ちゃん本人にきけばいいのにね」

そんなおばあちゃんの姿、想像もできなかった。

さっきとはちがう温度のなみだが、食たくの上に B 落ちる。

私はおばあちゃんが……おばあちゃんが、きらい、大好き、うとましい、恋《こい》しい、背を向けたい、あまえたい。ぐちゃぐちゃだ、いつも。どうしようもない。

⑥整理のつかないむじゅんをかかえながら、苦しくて、はなれたくて。

その一方で、すごくすごく心配で、元気でいてほしくて。

星になったよだかは、今はもう、ただ静かに燃えている。平安のうちに。
だけど私は星じゃない。生きている。この地の上で。
だからだれかの言動に傷ついてしまうし、同じようにだれかを傷つけてしまう。
でも、自分の力で必死に生きてたら、少しだけでもみんなを照らすことができるかな。それが私を「大丈夫」にしてくれるんじゃないかな。

またひとつ、きれいに皮をむいたびわの実を、雪乃さんが私に向けた。私は小さく首をふる。

「自分でむいてみる。ありがとう」
雪乃さんは　C　うなずき、手に持った実にかぷりと歯を当てた。

自分の部屋にもどろうとして、入り口で私は足を止めた。
半分開いたドアから、おばあちゃんの後ろ姿が見える。
おばあちゃんは、紙しばいを手に取っていた。＊『風の又三郎《またさぶろう》』。ちょっとだけほほえんで、そのタイトルをいとおしそうに、そっとなでている。
宮沢賢治の作品は、ひとクセのある登場人物ばっかりだ。弱さもみにくさもおろかさもかかえたかれらの姿は、きれいごとがなくてなまなましい。
不条理でどこかさびしくて、でも清らかで豊かな自然のことわり。めぐみを受けながらおそれながら、自分ではどうしようもできない感情と＊対峙《じ》する。そんな宮沢賢治の世界に、私はひかれてやまないのだ。
おばあちゃんの背中を見ていたら、なんだか笑《え》みがこぼれた。そして⑦ひとつ息を吸い、私はドアを勢いよく全開させる。
「おばあちゃん、また勝手に私の部屋に入って！　断りもなく私のものにさわらないでよ」
おばあちゃんがギクリとこちらを向き、紙しばいからさっと手をはなした。
「さわってへん。見てただけやで」
「うそばっか」
そうだ、こんなふうに、もっと言いたいことを言えばよかったんだ。ケンカすればよかったんだ。だまって秘《ひ》めないで。小ばかにされてるなんて勝手にひくつになったりしないで。
私はおばあちゃんをベッドの上にすわるよううながす。⑧けげんな顔をしながらも、おばあちゃんは素《す》直にこしを下ろした。
私はベッドの向かいに置かれたカラーボックスの上の小物をデスクに移動させた。紙しばいフレームをその上にのせて、舞台を

＊『風の又三郎』…風の強い日に、ある小学校に転校してきた、不思議な少年の物語。
＊対峙…向き合って立つこと。

作る。

おばあちゃん、私、大きくなったよ。
もう泣き虫の小さな女の子じゃないよ。
自分で働いたお金で、家賃も食費も光熱費もはらってるよ。仕事がうまくいかなくて落ちこんだり、手痛い恋をしたり、だけどちゃんと立ち直ったよ。
ゴキブリのしとめ方や、*里芋《いも》の炊《た》いたんのおいしい作り方や、不安でおしつぶされそうなひとりの夜の乗りこえ方だって身につけたよ。だから。
「⑨見ててよ」

私は何にでもなれる。どこへでも行ける。かにになってささやき、象になって仲間を助け、鳥になって空を飛び、馬になって大地をかける。
拍子《ひょうし》木を鳴らす。カチカチ、カチカチ。

「風の又三郎、はじまりはじまりーっ」

どっどど　どどうど　どどうど　どどう、
青いくるみもふきとばせ
すっぱいかりんもふきとばせ

おばあちゃんは幼い女の子みたいにちょこんとすわって、紙しばいに魅入っている。

その目はうるんで光って見えた。真っ暗な夜空で静かにかがやく、小さな星みたいに。

どっどど　どどうど　どどうど　どどう

私は声を張り上げ、おばあちゃんを物語の中に連れていく。
あらしの日に現れた、風変わりな少年になって。

（青山《あおやま》美智子《みちこ》『月曜日の抹《まっ》茶カフェ』より）

＊里芋の炊いたん…里芋を炊いた料理。

問1　傍《ぼう》線①「暗い穴が開いたみたいだった」とあるが、このときの光都の心情の説明として最も適当なものを、次のア～エから一つ選び、記号で答えなさい。

ア　紙しばいの活動の大変さを表面的にしかわかっていなかったことに気づき、自分の未熟さをはずかしく思っている。
イ　紙しばいをやる上で必要なことを理解していないと指てきされ、すっかり自信を失ってしまっている。
ウ　紙しばいに対する否定的な反応を受け、自分はやはり何をしても認めてはもらえないのだと打ちのめされている。
エ　他人の作品を読み解くことの難しさを教えられて、本番で上手に紙しばいができるだろうかと不安になっている。

問2　傍線②「他のことはどうでも、これだけはおばあちゃんに肯定してほしかったのだ」とあるが、その理由として最も適当なものを、次のア～エから一つ選び、記号で答えなさい。

ア　紙しばいの良さを伝えて宮沢賢治の作品をともに楽しむことで、おばあちゃんとの関係が良くなることを期待していたから。
イ　おばあちゃんに宮沢賢治の作品に向き合っている自分をほめてもらうことで、紙しばいに対する自信をつけたかったから。
ウ　おばあちゃんのために宮沢賢治の作品を選んだのに、そのおばあちゃんに喜んでもらえなければ努力がむだになるから。
エ　おばあちゃんが愛する宮沢賢治の作品を自分も愛しており、その難解さに真けんに向き合ってきた自負があったから。

問3　傍線③「まんじりともできずに」とあるが、「まんじりともできない」の意味として最も適当なものを、次のア〜エから一つ選び、記号で答えなさい。

ア　何となく安心できない　　イ　全くねむれない　　ウ　動くことができない　　エ　きん張が解けない

問4　傍線④「せやからもう大丈夫なんや、よだかは」とあるが、このおばあちゃんの言葉は、光都にとってどのような意味を持つものとなっているか。最も適当なものを、次のア〜エから一つ選び、記号で答えなさい。

ア　光都の心の中に強く残り、自分がどのように生きればよいかを考えさせてくれるもの。

イ　おばあちゃんの厳しさを思い出させ、光都の気持ちを常に引きしめてくれるもの。

ウ　つらいことがあったときに、光都をいやし、つらさを全て忘れさせてくれるもの。

エ　筋の通らないことをしてしまいそうになったときに、光都をたしなめてくれるもの。

問5　[A]〜[C]にあてはまる語として最も適当なものを、次のア〜カからそれぞれ一つずつ選び、記号で答えなさい。

（同じ記号は二度使わないこと）

ア　ぽとぽと　　イ　すらりと　　ウ　ふわふわ

エ　にっこりと　　オ　しゅんと　　カ　うすうす

問6　傍線⑤「タヅさん、かわいいひとよ」とあるが、雪乃さんは、おばあちゃんのどのようなところを「かわいい」と言っているのか。最も適当なものを、次のア〜エから一つ選び、記号で答えなさい。

ア　年を取って心身ともに弱っていることを光都に気づかせたくなくて、強気な態度をとっているところ。

イ　自分の技能をみがく努力を重ねる光都をほこらしく思う気持ちを、意地になってかくそうとするところ。

ウ　光都にやさしくしたいと考えながらもどうすればよいか判断できず、ひそかになやんでいるところ。

エ　光都に強い愛情を持ち、常に心配しているのに、素直にその思いを表現できないでいるところ。

問7　傍線⑥「整理のつかないむじゅんをかかえながら」とあるが、このときの光都の心情の説明として最も適当なものを、次のア〜エから一つ選び、記号で答えなさい。

ア　おばあちゃんの無神経さや強気な態度にどのように対処して良いか分からず、困っている。

イ　おばあちゃんが本当に自分を愛してくれているのかという疑問をかかえながら、苦しんでいる。

ウ　自分にとっておばあちゃんがどのような存在なのかをはっきりと決めきれずに、混乱している。

エ　おばあちゃんにどのように接するかをいつまでも決められないことに、あせりを感じている。

問8　傍線⑦「ひとつ息を吸い、私はドアを勢いよく全開させる」とあるが、このときの光都の心情の説明として最も適当なものを、次のア〜エから一つ選び、記号で答えなさい。

ア　年を取ったおばあちゃんのさびしさに気づいて気の毒になり、今後めったに会えなくなる可能性も考えて、もっと積極的に話しかけようとしている。

イ　おばあちゃんの厳しい教育が光都の将来を思ってのことだったと気づいて申し訳なく思い、感謝の気持ちを持って接しようと決心している。

ウ　おばあちゃんの表面的な態度とは裏腹な本心を知ったことで、遠りょせずに自分の感情をおばあちゃんにぶつけてみようという気になっている。

エ　おばあちゃんの宮沢賢治の作品に対する思い入れを理解したことで、今までかかえていたおばあちゃんに対するわだかまりが消えて親近感が生まれている。

問9　傍線⑧「けげんな」の意味として最も適当なものを、次のア〜エから一つ選び、記号で答えなさい。

ア　状きょうがわからず不思議に思う様子　　イ　相手の言動を理解できず腹立たしく思う様子

ウ　予想外の出来事にうろたえる様子　　エ　自分の思うようにいかず落ちこむ様子

問10　傍線⑨「見ててよ」とあるが、この言葉にこめられた光都の思いの説明として最も適当なものを、次のア〜エから一つ選び、記号で答えなさい。

ア　おばあちゃんの好きな作品を紙しばいの題材に選ぶことで、仲直りを望んでいる気持ちを示そうとしている。

イ　年老いたおばあちゃんに、孫である自分をもっとたよりにしてほしいという思いを伝えようとしている。

ウ　自分には紙しばいで宮沢賢治の作品をあつかう力があるということを、おばあちゃんに認めてもらいたいと思っている。

エ　自分をいつまでも子どもあつかいするおばあちゃんに、成長してしっかりと生きている自分の姿を示したいと思っている。

問11　光都とおばあちゃんの関係を説明したものとして最も適当なものを、次のア〜エから一つ選び、記号で答えなさい。

ア　光都とおばあちゃんは直接顔を合わせるといつも言い争いをしてしまうが、遠くはなれた地からおたがいに健康や安全をいのっており、本当は仲が良い。

イ　光都がおばあちゃんに本を読んでもらったことをずっと忘れないでいる一方で、おばあちゃんは常に光都のことを気にかけており、おたがいを大事に思っている。

ウ　光都とおばあちゃんはおたがいのことを大切に思っているが、長い間はなれて暮らしていたことが原因で、本音を言い合うことができなくなってしまっている。

エ　光都はおばあちゃんが自分を認めてくれないことに対して、おばあちゃんは光都が自分の助言を受け入れないことに対して、おたがいに不満を持ち続けている。

問12　二重傍線a〜eのカタカナを漢字に直しなさい。

問題二　次の文章を読んで、後の問いに答えなさい。

もうひとつ、①忘却《ぼうきゃく》についての常識に誤っていることがある。なにかというと、忘却とはやみくもに、すべてを忘れてしまうことのように考えていることである。

*「君の名は」のぼう頭の名文句、「忘却とは忘れ去ることなり」も、忘却を、〝忘れ去る〟 A 、あとかたもなく、全部忘れてしまうのを暗示している。それはむしろ病的な忘却である。正統の忘却は決して百パーセントの*忘失ではない。忘れるところと、記おくのままを残す部分とを区別する。その区別、分別、取捨をほとんど無意識のうちにおこなっているのはおどろくべきである。

取捨の判断は、その人間の、深層化している価値観、好悪《お》、利害、快不快などのつくり上げているネットワークを通すことで*暗々裡《あんあんり》におこなわれる。きわめて個人的、個性的で、忘れ方は人によってみなちがう。

知識の記おくはそういう個性化作用を受けないから、完全な記おくはぼつ個性的である。だれもが同じように記おくできる。試験で百点満点の答案は、何人あっても同じ答えをしている。ところが、忘却作用がはたらいて、欠損部分がある答案は、【　】、それぞれのところで間ちがっている。同じ八十五点の答案がいくつあっても、それぞれ異なったところで、間ちがっている。まったく同じところで、同じように間ちがえている答案があれば、カンニングを疑ってよい。それほど、忘却では個人差がはっきりしている。

知識の記おくのみによって、個性を育むことはできない。知識も記おくも、そのままではぼつ個性的であり、超《ちょう》個性的である。忘却はひとりひとり独自の忘れ方をする点で、個性的である。ぼつ個性的な知識を習得することを通じて個性が生まれるのは、つまり忘却の作用によるのである。個性の尊重がやかましく言われるようになったのにもかかわらず、個性の源泉が忘却にあることを知らずにいるのは、②いかにものんきである。

コンピューターは記おくの巨《きょ》人である。③単純記おくにおいて、コンピューターにまさる人間は存在しないと言ってよい。完全に大量の情報を記おくし、それを操作、処理する能力をもっている。完全記おくを実現しているが、個性がない。忘却ということ

*「君の名は」…一九五〇年代のＮＨＫのラジオドラマ。

*忘失…完全に忘れてしまうこと。　*暗々裡に…知らないうちに。ひそかに。

を知らないからである。記おくだけなら人間はコンピューターにかなわないが、忘却と記おくのセットで考えれば、④人間はコンピューターのできないことをなしとげる。この点からすれば、忘却は新しい役割を認められなくてはならないことになり、これまでの忘却観は一変しなくてはならないはずである。忘却が個性化をすすめ、創造的はたらきの基ばんであるのに目を向けないのは知的たいまんである。

　忘却は力である。忘却力は破かい的ではなく、記おく力を支えて創造的はたらきをもっている。

　忘却は歴史的に長い間、無視されてきた。現在もなお困ったことに悪者あつかいは続いている。心理学者でも、ヘルマン・エビングハウス（一八五〇—一九〇九）の忘却曲線は有名であるが、いまはもう古い、というだけで、新しい研究のおこる気配は、少なくとも部外のものには、感じられない。

　古くから、記おくは注目され、その本質にせまるのは重要な問題とされてきたのに、忘却はそのかげにかくれて、表立って考察されることもなかったようである。

　哲《てつ》学においても、ギリシャのプラトンは、記おくに興味をもっていたらしく、記おくをはと小屋にたとえている。プラトンは、「心をはと小屋と考え、さまざまな鳥をとらえてその小屋に入れることを記おくとし、はと小屋の鳥をとらえることを想起とした」（細川亮一《ほそかわりょういち》、「日本大百科全書」）。　あ

　この比ゆには、忘却はまったく姿を見せない。とらえられた鳥は、いつまでも同じ鳥であると考えたわけではあるまいが、このたとえでは、記おくを変える忘却はまったく考えられていないように見られる。　い

　実は、⑤プラトンは、記おくについて、もうひとつの比ゆを考えた。それによると、人間は心のうちに＊ろう板のようなものがあるとして、経験がそのろうに刻印されるのを記おく、刻印されなかったり消えたりした場合を忘却、と考えた。

　ろうに刻まれたものは、時のたつにつれてすこしずつ消え、やがてほとんどあとかたもなくなる。それを記おくと忘却の比ゆとしたのである。忘却がとり上げられているのは忘却の名誉《よ》のためにも喜ばしいが、なお、不じゅう分である。たしかにろうに書かれ刻まれたものは、時とともに消失するが、記おくの忘却とは＊パラレルにいかない。ろうにつけられた刻印は一様にうすれて消えていくが、忘却はまだらであって、画一的ではなく、選択《たく》的忘却ともいうべきものである。プラトンはそれを見過ごしている。　う

　もうひとつテンポも問題である。ろう文字はゆっくり消えていくけれども人間の忘却ははじめ急速、やがて、ゆっくり消えるの

である。

記録したものが失われていくのをたとえるなら、紙片《へん》にインクで文字を書いて、流れる水の中にひたすという比ゆの方が、すこし*だ当性が高い。流れる水とは時間である。書かれたインクの文字は、時がたつにつれてうすくなり、やがてはほとんど消えてしまうが、はじめのうちの消失がことに大きいことを示すことができる。[え]

人間にとって、記おくと忘却は、車の両輪のようなものだと前述した。一方だけでは精神は活動できない。それなのに、古来、記おくのみ重視して、忘れることを⑥ないがしろにしてきたのは不思議である。

その記おくにしても、すべての入ってくる情報を一様に、万べんなく*インプットしているのではないように思われる。つよく印象づけられた部分もあれば、当然のこととして、さほどはっきりしない印象として受け入れられた部分もあって、まだら模様である。それを一様の記おくと見るは不正確な内省にもとづく誤解であるように思われる。関心の中心、注目のしょう点はつよく細かく記おくされるのに対して、周辺部はぼんやりとしか知覚されず、したがって印象も*きはくであるにちがいない。ひどいのになると、ある部分がすっぽりだつ落ということも考えられる。記おくの視野に、個人差のある盲《もう》点がいくつもあるように考えられる。

あるがままを記おくする、全記おくなどというのは生身の人間には考えられないこと。かならず、興味、関心、コンプレックス、欲望などが複雑に入り組んだネットがあり、それを通して、記おくされるのであるから、完全・十全の記おくは考えることもできない。

同じ光景を忠実に再現したと思われる記録を比べてみると、見た人の個人的特色というものによって、【　】に異なる。同じ光景を見ているようで、実は、各人各様に見、めいめいちがった記おくをしている。それにもとづいた記録、表現がもし一致《ち》符《ふ》合したらそれこそ異常である。

われわれは、完全記おくというものを人間にあてはめるのは誤りである、と考える必要があるように思われる。部分的記おく、

---

*ろう板…古代から中世にかけて用いられていた、板の表面をろうでおおった道具。先のとがった器具で書きこみができる。
*パラレル…平行であること。またはけい向などが似ているさま。　*だ当性…道理に当てはまっていて適切であること。
*インプット…情報を入力すること。　*きはく…ある要素がうすく、とぼしいこと。

ゆがみを内蔵した記おく、選択的記おくが、⑦正常な記おくであるということになる。人間の記おくの特質もまさに、その選択的記おくという点にあることを昔の人はともかく、現代の人間は見落としてはならない。

別な言い方をすれば、人間の記おくは、生理的・心理的であって物理的ではないということである。それがはっきりするのはコンピューターが出現してからである。コンピューターは記おくする機械として人間の能力をはるかに超えつするが、量的問題ではなく、質的に人間とコンピューターはまったく別々の記おくをする。

人間の記おくは、生理・心理的であるのに、コンピューターは物理的記おくである。人間の記おくは忘却にさらされるが、コンピューターは、機械という物体が存在し、電気というエネルギーが存在する限り、消めつしたりすることはない。忘却はおきない。*いわんや選択的忘却などはじめから問題にならない。百パーセントの記おくが可能なばかりでなく、それ以外の記おくはおきない。完全記おくで、そしていったん記おくされたものは物理的条件が激変しない限り忘却されることはありえない。選択的記おく・忘却は、こうしてみると、きわめて人間的性格のつよい心的作用であることがわかる。

人間の記おくは選択的であり、個人差が大きくえいきょうするが、それ以上に、忘却は個人差が大きいと考えられる。B、コンピューターとのちがいも、記おくよりいっそう*けん著でなくてはならない。忘却は個人の心理的歴史を反映しているから、何が忘却されるかでその人間の精神構造を知ることができるはずである。

これまで、忘却は悪者あつかいされてきたから、人間のもっとも深い個性と結びついているといったことを真けんに考える人もなかったであろうが、⑧超個性的機械的記おく万《ばん》能のコンピューターがあらわれたのだから、新しい目で見る必要がある。

近年は、ことに高齢《れい》者のもの忘れが*ネガティヴな見方をされることもあって、忘却がこれまで以上に負の心的現象と見る向きがふえている。そしてそういう忘却きょうふ症《しょう》ともいうべきものは、昔から、学習者に広くせん在していた忘却きょうふ症ときみょうに結びついて忘却のイメージをいっそう悪くする。

それが間接的に作用して、〝忘却不全症〟がおこり、いろいろな好ましくない行動をおこしたりする。*神経症といわれるものの多くに、忘却不全がかかわっていることはじゅう分、予想されるところである。

比ゆは適当でないが、忘却はゴミ出しに似ている。かつての、物資が不足気味な社会においては、ゴミはたいした量ではない。自然に近い形で処理されていた。C、モノが豊かになり、近代的都市生活をするようになると自然のゴミ処理では間に合わなくなって、ゴミの収集、処分が社会的事業になる。昔は、ゴミの処分に頭をなやますのは限られた一部の人であったのが、いまはほとんどすべての人が多少とも頭をなやますことになった。

情報、知識というものが、モノと同じようにふえたかどうかは別として、かつては知識があふれて困るというような人は例外的であったと思われる。ふつうであれば、とくになにもしないでも、余計な、あふれた知識、記おくは生活の中で、ほとんど意識されずに、自然に処分されていた。つまり自然忘却で、支障はなかった。それが、知識・情報社会と言われるようになると、自然忘却だけでは、ゴミがあふれることになりかねない。記おくを意図的にはいきしないと、頭がゴミでうまってはたらかなくなるおそれが現実的になってくる。

⑨忘却を積極的に評価する考え方は、現代においては不可欠である。気づいているのに具体的な努力をしないのはたいまんと言っても不当ではなかろう。

選択的忘却は健全な精神にとって、記おくよりもはるかに重要である、と言ってもよい。

（外山《とやま》滋比古《しげひこ》『忘却の整理学』筑摩書房より）

＊いわんや…もちろん。　＊けん著…はっきりしていて目立つさま。

＊ネガティヴ…否定的や消極的なさま。　＊神経症…強いストレスによって精神的に不調をきたす病気。

問１　傍《ぼう》線①「忘却についての常識に誤っていることがある」とあるが、筆者は「忘却」とはどのような作用だと考えているか。最も適当なものを、次のア～エから一つ選び、記号で答えなさい。

ア　その人が意識的に記おくしておこうと決めたもの以外のすべての情報を、頭の中から可能な限り早めに消し去る作用。

イ　その人が新しい情報を記おくするたびに、以前記おくした情報を無差別に頭の中から消していく作用。

ウ　その人にとって残す必要のある情報と不要な情報を無意識に選別して、不要な情報だけを頭の中から消す作用。

エ　その人が覚えた全ての情報を、時間をかけて頭の中から消し去っていくことで脳の負担を軽くする作用。

問2　[A]～[C]にあてはまる語として最も適当なものを、次のア～エからそれぞれ一つずつ選び、記号で答えなさい。
（同じ記号は二度使わないこと）

ア　それとも　　イ　ところが　　ウ　すなわち　　エ　したがって

問3　二か所ある【　　】に共通して入る四字熟語として最も適当なものを、次のア～エから一つ選び、記号で答えなさい。

ア　千変万化　　イ　二者択一　　ウ　十人十色　　エ　四方八方

問4　傍線②「いかにものんきである」とあるが、それはなぜか。その理由を説明した次の文の空らんにあてはまる言葉を文中から二十五字で探し、はじめと終わりの五字をぬき出して答えなさい。（ただし、「　」、。などがある場合は、それもふくむ。この後の問いについても同じとする）

個性の尊重を主張しているのに（　　　　　　）ことに気づいていないから。

問5　傍線③「単純」とあるが、本文にも用いられている「単純」の対義語を、漢字二字で答えなさい。

問6　傍線④「人間はコンピューターのできないことをなしとげる」とあるが、「コンピューター」と「人間」の能力のちがいについての筆者の考えとして最も適当なものを、次のア～エから一つ選び、記号で答えなさい。

ア　コンピューターは単純な情報を完全な形で記おくすることしかできないのに対して、人間は単純な情報同士を結びつけることで創造的な知識を身につけることができる。

イ　コンピューターは大量の情報をたくわえ、ずっと保持し続けざるを得ないのに対して、人間はひとりひとりの異なる判断に応じた形で記おくした情報を忘れることができる。

ウ　コンピューターは人間の力にたよらなければ知識や情報を忘却することができないのに対して、人間は自らの力で忘却することができ、記おく力を高めることができる。

エ　コンピューターは記おくする情報を無限に増やしてためこむことが可能であるのに対して、人間は自分の思うままに覚える情報を増やしたり減らしたりして整理することができる。

問7　次の一文が入るのは、[あ]～[え]のどこか。最も適当なか所を一つ選び、記号で答えなさい。

しかし、選択的忘却は、この比ゆでもうまく説明できない。

問8　傍線⑤「プラトンは、記おくについて、もうひとつの比ゆを考えた」とあるが、「もうひとつの比ゆ」に示されるプラトンの考え方には、どのような欠点があると筆者は考えているか。適当なものを次のア～オから二つ選び、記号で答えなさい。

ア　忘却を単に記おくのあとに起こることとしか考えておらず、忘却自体には全く価値を置いていない点。

イ　忘却の速度は一定ではなく、急激に記おくがうすれたあとで速度がおそくなることを表現していない点。

ウ　忘却が人間の心身の活動に大きなえいきょうをおよぼすということについて全くふれていない点。

エ　忘却の作用が活発になるのはどのような場合であるのかについて正確に理解できていない点。

オ　忘却の作用は均一ではなく、記おくのうすれる部分と残る部分があることを見落としている点。

問9　傍線⑥「ないがしろにしてきた」とあるが、「ないがしろにする」の意味として最も適当なものを、次のア～エから一つ選び、記号で答えなさい。

ア　害のあるものとしておそれをいだく　　イ　あからさまに反発して敵意を向ける

ウ　かろんじてまともにあつかわない　　エ　不適切な使い方をする

問10　傍線⑦「正常な記おく」とあるが、その説明として適当でないものを、次のア～エから一つ選び、記号で答えなさい。

ア　物理的な記おくとは質がまったく異なる、人間的な性格がつよくえいきょうしている記おく。

イ　個人の関心や価値観、コンプレックスなどからできたネットを通した選択的な記おく。

ウ　すべてを一様に万べんなく記おくしようとしても、完全にはならず部分的でゆがみがある記おく。

エ　個人の心理的な歴史が反映されており、人間の精神構造を知ることができる記おく。

問11　傍線⑧「超個性的機械的記おく万能のコンピューター」とあるが、こうした性質を持つ「コンピューター」について、比ゆで表現している言葉を、文中から六字でぬき出して答えなさい。

問12　傍線⑨「忘却を積極的に評価する考え方は、現代においては不可欠である」とあるが、それはなぜか。その理由として最も適当なものを、次のア～エから一つ選び、記号で答えなさい。

ア　知識や情報がモノと同じように豊かになった現代社会では、必要最低限の知識や情報だけを残してあとは忘却することが重要だから。

イ　知識・情報社会と言われる現代では、記おくしなくても情報があふれているため、積極的に忘却しても何の問題もないから。

ウ　あらゆる情報があふれている現代社会では、実用的な知識や情報を効率的に覚えられるように他の記おくを忘れる必要があるから。

エ　知識や情報が過じょうになりがちな現代社会では、記おくにかたよりがちな精神のバランスを取るために忘却がより重要になるから。

問13　この文章の構成についての説明として最も適当なものを、次のア～エから一つ選び、記号で答えなさい。

ア　ラジオドラマやコンピューターを具体例に挙げながら、記おくと忘却の役割を説明したうえで、記おくと忘却に関する一ぱん的な認《にん》識を批判し、記おくには忘却ほどの大切なはたらきはないことを指てきしている。

イ　忘却についてさまざまな学者の説をしょうかいして、そのちがいを比かくし、どの説が最も有力であるか判断を示したうえで、その説をふまえて人間にとって忘却がいかに重要な意味を持つかを説明している。

ウ　筆者の考える忘却の役割についての仮説を挙げたうえで、忘却に関わる具体例や、忘却にまつわる歴史的な出来事を根きょとして挙げてていねいに分せきしていくことで、その仮説の正しさを証明している。

エ　忘却が従来どのようなとらえ方をされてきたのかということや、忘却と記おくの関係を述べながら筆者の考える忘却の役割を説明したうえで、忘却について新しいとらえ方をする必要があることを主張している。

2024年度　後期日程

同志社女子中学校
入学考査問題

【算　　数】

（45分）

（注　　意）

・試験開始の指示があるまで、この問題冊子の中を見てはいけません。
・試験開始の指示があったら、冊子のページがそろっているかを確認《にん》してください。もし、不備があれば手をあげてください。【ページ数　算数：１～８】
・解答用紙は、問題冊子の中にはさんであります。答えはすべて解答用紙に書きなさい。
・解答を始める前に、解答用紙に「受験番号・氏名」を必ず書きなさい。
・試験終了の指示があったら、すぐに鉛《えん》筆を置き、問題冊子をそろえ、その上に解答用紙を表向きに置いて静かに待っていてください。
・**答えが分数になるときは、最も簡単な分数で答えなさい。**

問題１　次の各問いに答えなさい。

問１　次の計算をしなさい。

$$\left(\frac{1}{15}+\frac{2}{9}\right)\div\left(\frac{17}{40}-0.36\right)-2\frac{5}{6}$$

問２　次の $\boxed{}$ にあてはまる数を答えなさい。

$$\left(\frac{2}{3}-\boxed{}\right)\div 1\frac{1}{9}\times\frac{8}{15}-0.125=\frac{3}{40}$$

問題２　次の各問いに答えなさい。

問１　8%の食塩水 150 g と 15%の食塩水 200 g を混ぜたときにできる食塩水の濃《のう》度《ど》は何%ですか。

問２　ある農場では 34 m^2 の畑から 85 kg のジャガイモがとれます。この農場の 18 ha の畑からとれるジャガイモの重さは何 t ですか。ただし，この農場では，1 m^2 あたりにとれるジャガイモの重さは一定とします。

問３　さいふの中に10円玉，50円玉，100円玉が２枚ずつ入っています。これら６枚の一部または全部を使ってちょうど支払《はら》うことのできる金額は全部で何通りありますか。ただし，０円は考えないものとします。

問４　下の図のような，同じ大きさの４つの正五角形を合わせた図形があります。このとき，㋐の角の大きさは何度ですか。

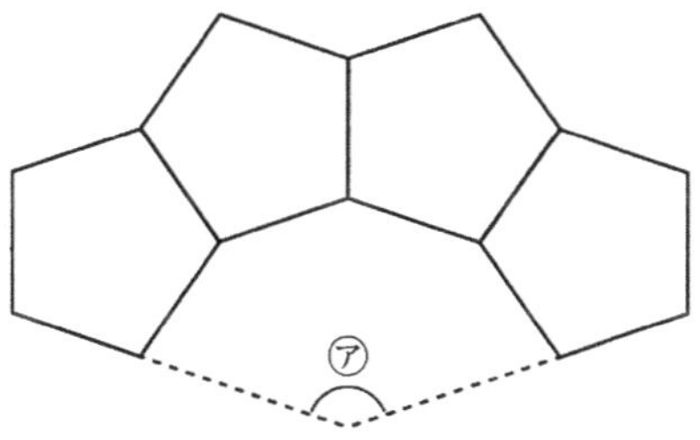

問題3　下の図は，あるクラスの生徒25人のうち，欠席している２人を除いた23人の１週間に読んだ本の冊数を調べて，ドットプロットに表したものです。このとき，次の各問いに答えなさい。

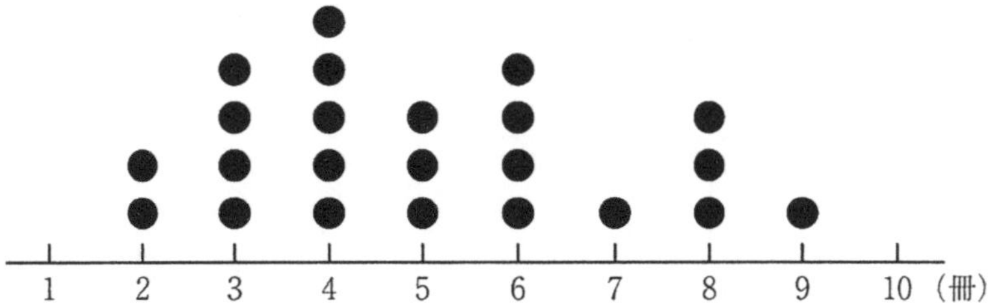

問１　このドットプロットから求められる平均値は何冊ですか。

問２　後日，欠席していた２人の１週間に読んだ本の冊数を加えて，生徒25人の代表値を求めなおしたところ，平均値は0.16冊へりましたが，中央値と最頻《ひん》値はともに変わりませんでした。欠席していた２人の１週間に読んだ本の冊数はそれぞれ何冊ですか。ただし，欠席していた２人は１冊以上本を読んでいたものとします。

問題４　イベントに参加する児童に色紙《いろがみ》を配ります。１人６枚ずつ配るとあまることなく配ることができる枚数の色紙を用意していましたが，予定よりも８人多く参加したので，１人５枚ずつ配ったところ，７枚あまりました。はじめに用意していた色紙の枚数は何枚ですか。

問題５　長さが 150 m の列車が，650 m の鉄橋を渡《わた》り始めてから完全に渡り終わるまで 32 秒かかりました。この列車が 1300 m のトンネルを通るとき，トンネルの中に列車全体が入っている時間は何秒ですか。ただし，列車の速さはつねに一定であるとします。

問題6　下の図の　　　部分の面積は何 cm^2 ですか。ただし，円周率は 3.14 とします。

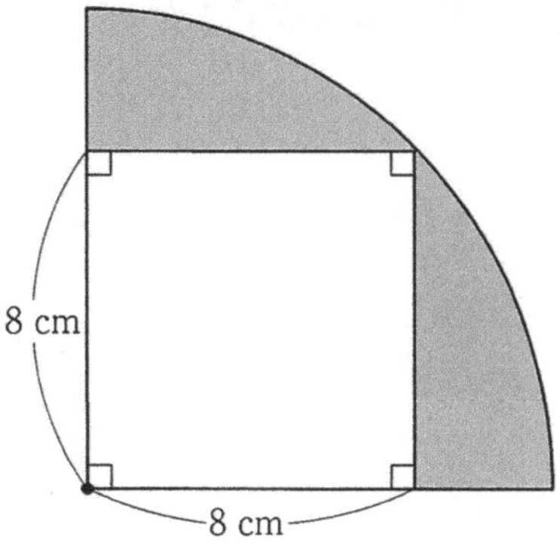

問題7　下の図のような，直方体から２つの円柱をくりぬいてできた立体があります。この立体の体積は何 cm^3 ですか。ただし，円周率は 3.14 とします。

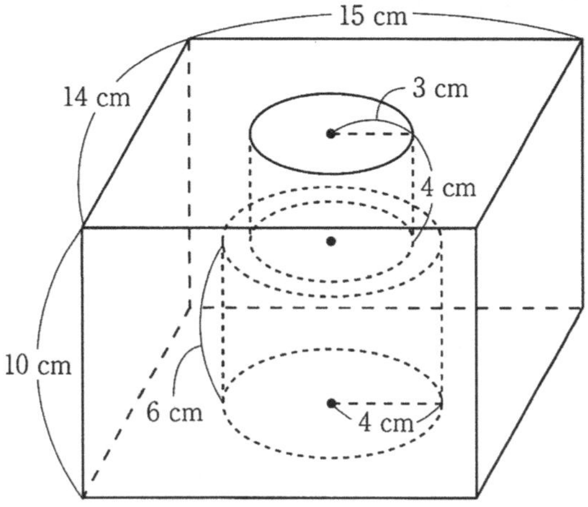

問題８　下の図のような三角形 ABC があります。BD と DC の長さの比は $1:1$，AE と EC の長さの比は $2:1$ です。このとき，次の各問いに答えなさい。

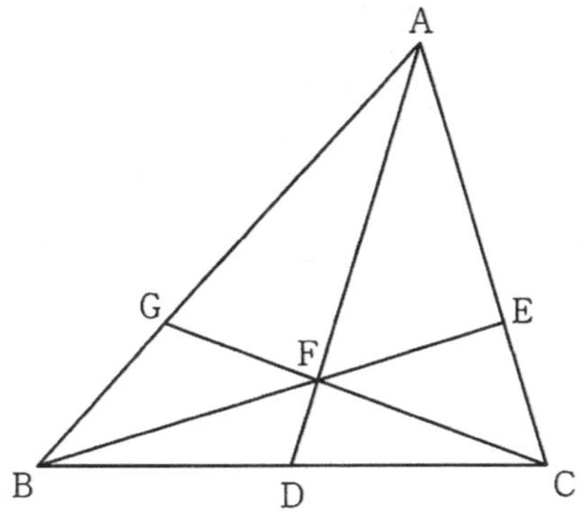

問１　三角形 CDF の面積が $6\ \mathrm{cm}^2$ のとき，三角形 AFG の面積は何 cm^2 ですか。

問２　AF と FD の長さの比を，最も簡単な整数の比で表しなさい。

問題９　ある店では，２種類のアメＡ，Ｂが売られています。アメＡは，買う個数が10個以下のときは，１個あたりの値段は70円です。また，買う個数が11個以上のときは，１個あたりの値段は50円です。アメＢは，買う個数が何個であっても１個あたりの値段は40円です。代金の合計がちょうど1000円で，２種類のアメの個数の合計が最も多くなるように買うとき，買うことのできるアメの個数は全部で何個ですか。答えだけでなく，答えの求め方も書きなさい。ただし，アメＡ，Ｂはどちらも１個以上買うものとし，消費税は考えないものとします。

2024年度　後期日程

同志社女子中学校
入学考査問題

【理　　科】

（45分）

（注　　意）

・試験開始の指示があるまで、この問題冊子の中を見てはいけません。
・試験開始の指示があったら、冊子のページがそろっているかを確認《にん》してください。もし、不備があれば手をあげてください。　【ページ数　理科：１～16】
・解答用紙は、問題冊子の中にはさんであります。答えはすべて解答用紙に書きなさい。
・解答を始める前に、解答用紙に「受験番号・氏名」を必ず書きなさい。
・試験終了の指示があったら、すぐに鉛《えん》筆を置き、問題冊子をそろえ、その上に解答用紙を表向きに置いて静かに待っていてください。

問題は次のページから始まります。

問題１　次の文章を読み、後の各問いに答えなさい。

花子さんは、夏休みに林間学校へ行きました。林間学校では、飯ごう炊《すい》さんやバーベキューを体験し、キャンプファイヤーを囲んでフォークダンスもしました。フォークダンスのあとは花火をして、最後にろうそくの火を囲んで怖《こわ》い話をしました。楽しい林間学校が終わってから、理科クラブで気になっていたことをまとめ、それに関係することを調べました。

[理科クラブでまとめたこと]

（１）飯ごう炊さんのとき、a薪《まき》の組み方によって、よく燃えた班とよく燃えなかった班があった。

（２）飯ごう炊さんのときの薪は、炎《ほのお》を出して燃えていたが、バーベキューのときの炭は、炎を出さずに燃えていた。

（３）キャンプファイヤーでは、b太い木を井の字型に組み上げて燃やしていた。

（４）［　A　］

（５）c薪や炭は、最後に白っぽい灰が残るのに、ろうそくはほとんど何も残らなかった。

[花子さんが調べたこと]

（１）ものが燃えるには、空気中の（　Ⅰ　）が必要で、（　Ⅰ　）が足りなければよく燃えない。d燃え続けるには、（　Ⅰ　）がどんどん補給される必要がある。

（２）e炎が出るのは気体が燃えているときである。

（３）炎の中にある種の金属を入れると、金属の種類によってちがった色の光が出る。これをf炎《えん》色反応という。

（４）ものが燃えるときには、（　Ⅰ　）が燃えるものの成分とくっついて別のものができる。燃えるものによって、燃えた後にできるものの種類がちがう。

問１　文章中の（　Ⅰ　）に当てはまる語を漢字で答えなさい。

問２　下線部ａについて、最も安定してよく燃える薪の組み方はどれか。次のア～エから一つ選び、記号で答えなさい。

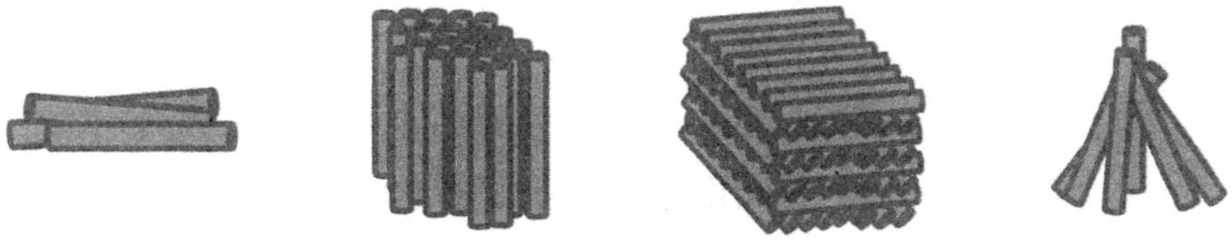

ア　　イ　　ウ　　エ

問３　下線部ｂについて、井の字型に組み上げた木を横から見たとき、その中の空気の流れ（⟶）はどうなっているか。最も適当なものを次のア～エから一つ選び、記号で答えなさい。

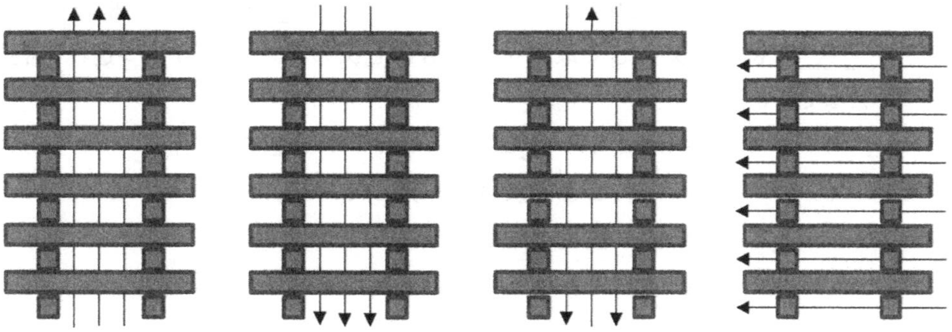

ア　　イ　　ウ　　エ

問４　下線部ｃの理由として、最も適当なものを次のア～エから一つ選び、記号で答えなさい。

ア．薪や炭は燃えた後にできるものが固体のみで、ろうそくは燃えた後にできるものが液体のみだから。

イ．薪や炭は燃えた後にできるものが固体のみで、ろうそくは燃えた後にできるものが気体のみだから。

ウ．薪や炭やろうそくは燃えた後に気体ができるが、薪や炭には燃えた後に固体ができるものがふくまれているから。

エ．薪や炭やろうそくは燃えた後に気体ができるが、薪や炭は燃えずに残る部分が必ずあるから。

問５　下線部ｄについて、ロケットは燃料を燃やし続けて宇宙まで行かなければならないので、燃料と（　Ｉ　）をそれぞれ液体にして大量に積んでいる。ロケットの燃料として使われている気体が発生するのはどれか。次のア～エから一つ選び、記号で答えなさい。

ア．水にドライアイスを入れる。

イ．塩酸に石灰《かい》石を入れる。

ウ．塩酸にスチールウール（鉄）を入れる。

エ．オキシドール（過酸化水素水）に二酸化マンガンを入れる。

問６　下線部ｅについて、火をつけたときに気体が燃えるものを次のア～エから二つ選び、記号で答えなさい。

ア．炭　　　　　　　イ．アルコール

ウ．ろう　　　　　　エ．スチールウール

問７　下線部ｆの「炎色反応」に関することが [A] には書かれている。[A] に入る文として最も適当なものを次のア～エから一つ選び、記号で答えなさい。

ア．キャンプファイヤーの火は、こいオレンジ色だった。

イ．バーベキューのときの炭は赤く光っていた。

ウ．ろうそくの炎は黄色でゆらいでいた。

エ．花火は、いろいろな色の炎が出てきれいだった。

問題は次のページに続きます。

問題２　次の各問いに答えなさい。

問１　植物の成長について調べるために、【実験Ⅰ】を行った。これについて、後の各問いに答えなさい。

【実験Ⅰ】

同じくらいの大きさに育ったインゲンマメのなえを４つ用意し、図１のＡ～Ｄのようにして２週間育てたところ、Ａのインゲンマメはよく成長した。

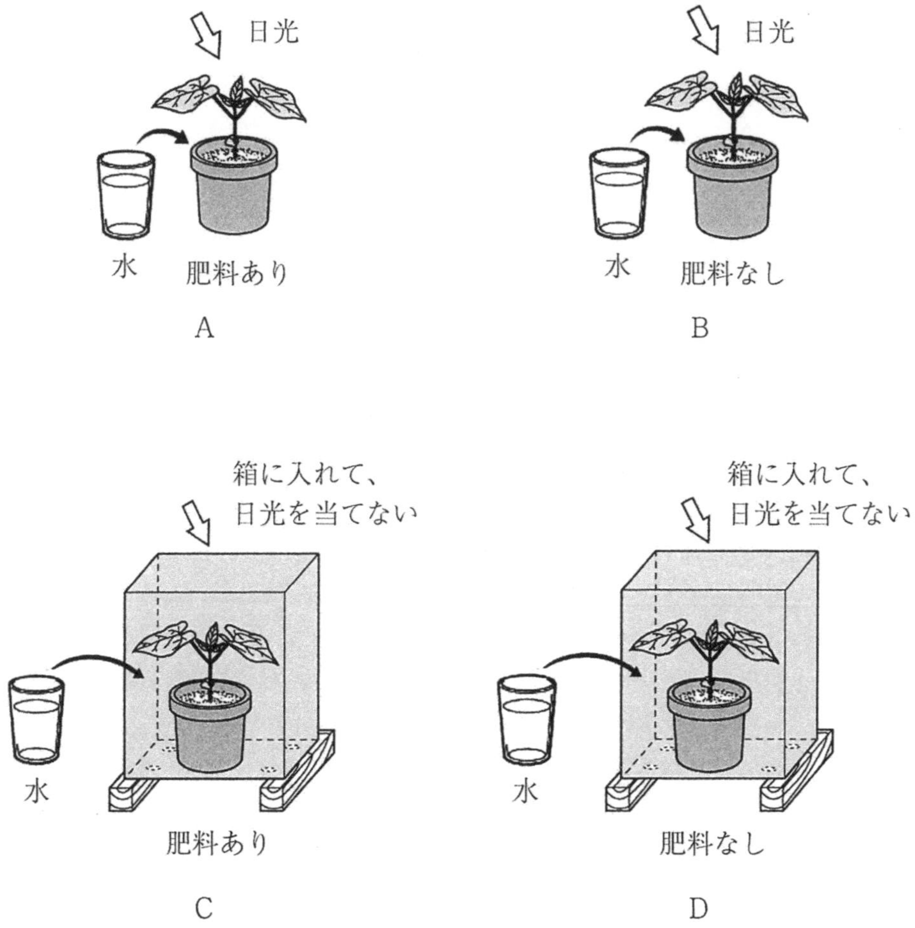

図１

（1）【実験Ⅰ】で、植物の成長と日光や肥料の関係を正しく調べるためには、水をどのようにあたえればよいか。最も適当なものを次のア～カから一つ選び、記号で答えなさい。ただし、１回にあたえる水はどれも同じ量とする。

ア．A、Bに水をあたえる回数を多くし、C、Dに水をあたえる回数を少なくする。

イ．C、Dに水をあたえる回数を多くし、A、Bに水をあたえる回数を少なくする。

ウ．A、Cに水をあたえる回数を多くし、B、Dに水をあたえる回数を少なくする。

エ．B、Dに水をあたえる回数を多くし、A、Cに水をあたえる回数を少なくする。

オ．A～Dすべてに水を同じ回数あたえる。

カ．土の表面がかわいてきたら、水をあたえる。

（2）２週間後のB、Cのインゲンマメのようすについて述べた文として、最も適当なものを次のア～エからそれぞれ一つずつ選び、記号で答えなさい。

ア．葉の色は緑色のままで、Aのインゲンマメと同じくらい成長している。

イ．葉の色は緑色のままで、Aのインゲンマメより成長していない。

ウ．葉の色は黄色っぽくなり、Aのインゲンマメと同じくらい成長している。

エ．葉の色は黄色っぽくなり、Aのインゲンマメより成長していない。

（3）植物の成長に光が必要であることを確かめるには、図１のA～Dのうち、どれとどれの結果を比べればよいか。その組み合わせとして最も適当なものを次のア～オから一つ選び、記号で答えなさい。

ア．AとB　　イ．AとC　　ウ．AとD

エ．BとC　　オ．CとD

問２　光合成に必要なものを調べるために、葉の一部が白いふ入りの葉を使って、【実験Ⅱ】を行った。これについて、後の各問いに答えなさい。

【実験Ⅱ】

図２のように、同じくらいの大きさでふ入りの２枚の葉Ａ、Ｂをそれぞれアルミニウムはくでおおって一晩置いた。翌朝、２枚の葉Ａ、Ｂを次のようにした。

Ａ：葉をとった。

Ｂ：アルミニウムはくをはずし、図３のように、葉の一部を再びアルミニウムはくでおおった。日光をじゅうぶんに当ててから葉をとった。

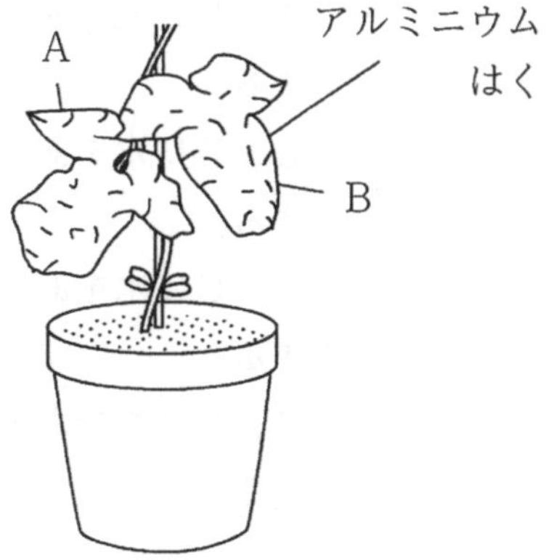

図２

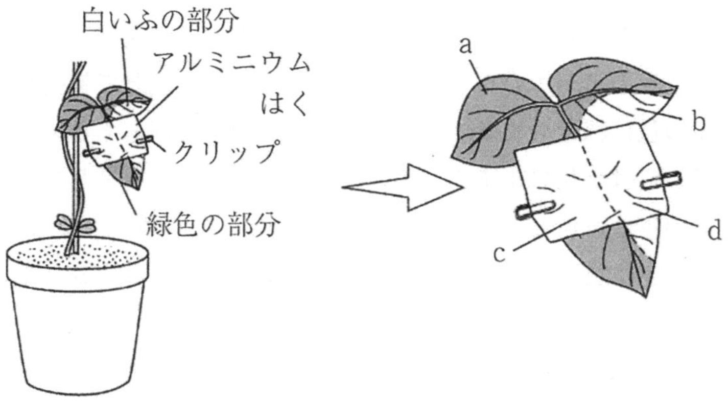

a：アルミニウムはくでおおわなかった緑色の部分

b：アルミニウムはくでおおわなかったふの部分

c：アルミニウムはくでおおった緑色の部分

d：アルミニウムはくでおおったふの部分

図３

Ａ、Ｂともにアルミニウムはくをはずし、湯に入れたあと、あたためたエタノールにつけた。さらに、葉を湯で洗い、ヨウ素液にひたして葉にどのような変化があるかを調べた。その結果、Ａは色の変化がなく、Ｂは一部で色の変化があった。

（1） 光合成のはたらきとして、最も適当なものを次のア～エから一つ選び、記号で答えなさい。

ア．酸素と水から、養分と二酸化炭素をつくる。

イ．酸素と養分から、水と二酸化炭素をつくる。

ウ．二酸化炭素と水から、養分と酸素をつくる。

エ．二酸化炭素と養分から、水と酸素をつくる。

（2） 2枚の葉A、Bをそれぞれアルミニウムはくでおおって一晩置いた理由とエタノールにつけた理由として、最も適当なものを次のア～キからそれぞれ一つずつ選び、記号で答えなさい。

ア．かんそうを防ぐため。

イ．温度を保つため。

ウ．デンプンをなくすため。

エ．害虫から守るため。

オ．だっ色するため。

カ．やわらかくするため。

キ．消毒するため。

（3） 葉Bで、色が変化した部分をぬりつぶして表したものとして、最も適当なものを次のア～エから一つ選び、記号で答えなさい。

ア　　　イ　　　ウ　　　エ

（4）【実験Ⅱ】から、植物が光合成を行うために必要なものは何だとわかるか。最も適当なものを次のア～エから一つ選び、記号で答えなさい。

ア．光と葉の緑色の部分

イ．光と肥料

ウ．水と葉の緑色の部分

エ．水と肥料

問３　アサガオの花がさく条件について調べるために、【実験Ⅲ】を行った。これについて、後の各問いに答えなさい。

【実験Ⅲ】

同じ条件で成長させたアサガオのはち植えで、花がさいていないものを６個用意した。それぞれをＡ～Ｆとして、照明を一日中点灯させ、気温を一定に保った部屋に置いた。次に、Ａ～Ｆのアサガオに一日の間に光を当てる時間と当てない時間を決めて、毎日くり返した。ここで、光を当てない時間は、図４のように、アサガオのはち植えに段ボール箱をかぶせて光が入らないようにした。また、水は毎日同じ時刻にＡ～Ｆそれぞれに同じ量ずつあたえた。

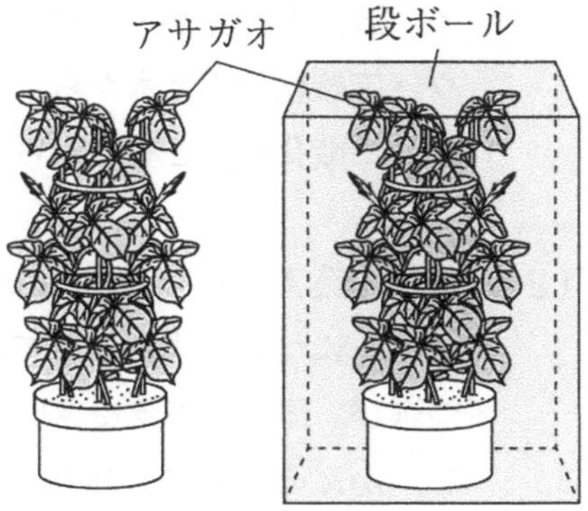

光を当てるとき　　光を当てないとき

図４

図５は、結果をまとめたものである。

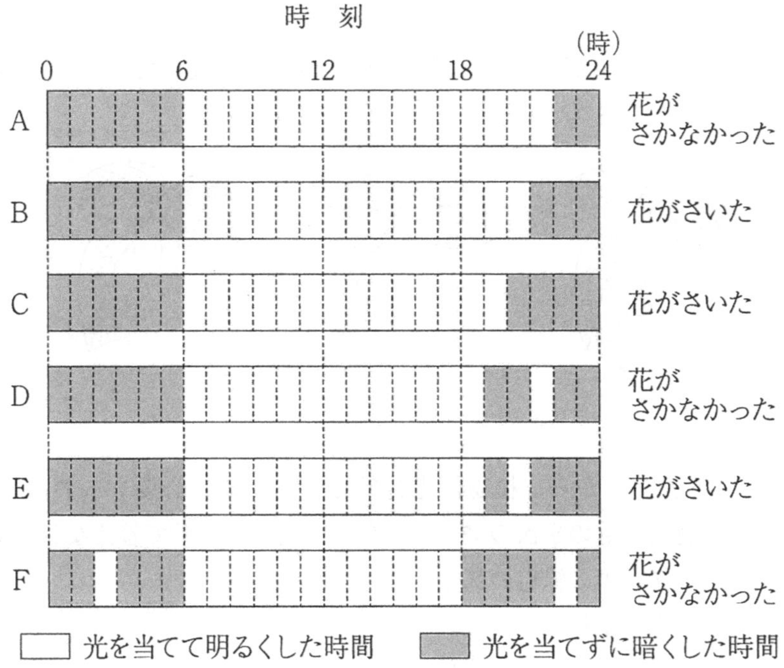

図５

（１）【実験Ⅲ】の結果から、アサガオの花がさくのに必要な条件は何だとわかるか。最も適当なものを次のア～カから一つ選び、記号で答えなさい。

ア．一日あたり光を当てた時間が合計15時間以上になること。

イ．一日あたり連続して光を当てた時間が15時間以上になること。

ウ．一日あたり光を当てた時間が合計15時間未満になること。

エ．一日あたり光を当てなかった時間が合計９時間以上になること。

オ．一日あたり連続して光を当てなかった時間が９時間以上になること。

カ．一日あたり光を当てなかった時間が合計９時間未満になること。

（２）地球の北極点と南極点を結ぶ軸《じく》（地軸）が、かたむいているため、同じ日でも場所によって日の出と日の入りの時刻がちがう。次の表は、2023年８月１日のａ～ｃ地点における日の出と日の入りの時刻を示したものである。【実験Ⅲ】の結果から、アサガオの花がさくと考えられる地点はどれか。後のア～クから一つ選び、記号で答えなさい。

地点	日の出の時刻	日の入りの時刻
a	3時59分	20時53分
b	5時05分	19時00分
c	6時04分	18時21分

ア．ａ　イ．ｂ　ウ．ｃ　エ．ａとｂ

オ．ａとｃ　カ．ｂとｃ　キ．ａとｂとｃ　ク．なし

（３）アサガオは８月にさくことが多いが、この時期になってもさかないことがある。【実験Ⅲ】の結果から、その原因となるものとして、最も適当なものを次のア～オから一つ選び、記号で答えなさい。

ア．熱帯夜の増加

イ．ゲリラ豪《ごう》雨の増加

ウ．夜間の街灯の灯《あか》りの増加

エ．光化学スモッグの増加

オ．酸性雨の増加

問題3　次の各問いに答えなさい。

問1　図1は、北極側から見た地球と、そのまわりを回る月の位置を表したものです。日本から見える月のようすについて、次の各問いに答えなさい。

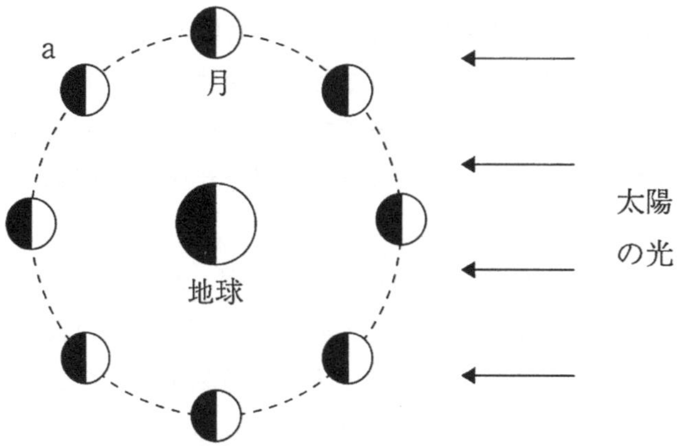

図1

（1）　望遠鏡で月を観察すると、月の表面にたくさんのくぼみが見える。このくぼみを何というか、答えなさい。

（2）　一日の月の動き方を太陽と比べて述べたものとして、最も適当なものを次のア～エから一つ選び、記号で答えなさい。

ア．月は、太陽の動きと同じで、東から西へ動いて見える。
イ．月は、太陽の動きと同じで、西から東へ動いて見える。
ウ．月は、太陽の動きと反対で、東から西へ動いて見える。
エ．月は、太陽の動きと反対で、西から東へ動いて見える。

（3）　満月が見えた一週間後、月はどのような形に見えるか。最も適当なものを次のア～カから一つ選び、記号で答えなさい。

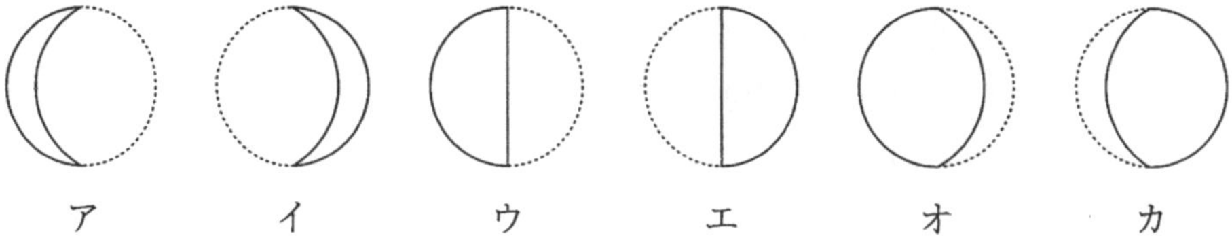

（4） 図1のaの位置にある月は、どのような形に見えるか。最も適当なものを（3）のア～カから一つ選び、記号で答えなさい。

（5） （4）の月を午前0時に観察したとき、月が見えた方角として、最も適当なものを次のア～オから一つ選び、記号で答えなさい。

ア．東　　イ．南東　　ウ．西　　エ．南西　　オ．南

（6） 月が新月から次の新月まで満ち欠けするのに30日かかるとすると、午前0時に南の空に満月が見えた日から、午前0時に西の空に上弦の月が見えた日までの日数として、最も適当なものを次のア～カから一つ選び、記号で答えなさい。

ア．約4日　　イ．約7.5日　　ウ．約15日

エ．約19日　　オ．約22.5日　　カ．約26日

（7） 図1から、昼間に満月を観察できない理由について述べた次の文中の（　Ⅰ　）と（　Ⅱ　）に当てはまる語句の組み合わせとして、最も適当なものを後のア～エから一つ選び、記号で答えなさい。

満月は、（　Ⅰ　）からのぼって、（　Ⅱ　）にしずむから。

	Ⅰ	Ⅱ
ア	明け方に西の空	夕方に東の空
イ	明け方に東の空	夕方に西の空
ウ	夕方に西の空	明け方に東の空
エ	夕方に東の空	明け方に西の空

問２　地球と金星は太陽のまわりを回転しており、これを公転といいます。図２は、北極側から見た地球と太陽、金星の位置関係を模式的に表したものです。日本から見える金星のようすについて、後の各問いに答えなさい。

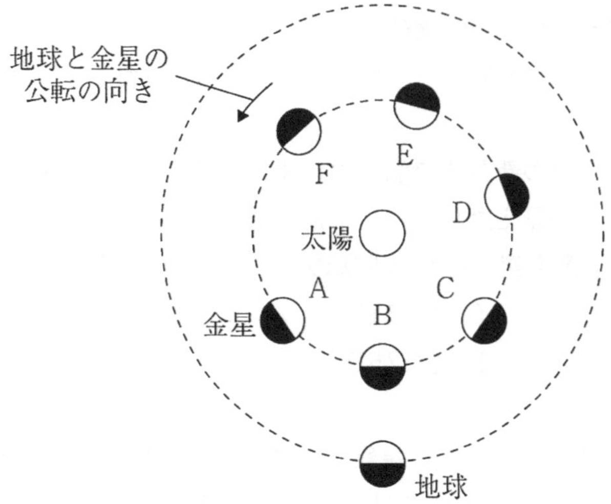

図２

（１）　図２において、Ａの位置にある金星が見えたときの時間帯と方角の組み合わせとして、最も適当なものを次のア～エから一つ選び、記号で答えなさい。

	時間帯	方角
ア	明け方	西
イ	明け方	東
ウ	夕方	西
エ	夕方	東

（2） 図2において、地球から見た金星の欠け方と大きさについて、Eの位置にある金星は、Aの位置にある金星と比べてどう変化して見えるか。その組み合わせとして、最も適当なものを次のア～エから一つ選び、記号で答えなさい。

	金星の欠け方	金星の大きさ
ア	小さくなる	小さくなる
イ	小さくなる	大きくなる
ウ	大きくなる	小さくなる
エ	大きくなる	大きくなる

（3） ある日の地球が図２の位置にあるとき、金星の位置はAであった。この日から１年後の金星の位置として、最も適当なものを図２のA～Fから一つ選び、記号で答えなさい。また、この間に金星はBの位置を何回通過するか、答えなさい。ただし、地球が太陽のまわりを１周するのにかかる時間を１年、金星が太陽のまわりを１周するのにかかる時間を0.62年とする。

問題4　ものが熱を受け取るとあたたまる（温度が上がる）。逆に、ものが熱を放出するとそのものは冷える（温度が下がる）。このときにやり取りする熱の量を「熱量」といい、その単位は「J（ジュール）」で表す。

例えば、アルミニウム1gの温度が1℃上がる（下がる）ときに、アルミニウムが受け取る（放出する）熱量は0.9Jである。また、この「あるもの1gの温度を1℃変化させるために必要な熱量」のことを「比熱」といい、アルミニウムの場合、その比熱の値は「0.9」ということになる。

次の表は様々なものの比熱の値を示したものである。後の各問いに答えなさい。

表. 様々なものの比熱

アルミニウム	鉄	銅	銀	水
0.9	0.45	0.38	0.24	4.2

問1　水300gの温度を10℃上げるために必要な熱量は何Jか、答えなさい。

問2　25℃の鉄100gを熱して、温度を40℃にするために必要な熱量は何Jか、答えなさい。

問3　様々なものの比熱について述べた次の文X、Yは正しいか、間違《ちが》っているか。その組み合わせとして、最も適当なものを後のア～エから一つ選び、記号で答えなさい。

X. 水は銅に比べてあたたまりやすく、冷えやすいといえる。

Y. アルミニウム1gの温度を10℃上げるために必要な熱量は、鉄2gの温度を5℃上げるために必要な熱量と等しい。

	X	Y
ア	正しい	正しい
イ	正しい	間違っている
ウ	間違っている	正しい
エ	間違っている	間違っている

問４　表中のある金属100gを用意し、温度を86℃にした。この金属を、26℃で150gの水の中に入れて、金属と水の温度が等しくなるまでしばらく待ち、温度を測ったところ、金属と水の温度は30℃になった。なお、熱のやり取りは金属と水の間だけで行われ、「金属が放出した熱量」と「水が受け取った熱量」は等しいものとする。

（１）「水が受け取った熱量」は何Jか、答えなさい。

（２）ある金属とは何か。最も適当なものを次のア～エから一つ選び、記号で答えなさい。

ア．アルミニウム　　イ．鉄　　ウ．銅　　エ．銀

問５　問４と同じ実験を表中のすべての金属で行った。このとき、金属を水の中に入れて全体の温度が等しくなったときの温度について述べた文として、最も適当なものを次のア～オから一つ選び、記号で答えなさい。

ア．アルミニウムを使ったとき、温度が最も低くなった。
イ．鉄を使ったとき、温度が最も低くなった。
ウ．銅を使ったとき、温度が最も低くなった。
エ．銀を使ったとき、温度が最も低くなった。
オ．どの金属を使っても、すべて同じ温度になった。

問６　熱量を表す単位には「J」のほかに「cal（カロリー）」というものもある。1calは水1gの温度を1℃変化させるために必要な熱量である。このことから、1Jは約何calといえるか。最も近い値を次のア～エから一つ選び、記号で答えなさい。

ア．0.24　　イ．0.42　　ウ．2.4　　エ．4.2

2024年度　後期日程

同志社女子中学校
入学考査問題

【社　　会】

（45分）

（注　意）

・試験開始の指示があるまで、この問題冊子の中を見てはいけません。
・試験開始の指示があったら、冊子のページがそろっているかを確認《にん》してください。もし、不備があれば手をあげてください。【ページ数　社会：1～19】
・解答用紙は、問題冊子の中にはさんであります。答えはすべて解答用紙に書きなさい。
・解答を始める前に、解答用紙に「受験番号・氏名」を必ず書きなさい。
・試験終了の指示があったら、すぐに鉛《えん》筆を置き、問題冊子をそろえ、その上に解答用紙を表向きに置いて静かに待っていてください。

問題1　京都市に住む美里《みさと》さんは、家族旅行で訪れる予定の東北地方、北海道地方について調べることにしました。後の問いに答えなさい。

図1

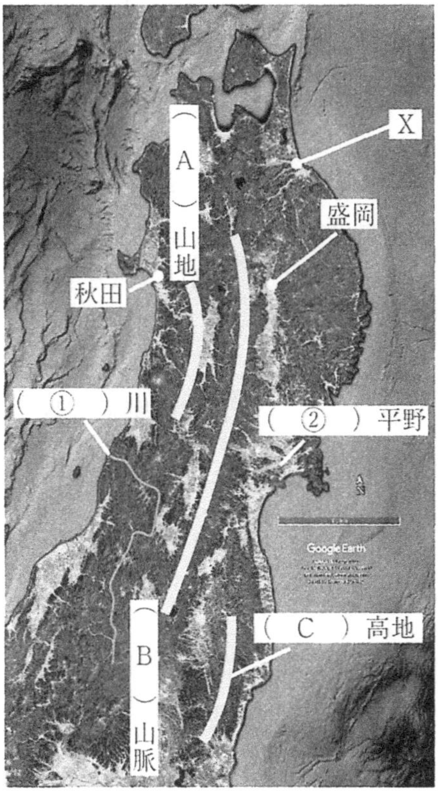

図2

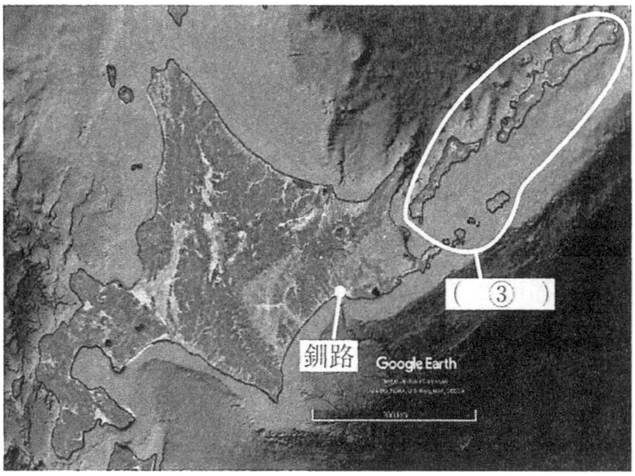

Google Earthより
※図1と図2の縮尺は同じではない

問1　図1中の（ ① ）、（ ② ）に当てはまる川や平野の名称《めいしょう》を、解答欄《らん》に合うようにそれぞれ漢字で答えなさい。

問2　東北地方では、山脈や山地、高地が南北に連なっています。図1中の（ A ）～（ C ）の山脈や山地、高地の名称の組み合わせとして正しいものを、次のア～カから1つ選び、記号で答えなさい。

	ア	イ	ウ	エ	オ	カ
A	阿武隈《あぶくま》	阿武隈	奥羽	奥羽	出羽	出羽
B	奥羽《おうう》	出羽	阿武隈	出羽	阿武隈	奥羽
C	出羽《でわ》	奥羽	出羽	阿武隈	奥羽	阿武隈

問3　図2中の（　③　）の島々は日本固有の領土ですが、現在ロシア連邦《れんぽう》によって占領《せんりょう》されています。これらの島々をまとめて何と呼びますか。漢字で答えなさい。

問4　図1中のXは、青森県でも有数の漁獲《ぎょかく》量をほこる漁港を示しており、Xでは、特にいわしやいかの漁獲量が多くなっています。Xの漁港名を何といいますか。解答欄に合うように漢字で答えなさい。

問5　美里さんは、東北地方や北海道地方の気候について調べ、図1、図2中の3つの都市（秋田・盛岡・釧路）の気温と降水量を表したグラフを作成しました。それぞれの都市とグラフの組み合わせとして正しいものを、下のア～カから選び、記号で答えなさい。

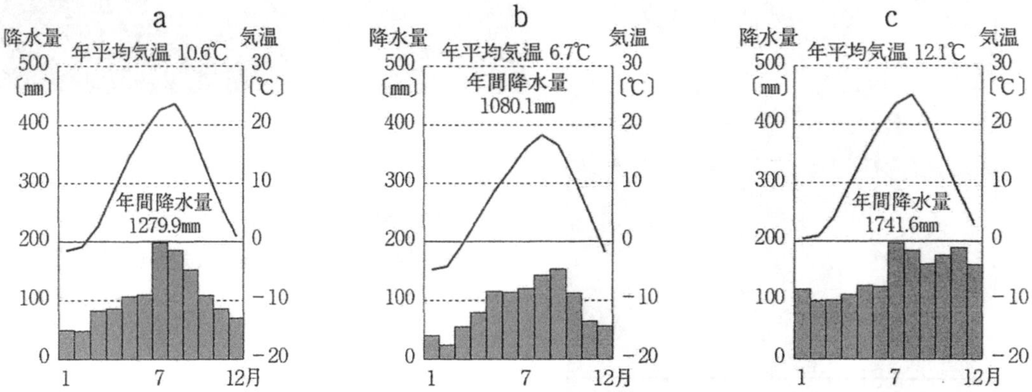

『理科年表2023年版』より作成

	ア	イ	ウ	エ	オ	カ
秋田	a	a	b	b	c	c
盛岡	b	c	a	c	a	b
釧路	c	b	c	a	b	a

問6　美里さんは、東北地方でさかんにつくられている農産物の収穫《しゅうかく》量について調べ、次の表を作成しました。表中の①～③は、米、りんご、もものいずれかを示しています。組み合わせとして正しいものを、下のア～カから1つ選び、記号で答えなさい。

	1位	2位	3位	4位	5位	6位
①	新潟県	北海道	秋田県	山形県	宮城県	茨城県
②	山梨県	福島県	長野県	山形県	和歌山県	岡山県
③	青森県	長野県	岩手県	山形県	福島県	秋田県

『データでみる県勢2023年版』より作成

	ア	イ	ウ	エ	オ	カ
①	米	米	りんご	りんご	もも	もも
②	りんご	もも	米	もも	米	りんご
③	もも	りんご	もも	米	りんご	米

問7　美里さんは、東北地方では特徴《とくちょう》のある祭りが行われていることを知りました。東北地方の祭りについて美里さんとお父さんがパンフレットを見ながら会話をしています。美里さんとお父さんの会話文を読んで、後の問いに答えなさい。

美里：東北地方には興味深い祭りがたくさんあるね。

父　：特に有名な祭りである（あ）青森県青森市のねぶた祭、秋田県の竿燈《かんとう》まつり、宮城県の七夕《たなばた》まつりを合わせて東北三大祭りというんだ。

美里：それぞれの祭りはどんなものなの？

父　：ここにそれぞれの祭りの写真があるから見てみよう。

ねぶた祭

竿燈まつり

七夕まつり

ねぶた祭は、巨大《きょだい》な灯籠《とうろう》が登場するよ。竿燈まつりは提灯《ちょうちん》をいくつも連ねたものを持ちながら町中を練り歩くんだ。七夕まつりは、（い）中国から日本に伝わったのだけれど、一般《いっぱん》的な七夕まつりと異なっていて、より豪華《ごうか》なかざりつけがされているんだ。そして、東北三大祭りに山形県の花笠《はながさ》まつりを加えて、東北四大祭りといったりするね。これらの祭りは夏に行われているんだ。

美里：どうして？

父　：稲が開花する８月ごろに、（う）稲に虫がついたり、雨や風で稲が弱ったりしてしまうと、秋の収穫に影響《えいきょう》をあたえてしまうんだ。だから、豊作をいのる祭りが数多くあるんだよ。

美里：そうなのね。お父さん、きれいな花がさいている、この祭りは何？

父　：山形県の天童《てんどう》市で行われる「おくのほそ道天童紅花《べにばな》まつり」だね。（え）『おくのほそ道』という紀行文を書いた松尾芭蕉がこの地で紅花の句をよんだことから祭りが始まったそうだよ。

美里：紅花がとてもきれいだから、ぜひこの祭りに参加してみたいな。

（1）下線部（あ）について、次のA～Cは、青森県、秋田県、宮城県のそれぞれの県について述べた文です。A～Cの県名の組み合わせとして正しいものを、下のア～カから1つ選び、記号で答えなさい。

A　北緯40度の緯線と東経140度の経線が交わる場所に大きな湖があった。

B　県にある半島の1つから海底トンネルがのび、現在では新幹線も通っている。

C　東北地方最大の都市があり、その都市は、江戸時代には城下町として栄えていた。

	ア	イ	ウ	エ	オ	カ
A	青森県	青森県	秋田県	秋田県	宮城県	宮城県
B	秋田県	宮城県	青森県	宮城県	青森県	秋田県
C	宮城県	秋田県	宮城県	青森県	秋田県	青森県

（2）下線部（い）について、日本の領土であるが、中国が自国の領土であると主張している地域を、次の地図のア～エから1つ選び、記号で答えなさい。

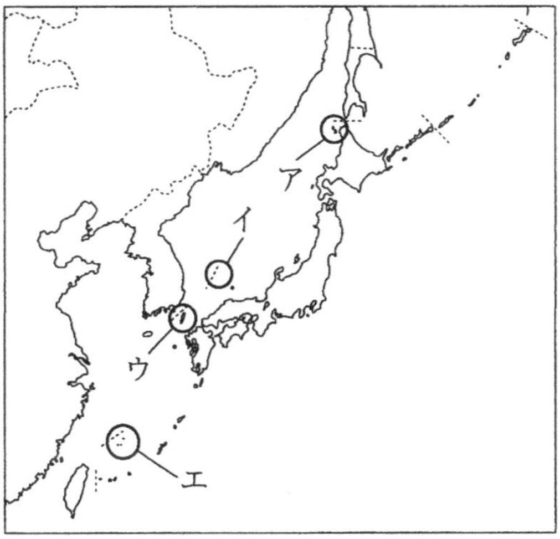

（3）現代の農業では、下線部（う）のような問題に対して、虫がつきにくい、病気に強いなどの特性を持った稲どうしをかけあわせることで解決してきました。このような方法を何といいますか。漢字4字で答えなさい。

（4）下線部（え）について、松尾芭蕉が東北地方を旅した際、2011年に世界遺産に登録された場所を訪れていました。その場所を、次のア～エから1つ選び、記号で答えなさい。

ア．松島　　イ．平泉　　ウ．酒田　　エ．郡山問８　美里さんは、お父さんが訪れたことがある、山形県山形市について調べ、次の地図１、２を見つけました。地図１、２を見て、後の問いに答えなさい。

地図１（2016年発行）

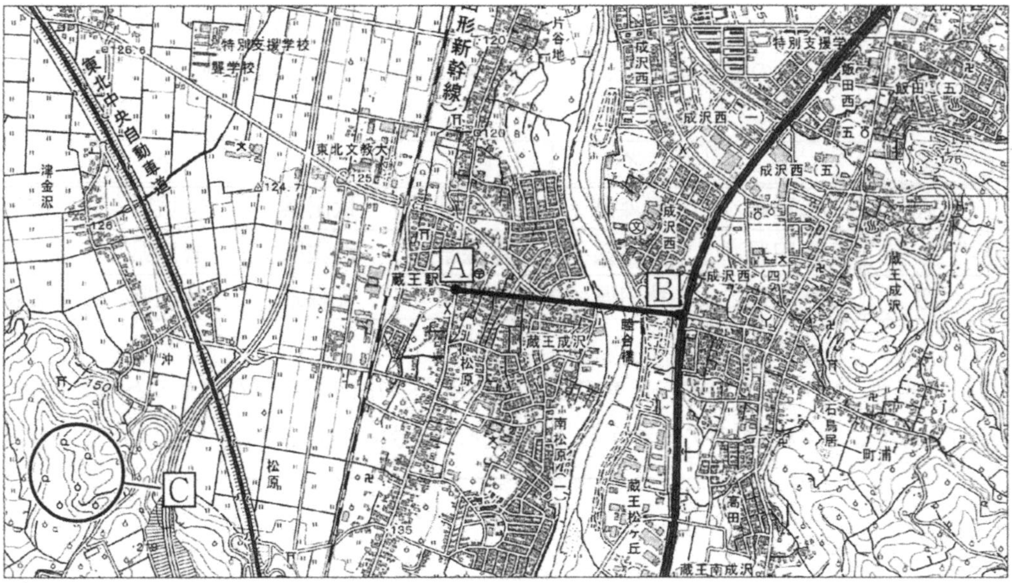

地図２（1973年発行）

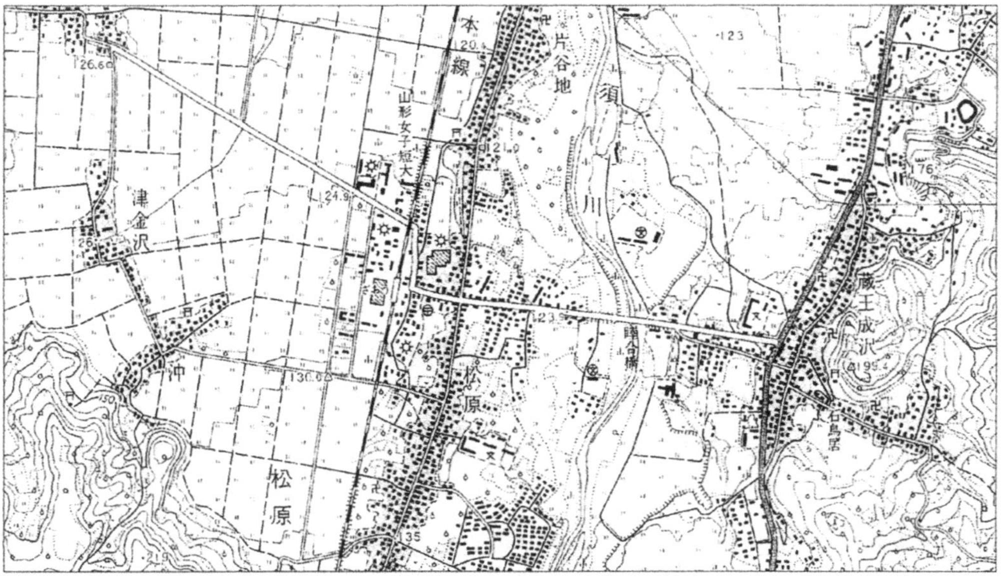

地図１、２ともに国土地理院発行25000分の１地形図「山形南部」より作成

（1）地図1から読み取れることとして誤っているものを、次のア～エから1つ選び、記号で答えなさい。

ア．A地点からB地点までが地図上で3cmとすると、実際の距離《きょり》は750mである。

イ．中央を流れる川は、北から南に流れている。

ウ．消防署から見て、温泉は北東の方角にある。

エ．Cの範囲《はんい》には、果樹園が見られる。

（2）地図1と地図2を比較《ひかく》して読み取れることとして誤っているものを、次のア～エから1つ選び、記号で答えなさい。

ア．川の東側にあった高等学校は、2016年でも存在している。

イ．蔵王《ざおう》駅近くにあった短期大学（短大）は、違《ちが》う名前の大学になっている。

ウ．川の東の地域では、田の多くが住宅地などに変化している。

エ．東北中央自動車道がつくられたことで、道路沿いに住宅地が大きく広がっている。

問9　美里さんは、北海道で訪れたい場所をあらかじめ調べ、次のカードⅠ～Ⅲを作成しました。カードⅠ～Ⅲと下の地図中の場所の組み合わせとして正しいものを、下のア～カから1つ選び、記号で答えなさい。

カードⅠ

カードⅡ

カードⅢ

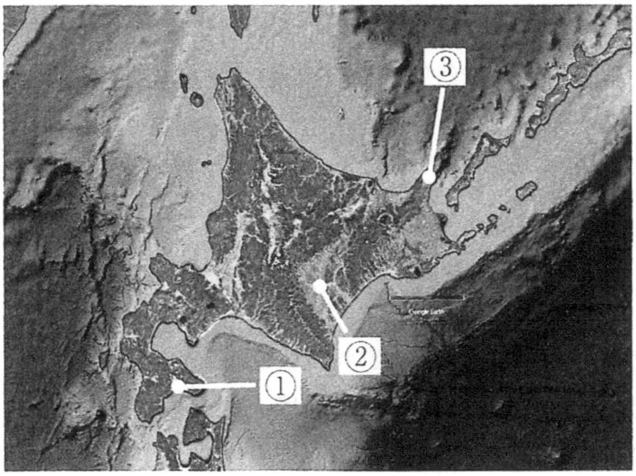

Google Earthより

	Ⅰ	Ⅱ	Ⅲ
ア	①	②	③
イ	①	③	②
ウ	②	①	③
エ	②	③	①
オ	③	①	②
カ	③	②	①

問10　次のグラフは、北海道を訪れた観光客数の推移、2019年度に北海道を訪れた外国人の国・地域別割合、2019年度の北海道の月別観光客数を示したものです。これらのグラフから読み取れる内容として誤っているものを、下のア～エから１つ選び、記号で答えなさい。

北海道を訪れた観光客数の推移

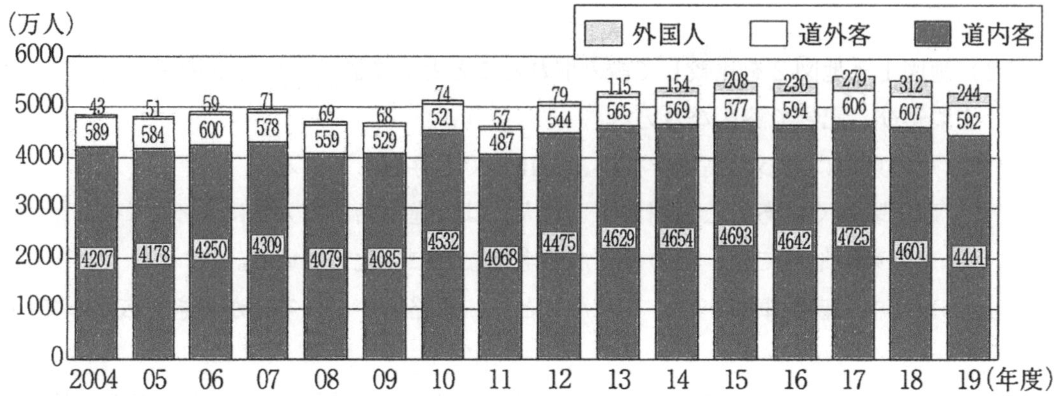

北海道を訪れた外国人の国・地域別割合

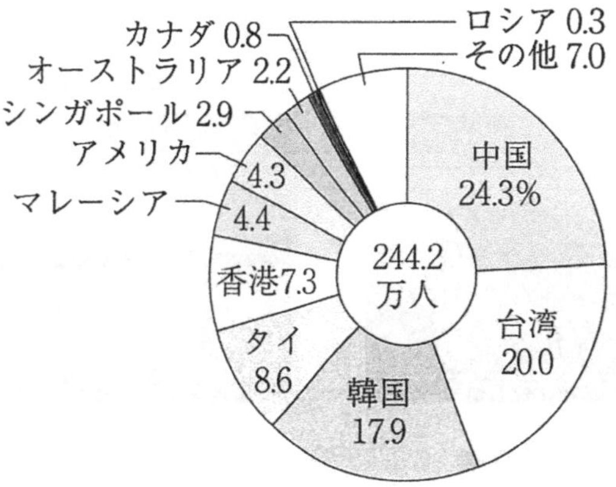

北海道の月別観光客数（のべ人数）

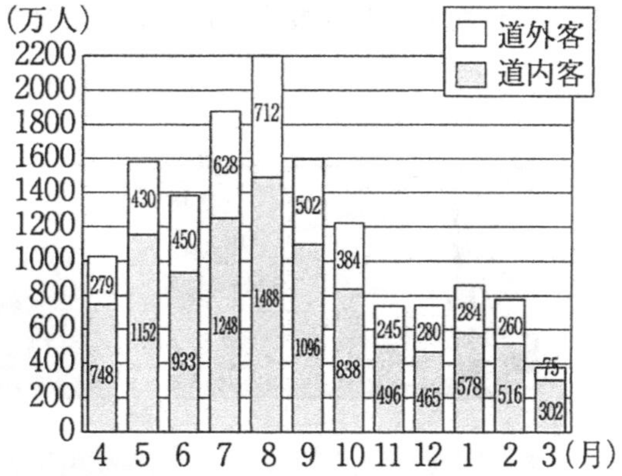

３つのグラフは『北海道観光入込客数調査』より作成

ア．2019年度に道外からの観光客数が最も多かった月は、道内からの観光客数が最も多かった月でもある。

イ．北海道を訪れる道外からの観光客数は、雪まつりやスキーを目的としているため、夏よりも冬が多くなっている。

ウ．2019年度に北海道を訪れた外国人は、アジア州だけで80％をこえている。

エ．2019年度までに外国人観光客が最も多かった年度の外国人観光客数は、最も少なかった年度の外国人観光客数の７倍以上である。

問題は次のページに続きます。

問題２　次の文は、日本の農業や農民の生活の歴史について述べたものです。これを読んで後の問いに答えなさい。

人類は長い間、狩《か》りや漁、採集によって食物を手に入れてきた。日本では、①縄文時代の終わりに大陸から稲作や②様々な道具が伝わった。稲作が広まった時代を③弥生時代といい、縄文時代にはなかった貧富の差が生まれるようになったり、豊かな土地を求めて争いが起こったりするようになった。

奈良時代には、人々は朝廷から土地をあたえられた。そして、朝廷は人々に④様々な税や負担を課した。⑤聖武天皇は、人々にあたえる土地が不足してくると、自らが切り開いた土地は永久に私有地（のちの荘園）としてよいとする法を出した。

鎌倉時代には、幕府が任命した［　　　］が荘園や公領ごとに置かれるようになった。このころには西日本を中心に二毛作が始められ、米の裏作《うらさく》として麦がつくられるようになった。

⑥室町時代には二毛作が全国に広がるとともに、かんがい用の水車やたい肥を使うようになったため、収穫《しゅうかく》が増えた。

百姓から出世して天下統一を果たした⑦豊臣秀吉は、検地を行うことで全国の土地のよしあしを調べ、米の量をはかる基準となる升《ます》を統一した。⑧江戸時代には、⑨百姓は米のほかに菜種や木綿などの商品作物を栽培《さいばい》し、販売することで現金収入を得るようになった。また、⑩農具が改良されるなどして生産量が増加した。しかし⑪幕末期には、外国との貿易により品不足が起こり、米や菜種油などが値上がりしたことで人々の生活は苦しくなった。

⑫明治時代には、政府の税収入の安定を目的として⑬地租改正が実施《じっし》された。また⑭資本主義の発展により人々の生活は豊かになったが、地主と小作人の格差は広がっていった。

大正時代には、社会運動が広がるなか、小作人が小作料の減額などを求める小作争議が起こるようになり、1922年には日本農民組合が結成された。

昭和時代には、昭和恐慌《きょうこう》によって米やまゆなどの農産物の価格が暴落し、農民の生活は苦しくなった。また、北海道や東北地方では大凶作《きょうさく》となり、ききんが起きた。小作争議の件数も大幅に増え、人々の不満は経済を支える財閥《ざいばつ》や、財閥と結びついた政党へと向けられた。太平洋戦争後、⑮ＧＨＱによって民主化政策が進められ、農地改革が行われた。これにより、多くの小作人が土地を持つようになった。また、農業機械が普及《ふきゅう》するようになると、人々は耕地整理を行い、より効率的に生産を行えるようになっていった。

問１　下線部①について、当時の人々が食べ終わったものなどを捨てていた場所を何といいますか。漢字で答えなさい。

二〇二四年度　後期日程　同志社女子中学校入学考査問題【国語】解答用紙

※100点満点

問題一

問1

問2

問3

問4

問5　A　B　C

問6

問7

問8

問9

問10

問11

問12　a　b　c　d　e

問1．　4点
問2．　4点
問3．　3点
問4．　3点
問5．　完答3点
問6．　4点
問7．　4点
問8．　4点
問9．　3点
問10．　4点
問11．　4点
問12．　2点×5

問題二

問1

問2　A　B　C

問3

問4

～

問1．　3点
問2．　2点×3
問3．　3点
問4．　4点
問5．　3点
問6．　4点
問7．　3点
問8．　3点×2
問9．　3点
問10．　4点
問11．　3点
問12．　4点
問13．　4点

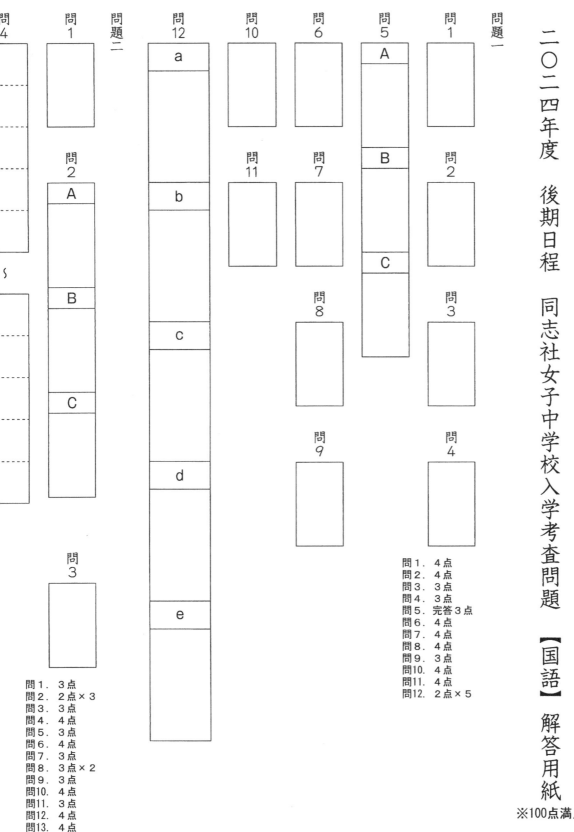

問4	度

問題３　５点×２

問１	冊
問２	冊と　　　冊

問題４　７点

枚

問題５　７点

秒

問題６　７点

cm^2

〔求め方〕

答え　　　　　個

問題2

問1	(1)		
	(2)	B	
		C	
	(3)		
問2	(1)		
	(2)	アルミニウムはく	
		エタノール	
	(3)		
	(4)		
問3	(1)		
	(2)		
	(3)		

問1．２点×４
問2．２点×５
問3．３点×３

	(3)		回

問題4

問1		J
問2		J
問3		
問4	(1)	J
	(2)	
問5		
問6		

４点×７

	(3)	
	(4)	
問8	(1)	
	(2)	
問9		
問10		

問9	(1)	
	(2)	
問10	(1)	
	(2)	
問11		
問12		
問13	(1)	
	(2)	
問14		
問15		
問16	(1)	
	(2)	⇒　⇒

問6		
問7		
問8	A	
	B	
	C	

受験番号	

氏　名	

※100点満点

2024年度　後期日程　同志社女子中学校入学考査問題【社会】解答用紙

問題１　２点×15

問１	①		川
	②		平野
問２			
問３			
問４		港	
問５			
問６			
	(1)		

問題２　２点×20（問３は１点×２，問７，問16(2)は完答）

問１		
問２		
問３	A	B
問４		
問５		
問６		
問７	２番目	４番目

問題３　２点×15（問３は２点×２）

問１			
問２	(1)		
	(2)		
	(3)		
	(4)	回	
問３			
問４			
問５	(1)		

【解答用

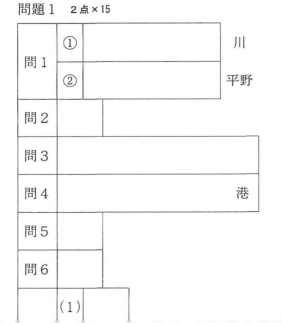

受験番号	

氏　名	

※100点満点

2024年度　後期日程　同志社女子中学校入学考査問題【理科】解答用紙

問題１

問１		
問２		
問３		
問４		
問５		
問６		
問７		

問１．３点
問２．３点
問３．３点
問４．３点
問５．３点
問６．完答３点
問７．３点

問題３

問１	（1）	
	（2）	
	（3）	
	（4）	
	（5）	
	（6）	
	（7）	
	（1）	

問１．⑴２点
⑵２点
⑶２点
⑷２点
⑸２点
⑹２点
⑺３点
問２．⑴３点
⑵３点
⑶完答３点

【解答

受験番号	

氏　名	

※100点満点

2024年度　後期日程　同志社女子中学校入学考査問題【算数】解答用紙

問題１　６点×２

問１	
問２	

問題２　７点×４

問１	%
問２	t

問題７　７点

cm^3

問題８　12点

問１	cm^2
問２	：

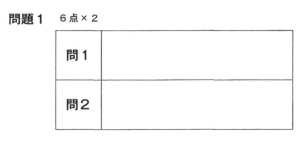

問5

問6

問7

問8

問9

問10

問11

問12

問13

受験番号

氏名

問２　下線部②のうち、石包丁の使い方の説明として正しいものを、次のア～エから１つ選び、記号で答えなさい。

ア．土器に模様をつける。　　　　　イ．稲の穂《ほ》をつみとる。

ウ．動物の肉を切り分ける。　　　　エ．木の実を細かくくだく。

問３　下線部①と下線部③について、次のA・Bの説明に当てはまる遺跡《いせき》の場所を下の地図のア～エからそれぞれ１つずつ選び、記号で答えなさい。

A　縄文時代に1500年間にわたって人々が暮らしていた遺跡で、遠方の地域と物々交換《こうかん》を行っていたことがわかっている。

B　弥生時代の大きなくにの遺跡で、集落のまわりをほりやさくで囲んでいた跡《あと》が残されている。

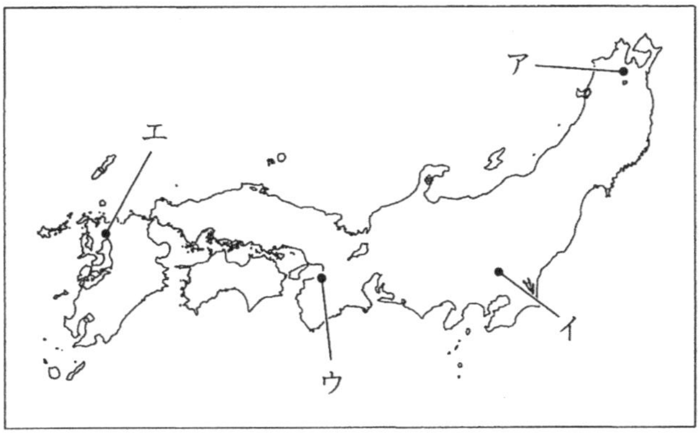

問４　下線部④について、当時の税や負担の名称《めいしょう》とその説明の組み合わせとして誤っているものを、次のア～エから１つ選び、記号で答えなさい。

ア．調　－地方の特産物を都まで運ぶ。

イ．庸《よう》　－都で10日働く代わりに布を納める。

ウ．租　－収穫した稲の約３％を納める。

エ．防人－平城京の警備を３年間行う。

問５　下線部⑤が奈良に大仏を建立《こんりゅう》した目的として最もふさわしいものを、次のア～エから選び、記号で答えなさい。

ア．外国との関係をよくするため。　　　イ．死後に極楽浄土《じょうど》に生まれ変わるため。

ウ．政治や社会の安定をはかるため。　　エ．人々に念仏を広めるため。

問６　［　　　］に当てはまる語を漢字で答えなさい。

問7　下線部⑥に起こった次のア～エの出来事を古いものから順に並べかえた時、２番目と４番目になるものをそれぞれ選び、記号で答えなさい。

ア. 日本に鉄砲が伝わる。

イ. 金閣が建てられる。

ウ. 足利尊氏が征夷大将軍となる。

エ. 応仁の乱が起こる。

問8　下線部⑦に関するⅠ・Ⅱの説明の正誤の組み合わせとして正しいものを、下のア～エから選び、記号で答えなさい。

Ⅰ. 安土城下で楽市・楽座を行った。

Ⅱ. 刀狩を行い、百姓から武器を取り上げた。

ア. Ⅰ－正　Ⅱ－正　　　イ. Ⅰ－正　Ⅱ－誤

ウ. Ⅰ－誤　Ⅱ－正　　　エ. Ⅰ－誤　Ⅱ－誤

問9　下線部⑧について、次の問いに答えなさい。

（１）江戸幕府は大名の配置に工夫《くふう》をこらし、大名の統制をはかりました。関ヶ原の戦い前後に徳川氏に仕えるようになり、江戸から遠い地域に配置された大名を何といいますか。漢字で答えなさい。

（２）江戸時代の文化の説明として誤っているものを、次のア～エから１つ選び、記号で答えなさい。

ア. 雪舟によって、墨《すみ》一色で自然を表現する水墨画（すみ絵）が描《えが》かれた。

イ. 近松門左衛門によって、人形浄瑠璃の脚本《きゃくほん》が書かれた。

ウ. 杉田玄白と前野良沢らによって、『解体新書』が著《あらわ》された。

エ. 葛飾北斎によって、浮世絵の『富嶽三十六景』が描かれた。

問10　下線部⑨について、次の各問いに答えなさい。

（１）右のグラフは、江戸時代末の身分別人口構成の推定値を表したもので、ア～エは、「武士」、「百姓」、「町人」、「神官・僧など」のいずれかの身分を示しています。そのうち、百姓を示すものを１つ選び、記号で答えなさい。

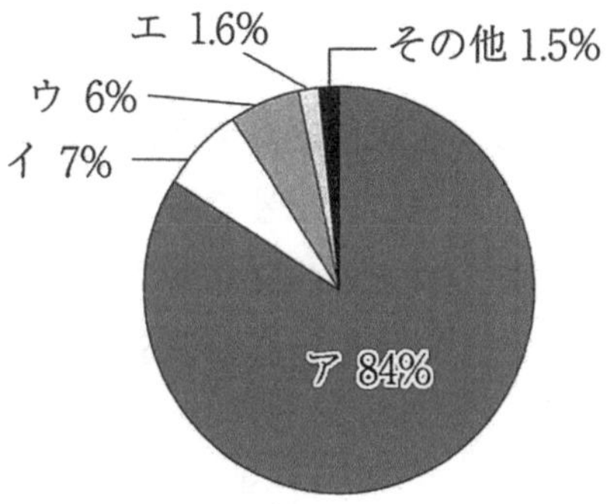

関山直太朗『近世日本の人口構造』より
※割合の合計は四捨五入しているため、100%になっていない

（2）江戸時代には、百姓たちが不正をはたらく役人の解任や年貢の引き下げなどをうったえるために百姓一揆を起こしました。次のグラフは、1700年から1859年までに起こった百姓一揆の件数を、10年間ごとにまとめて示したものです。次のグラフから読み取れる内容として誤っているものを、下のア～エから１つ選び、記号で答えなさい。

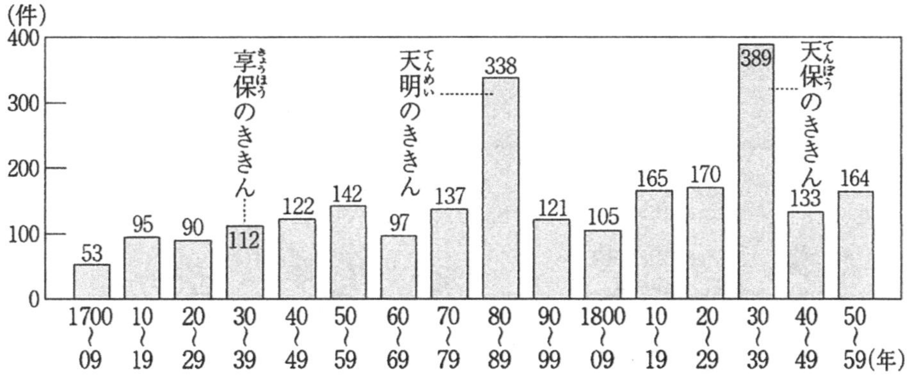

青木虹二『百姓一揆総合年表』より作成

ア．ききんが発生するごとに、そのききんを含む10年間の百姓一揆の件数は過去最多となっている。

イ．百姓一揆の件数が１つ前の期間と比べて３倍以上となった期間がある。

ウ．1750～1799年の合計件数よりも、1800～1849年の合計件数のほうが多い。

エ．1700年から40年ごとに区切ると、百姓一揆の件数は増え続けている。

問11　下線部⑩について、次のA～Cのイラストと農具の説明X～Zの組み合わせとして正しいものを、下のア～カから１つ選び、記号で答えなさい。

A

B

C

X：穀物《こくもつ》からもみがらなどを選別する。

Y：かり取った稲穂からもみをはずす。

Z：土を深くほりおこす。

	ア	イ	ウ	エ	オ	カ
A	X	X	Y	Y	Z	Z
B	Y	Z	X	Z	X	Y
C	Z	Y	Z	X	Y	X

問12　下線部⑪について、鎖国が終わるきっかけとなったペリーが来航した場所として正しいものを、次の地図のア～エから１つ選び、記号で答えなさい。

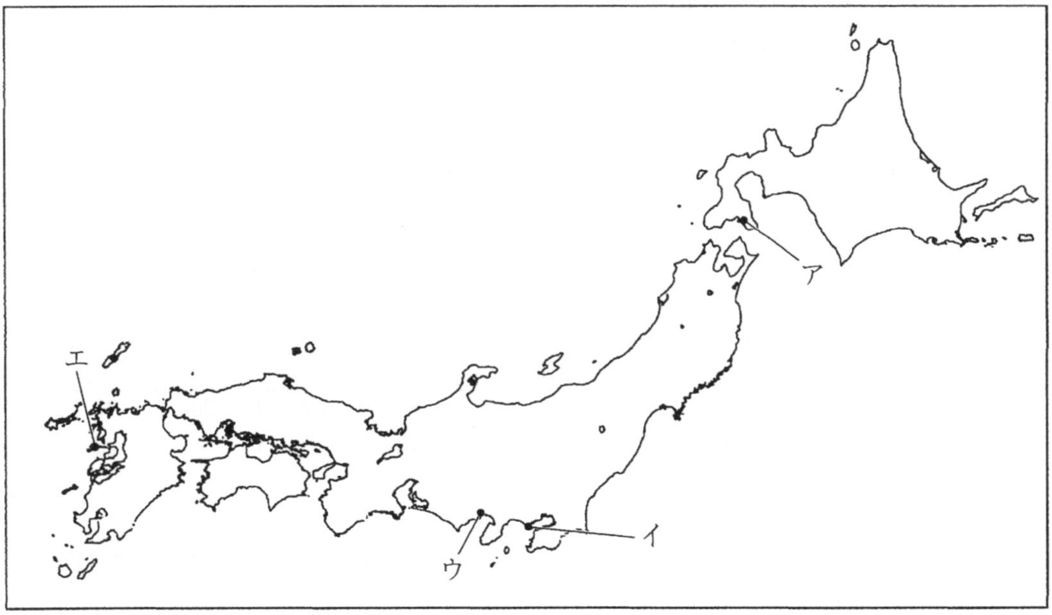

問13　下線部⑫について、次の問いに答えなさい。

（１）次の文は明治時代に活躍《かつやく》した人物について説明したものです。当てはまる人物を、下のア～エから１つ選び、記号で答えなさい。

> この人物は、欧米の政治や経済のしくみを学ぶための使節団に参加しました。その後、日本で憲法をつくる際には、憲法を学ぶために再びヨーロッパに向かいました。また、帰国後は初代内閣総理大臣になりました。

ア．大久保利通　　イ．木戸孝允　　ウ．伊藤博文　　エ．西郷隆盛

（２）1869年に蝦夷地は北海道と改称され、農地の開墾《かいこん》などの開拓《かいたく》事業が行われました。開拓が進む一方で、蝦夷地に住んでいた先住民は土地や漁場をうばわれていきました。この先住民の名称を答えなさい。

問14　下線部⑬について説明した次の文中の（　A　）・（　B　）に当てはまる語の組み合わせとして正しいものを、下のア～エから１つ選び、記号で答えなさい。

地租改正では、土地の所有者と価格を定め、（　A　）を基準として税をかけることになった。税率を（　B　）とし、現金で納めさせるようにした。

	ア	イ	ウ	エ
A	地価	地価	収穫高	収穫高
B	３%	15%	３%	15%

問15　下線部⑭について、右の写真は北九州に建てられた、重工業の発展に貢献《こうけん》した官営工場です。この工場の名称を漢字で答えなさい。

問16　下線部⑮について、次の問いに答えなさい。

（1）戦後、GHQによって行われた改革の内容として誤っているものを、次のア～エから１つ選び、記号で答えなさい。

ア．日本にある政党をすべて解散させた。

イ．日本の経済を支配していた財閥を解体した。

ウ．労働組合の結成を進めるなど、労働者の権利を認めた。

エ．教育制度を改革し、６・３年制の義務教育とした。

（2）戦後の日本と外国との関わりについて述べた次のア～ウを、古いものから順に並べかえ、記号で答えなさい。

ア．朝鮮戦争で軍需《ぐんじゅ》物資を生産したことで、日本は特需景気となった。

イ．日中共同声明に調印し、中国から日本にパンダが贈《おく》られた。

ウ．日ソ共同宣言に調印したことにより、日本は国際連合に加盟した。

問題３　大地《だいち》さんと夏美《なつみ》さんの会話文を読んで、後の問いに答えなさい。

> 大地：日本国憲法には国民主権、平和主義、［　　　］の尊重の３つの原則が定められているよね。特に［　　　］については、自由権や平等権などがいろいろと定められているけれど、これらの権利はどうやって獲得《かくとく》されていったのかな。
>
> 夏美：それを調べるには、世界の歴史についても調べてみないとね。
>
> 大地：自由権や平等権については、18世紀に出されたアメリカ独立宣言やフランス人権宣言で保障されるようになったようだね。
>
> 夏美：フランス人権宣言では、①権力を集中させないしくみの考え方が盛りこまれたんだね。
>
> 大地：日本では大日本帝国憲法が1889年に発布されているね。②大日本帝国憲法と日本国憲法ではどのような違《ちが》いがあるんだろう。
>
> 夏美：憲法の制定とともに選挙も行われるようになったから、③選挙権についても一緒《いっしょ》に調べてみたいね。それに、国だけでなく、私たちが住んでいる④都道府県や市町村に対しては私たちにどのような権利があるのかも調べてみたいな。
>
> 大地：ぼくは⑤日本の人口の推移についてや、⑥国際連合のような現在の⑦国際的な活動についても調べてみようかな。

問１　［　　　］に当てはまる語を、漢字５字で答えなさい。

問２　下線部①について、次の問いに答えなさい。

（１）右の図は日本国憲法で採用されている、権力を集中させないような国の政治のしくみを表しています。このようなしくみを何といいますか。漢字で答えなさい。

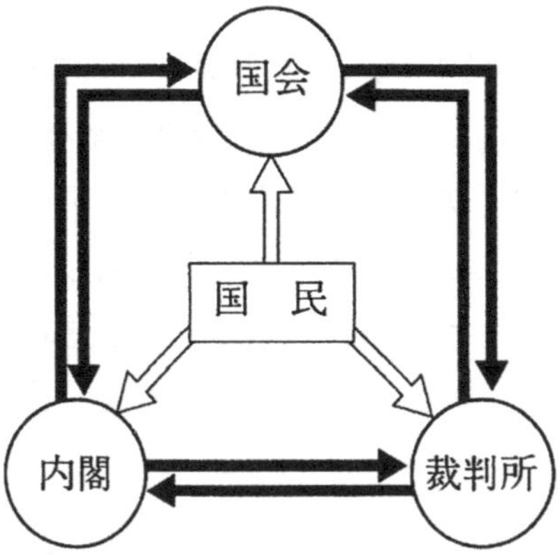

（２）図中の国会についての説明として正しいものを、次のア～エから１つ選び、記号で答えなさい。

ア．国会は、行政を担当する機関である。

イ．特別会（特別国会）では、内閣総理大臣の指名が行われる。

ウ．国会は、衆議院と貴族院の２つの議院に分かれている。

エ．予算案を編成することは、国会の仕事の１つである。

（3）図中の内閣の下に、いくつかの省庁が置かれています。省庁の名称《めいしょう》とその説明の組み合わせとして誤っているものを、次のア～エから１つ選び、記号で答えなさい。

ア．文部科学省－教育やスポーツなどの振興《しんこう》を行う。

イ．防衛省　　－自衛隊の管理や運営を行う。

ウ．外務省　　－外交に関することを行う。

エ．国土交通省－食料の安定供給の確保などを行う。

（4）図中の裁判所について、裁判の判決の内容に不服がある場合は、何回まで裁判を受けることができますか。数字で答えなさい。

問３　下線部②について、大日本帝国憲法で主権者であった天皇は、日本国憲法では日本国と日本国民統合の象徴《しょうちょう》とされ、国事行為《こうい》を行うことになっています。天皇が行う国事行為として正しいものを、次のア～オから２つ選び、記号で答えなさい。

ア．国会の召集《しょうしゅう》　　イ．憲法改正の発議

ウ．最高裁判所長官の指名　　エ．栄典の授与《じゅよ》

オ．弾劾《だんがい》裁判所の設置

問４　下線部③について、1925年に制定された普通選挙法において選挙権をあたえられた人々として正しいものを、次のア～エから１つ選び、記号で答えなさい。

ア．満25歳《さい》以上の男子　　イ．満25歳以上の男女

ウ．満20歳以上の男子　　エ．満20歳以上の男女

問５　下線部④について、次の問いに答えなさい。

（1）下線部④のような、その地域に合ったしくみを整え、住民のよりよい暮らしにつながる政治や行政を行う団体を何といいますか。漢字で答えなさい。

（2）住民が下線部④に対して行うことができることとして誤っているものを、次のア～エから１つ選び、記号で答えなさい。

ア．都道府県知事や市町村長を選ぶ。　　イ．条例の制定などの請求《せいきゅう》を行う。

ウ．地方議会の議員を選ぶ。　　エ．地方裁判所の裁判官を審査《しんさ》する。

問６　下線部⑤について、次のグラフは、日本の人口の推移、日本の歳出とその内訳の推移を示したものです。これらのグラフから読み取れる内容として誤っているものを、後のア～エから１つ選び、記号で答えなさい。

日本の人口の推移（予測を含《ふく》む）

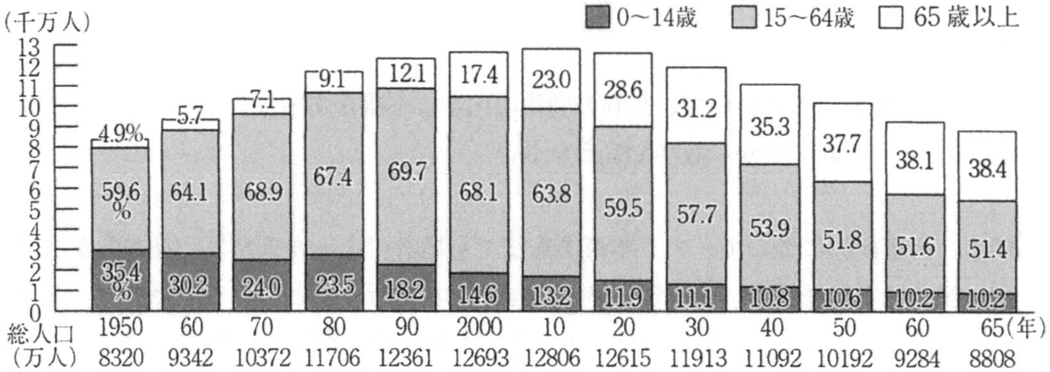

日本の歳出とその内訳の推移

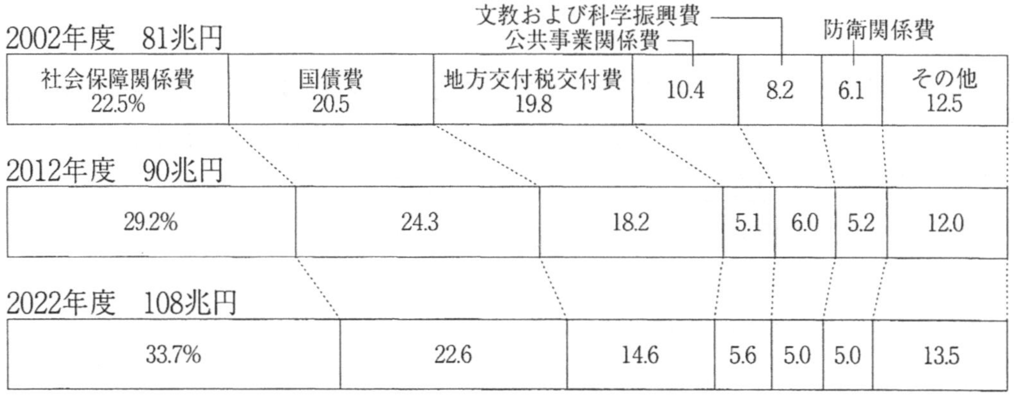

２つのグラフは『日本国勢図会2022/23年版』などより作成

※割合の合計は四捨五入しているため、合計が100%になっていないものもある

ア．2022年度の社会保障関係費は、2002年度の社会保障関係費の金額の約２倍となっている。

イ．グラフ中で人口が最も多かった年には、その年の65歳以上の人口の割合は20％をこえている。

ウ．グラフ中で日本の人口が１億人を下回ると予測されている年の65歳以上の人口の割合は、40％をこえると予想されている。

エ．2012年度の国債《こくさい》費の割合は2022年度の割合よりも高いが、金額では2022年度のほうが多い。

問７　下線部⑥について、2023年７月現在、世界の約200か国のうち、国際連合に加盟している国の数を次のア～エから１つ選び、記号で答えなさい。

ア．51か国　　　イ．99か国　　　ウ．127か国　　　エ．193か国

問８　下線部⑦について、次のＡ～Ｃの文に当てはまる国際的な組織や活動の名称を、それぞれの指示に従って答えなさい。

Ａ　戦争や貧困、食料不足などで困っている子どもたちを助けるために、保健・衛生・教育などの支援《しえん》を行っている国際連合の機関。（カタカナで）

Ｂ　日本のＯＤＡ（政府開発援助）の活動の一つで、農業や教育、医療《いりょう》などの分野で自分の知識や技術をいかしたい若者が、発展途上国の社会や経済の発展のために活動する組織。（漢字で）

Ｃ　戦争や紛争《ふんそう》が起きた国や地域で行う国際連合の活動で、2012～17年には日本の自衛隊が南スーダンで、復興作業や道路整備などの活動を行った。（アルファベットで）

2023年度　後期日程

同志社女子中学校
入学考査問題

【国　語】

（45分）

（注　意）

・試験開始の指示があるまで、この問題冊子の中を見てはいけません。
・試験開始の指示があったら、冊子のページがそろっているかを確認《にん》してください。もし、不備があれば手をあげてください。【ページ数　国語：1～23】
・解答用紙は、問題冊子の中にはさんであります。答えはすべて解答用紙に書きなさい。
・解答を始める前に、解答用紙に「受験番号·氏名」を必ず書きなさい。
・試験終了の指示があったら、すぐに鉛《えん》筆を置き、問題冊子をそろえ、その上に解答用紙を表向きに置いて静かに待っていてください。

問題は次のページから始まります。

問題一　次の文章を読んで、後の問いに答えなさい。

壮太《そうた》はおやつを食べ終えると、たなから空き箱を二つ探し出して、プレイルームの両はしに置いた。

「何やるの？」

「ミニバスケ」

「バスケ？」

プレイルームは教室くらいの広さはあるけど、バスケなどできるだろうか。ぼくはおどろいて聞き返した。

「そう。バスケ。小さいゴムボールを空き箱にシュートするだけだからできるって。走るのはなしで早歩きでなら大じょう夫だよね？」

壮太が聞くと、三園《みその》さんは「小さい子どもたちに当たらなければ大じょう夫ー」と答えた。

「よし。おれ、昼からは採血しなくていいしさ。ミニミニバスケやろう。ボールを持ちながら歩くのはだめで、ドリブルか上に放り投げながら歩いてシュートするって、どう？」

「いいね！　最高じゃん」

まさか病院で、球技が、しかもバスケができるだなんて思ってもいなかった。

「壮太、遊び考えるのうまいな」

「だろう。公文《くもん》やってスイミングやって絵かいて、いろいろやってても、一番あるのは遊びの才能」

「うん、本当、おみそれー」

ぼくたちは野球ボールほどの大きさのふわふわのゴムボールで、バスケを開始した。

「うわ、このボール、うまくはずまないじゃん。しかも、片手包帯してるとドリブルすんの難しすぎー」

とさけぶ壮太からボールをうばって、ぼくはシュートを決めようとした。けれど、空き箱が小さすぎてうまく入らない。これはそばまで行って、そっとボールを入れないとだめだな。よし。もう一度。ぼくがシュートを決めると、おやつを食べ終えてプレイルームにもどった、女の子二人と男の子が「うわー」とさけんではく手をしてくれた。

「ありがとう」
とボールを放り投げながら歩いていると、さっと壮太にうばわれた。
「すごい！」
そう言う男の子に、
「お、やってみる？」
と壮太はゆっくりとボールをパスし、
「はい、入れてみて」
と箱を男の子のそばまで持っていった。
「おいおい。助《すけ》っ人《と》使うのはいいけど、箱まで移動させる？」
ぼくがこう議すると、
「だって、おれたちみんな片うでに管さしてて動かしにくいもんねー。ここで両うでを自由に使えるの、瑛《えい》ちゃんだけだよ」
と壮太が言った。
「本当だー。お兄ちゃんずるいね」
と女の子たちも言う。
「しかも、瑛ちゃんだけ背が高いんだよな」
「うわ、お兄ちゃん二つも得してるじゃん」
「そう。瑛ちゃん、セコいだろう」
「いやいやいや、ゆかに置いた箱にボール入れるんだろう？　背の高さ関係ないっていうか、背の低い方がゆかに近いから得じゃん」
「そりゃないって。何にしても手足が長いって絶対有利。おれらで協力して、あのデカデカ兄さんやっつけよ」
壮太はそう言って、子どもたちとハイタッチをした。
「ちょっと待って。ぼくだけ一人チーム？」

「そう。身長高いの、瑛ちゃんだけだもん。おれらチビっこファイターズ」
壮太が言うと、女の子二人と男の子は「やった」だとか「わーい」だとか言ってはしゃいだ。母親たちも「いいね」と喜んでいる。
ぼく以外は明日には帰れるし、ただの検査入院だ。それなのに、病気のぼくが不利な立場にされるって、どういうことだ？　でも、いっか。このプレイルームでこんなにたくさんのはずんだ声が聞こえるのは初めてだから。
「じゃあ、ぼくは一人ジャイアンツ。負けないから」
ぼくも対こうしてチーム名を付けた。
四人対ぼくのミニバスケは、盛り上がった。小さな子どもたちはたまに参加したり、気が向いた時にとつ然ボールをうばいに来て箱に投げてみたりと、気ままなプレイヤーだったけど、ちゃんと壮太チームにこうけんしていた。うでに包帯を巻いた幼ち園児からボールをうばうことはさすがにぼくもできずに、ゴールするのを温かく見守るしかなかったのもあるけれど。
ルールはめちゃくちゃだけど、五人もの人数で遊んでいる。しかも球技だ。こんなことがここでできるんだ。走り回るのは無理でも、だれかと一しょに体を動かすことができるんだ。①その事実に、体中がはずんだ。
でも、壮太が帰ったら、こんなふうに遊ぶことはない。壮太ほど陽気にはできないかもしれないけど、小さい子どもに声をかけることはぼくにもできる。だけど、みんなは、ぼくと壮太が楽しそうに遊んでいるから中に入りたくなるんだ。ぼくがゲームの説明をして、一しょに遊ぼうとさそったって、小さな子どもはだれも乗ってこないだろう。
「連続シュート！」
壮太がそう言って箱に入れたボールを、
「お兄ちゃんどうぞ」
と女の子が持ってきてくれた。
「あれ？　あんなちゃん敵じゃなかったっけ？　まあいいや。ありがとう」
ぼくはもらったボールを丁ねいに箱に入れた。
得点は数えていないけど、たぶん二チームとも六十点以上は入っている。そろそろつかれてきたころ、

「あ、『おかあさんといっしょ』が始まる！」
と女の子が言って、三園さんがテレビをつけたのを合図に、ぼくと壮太も、
「もうくたくただ」
とゆかにすわりこんだ。
そのあと、壮太の母親が自はん機でジュースを買ってくれ、二人ですわって飲んだ。
「おかあさんといっしょ」を見終えた女の子たちが部屋にもどっていき、男の子は「おふろの時間だ」と母親と出て行った。
五時になり、プレイルームの中を三園さんが片付け始める。
「明るいけど、夕方って感じだな」
と壮太が言った。
「一日が終わるね」
「瑛ちゃんは何日ここにいるの？」
「六月二十五日に入院したから、今日で一ヶ《か》月と十一日」
「長いんだな。ぼくだったら、ばく発しそうになるわ。瑛ちゃん、マジでえらいな」
壮太はそう言った。
「どうだろう」
あの日以来、「帰りたい」とさけんだり泣いたりはしていない。だけど、体のおくで何かがばく発するのを止められなくなりそうなことはある。自分がちぎれそうになって、頭の中がぐちゃぐちゃになる。だから、ぼくはさけぶ代わりに、九時前のプレイルームにかけこむようになった。何かにもやもやをぶつけないと、自分がこわれそうだった。そして、毎日同じことをくり返している。
「おばちゃんは帰るけど、ゆっくりしていって。電気消すのだけは忘れずにね」
三園さんはそう言うと、
「また明日」

とプレイルームから出て行った。
　ぼくたちは三園さんに手をふると、ごろりとマットの上に寝転《ね》がった。
「壮太、明日には帰れるね」
「ああ。でも、なんか転校する気分だ」
「元の場所にもどるだけじゃん」
「まあね。でも、二日もいたら、はなれたくなくなるよな」
「病院なのに？」
「そ。病院でも瑛ちゃんいるしさ」
「なんだよそれ。でもさ、背、のびるように、治りょうできるといいな」
　ぼくは本心でそう言った。
「無理無理。お母さんが必死なだけで、もう駄《だ》目に決まってるよ。今から治りょうしたって、どうせ手おくれだしさ」
「そうかな」
「もうおれ、小学三年生だよ。可能性がないこと願ってるより、この身長で生きていく方法考えないとさ」
②壮太はぼくより背は低いけど、うんと大人びて感じる。
「この身長で生きていく方法って？」
「勉強やスポーツなんかたいして救ってくれないだろう？　おもしろくて楽しくなんないとな。チビだってみんなにバカにされる前に、チビでゆかいなやつだって思わせないとさ」
「たいへんそうだな」
「そう。チビはたいへんなのよ」
「だけど、本当楽しいよ。壮太」
「そ？」
「うん。めちゃくちゃ楽しい」

「ありがと」

夕飯の放送が流れ、ぼくらは「また明日な」とプレイルーム前で別れた。

「また明日」この言葉を言うのは、今日で終わりだ。明日があるのは今日だけ。そんな厳しい現実があることを、ぼくは初めて思い知った気がする。

夕飯を食べ終え、aニュウヨクを済ませると、ぼくはプレイルームに向かった。

音のない真っ暗な部屋。昼間は病とうで一番にぎやかな場所だけど、今はひっそりとしている。

ここから出たい。走り回りたい。このフロアだけが自由な空間だなんて、くるいそうだ。早く外に出して。いつもそう思っている。でも、今はそれ以上に、ここでだっていいから、外に出なくたっていいから、壮太ともっと遊びたい。もっと話したい。もっと笑いたい。その思いではちきれそうだった。

ぼくよりさみしい思いをしている子も、つらい思いをしている子もいっぱいいることはわかっている。けれど、ぼくより楽しんでる子だって数えきれないほどいる。もし、ここで一番不幸なのがぼくだったら、何も考えず泣きさけぶことができるのだろうか。

いつもどおりに、割り切れない気持ちを暗やみの中でばく発させようとして、ぼくはふと手を止めた。壮太のいない明日からを思うと、③とんでもなく深い穴に落ちていく感覚がして、体がこわばった。楽しい時間を知ってしまったぼくは、壮太なしでいられるのだろうか。どれだけていこうしたところで、ここで過ごすしかないのだ。「たぶん大じょう夫」。ぼくは三園さんの言い方をまねてつぶやくと、深呼吸をした。そして、目を閉じるとそっと願った。

「明日が終わっても、楽しいことがありますように。少しでいい。おもしろいと思えるしゅん間がありますように」

今までこの部屋ですき勝手やってたぼくの願い事なんか、聞いてはもらえないかもしれない。だけど、何かにすがらずにはいられなかった。

八月六日金曜日。プレイルームに行くとすでに壮太がいたけど、心なしかぐったりしていた。

「寝不足？」

「それもあるけど、今日検査で飲んだ薬、血糖値下げるらしくて、頭がぼんやりしてるんだ」
「ああ、そっか」
それで今日は壮太の母親もそばにいるのか。
検査入院している子たちは、薬を飲んだ後に採血する。薬の種類や体質によってはフク作用があるようで、気分が悪くなってはいてしまう子も見たことがある。それに、検査中は寝てはいけないのにねむ気のおそう薬が多いようで、母親たちが必死で子どもを起こしている姿には何度も出くわした。
「おれ、ほかの薬は平気なのに。この薬、一番ふく作用が強いやつなんだよな」
「じゃあ、ゆっくりできる遊びしよう」
「おう。でも、寝ちゃだめだから、いっぱい楽しもう」
壮太はねむそうな顔で笑った。
「ＯＫー」
だるいけどじっとしていると寝てしまいそうだという壮太とろう下に出て、じゃんけんに勝てば、グリコ・パイナップル・チョコレートと文字の数だけ進めるゲームをした。ゆっくりでも歩けば、ねむるのはさけられるだろう。
「おれの足短いから、なかなか進まないな」
壮太は三歩進んでから言った。
「でも壮太のほうがじゃんけん勝ってるよ」
「そうだ！　グー、チョキ、パー、その文字から始まる言葉なら何でもいいことにしよう」
「いいね。そのほうがおもしろそう！」
「グー！　やったね。じゃあ、えっと、ぐつぐつよくにたスープ」
じゃんけんで勝った壮太は、少し調子が出てきたのか大またで進んだ。
「なんだよそれ。よし勝った。じゃあ、ぼくは、パンダを見に動物園に行くのは日曜日」
ぼくも負けじと長い文を考えて歩く。

「えー、そうなんだ。動物園は土曜日じゃダメなんだ。お、おれもパーか。えっと、パリパリのポテトチップスを買うのは水曜日」
「なんで、曜日しばり?」
ぼくらはグー、チョキ、パーで始まる言葉を言い合っては笑った。
ナースステーション前を通り過ぎようとすると、「ちょうどよかった。時間だよ」と、看護師さんにソファにすわらされ、壮太は採血を受けた。
「ああ。血ぬいたら、のどかわいたな」
壮太がナースステーション横の自はん機を見てつぶやいた。
「水飲めないって、ちょっとつらいよな」
低身長の検査中は絶飲絶食だ。おなかがすくのはがまんできるけど、水が飲めないのはしんどいらしく、子どもたちもよく「お茶ー!」「のどかわいたー」とさけんでいる。ぼくもなんとなく気が引けて、壮太といる時やプレイルームに検査の子がいる時は水分をとらないようにしている。
「じゃあ、じゃんけんは休けいしてゆっくり歩こう」
ねむ気に負けそうな壮太にぼくは言った。
「ああ、ごめんな。今日のおれあんまり楽しくないよな」
壮太はいつもよりおっとりした口調で言う。検査のための薬でこんなにしんどくなるんだ。いつも元気な壮太なだけに、つらさがよくわかる。
「ねむくてぼんやりしてても、壮太は楽しいよ」
「そう?」
「もちろん」
「だといいけど。おもしろくないチビなんて終わってるもんな」
壮太はそう言って、とろんとした目で笑った。
「壮太はおもしろいけど、でも、④おもしろくなくたって全然いいと思うよ」

「瑛ちゃんは、優《やさ》しいよな」
「まさか」
「瑛ちゃんといると、気持ちがのんびりする」
壮太が見当ちがいにほめてくれるから、⑤何だか居ごこちが悪くなって、ぼくは入院したてのころはわがままだったこと、最初は低身長の検査入院の子どもたちに冷たくしてたこと、今はなんとなくそのほうがここから早く出られるような気もして、みんなに優しくしてるだけだということを、正直に話した。
「そうか。じゃあ、おれはチビだからおもしろくなって、瑛ちゃんは入院が長いから優しくなったってことか。瑛ちゃんが病気で、おれが小さくてよかったー」
壮太の言うとおりかもしれない。だけど、やっぱりちがう。ぼくは入院する前のほうが性かくはよかった。「みんなはいいよな」って人をうらやむことはなかったし、「どうしてぼくばっかりなんだよ」といらつくこともなかった。それに、壮太が楽しいことに、身長は関係ない。背が高くて陽気じゃない壮太でも、ぼくは一しょにいて楽しいって思うはずだ。そんなことを言おうと思ったけど、うまく伝えられる自信がなくてやめにした。
そんなことより、うっかり寝そうになる壮太を起こすことでcセイいっぱいだった。何度もろう下を往復したり、プレイルームにもどってゲームをしてみたり、次から次へといろんなことをして壮太のねむ気を覚ました。
「はーこれで、解放だ！」
十二時前、最後の採血が終わって、管をぬいてもらうと、壮太はプレイルームのゆかにごろんと寝転がった。
「おつかれ、壮太」
「サンキュー、瑛ちゃん」
「ぼくは何もしてないけどさ」
「なんか最終日に全然遊べなくてもったいなかったな」
「そんなことない。一しょに話してただけで楽しかったよ」
ぼくが言うと、

「うん。おれも半分頭は寝てたけど、楽しかった」
と壮太も言った。
そのあと、昼食ができたと放送が流れ、ぼくたちはそれぞれ部屋にもどった。「またな」とは言えず、「じゃあ」と⑥あいまいにほほえみながら。

昼ごはんを食べ終えて歯をみがいた後、壮太が母親と一しょにぼくの病室にやってきた。壮太の母親は大きなバッグを持ち、壮太もリュックを背負っている。
「いろいろお世話になりました」
壮太の母親は、ぼくとぼくのお母さんに頭を下げた。
「ああ、退院ですね。おつかれさまでした」
ぼくのお母さんが言った。
「瑛介《えいすけ》君に仲良く遊んでもらって、入院中、本当に楽しかったみたいで」
「うちもです。壮太君が来てくれてよかったです」
お母さんたちがそんな話をしている横で、ぼくたちはおたがい顔を見合わせて、かといって今この短い時間で話す言葉も見当たらず、ただなんとなく笑った。
「行こうか。壮太」
母親に肩に手を置かれ、
「瑛ちゃん、じゃあな」
と壮太は言った。
「ああ、元気でな」
ぼくは手をふった。
壮太は、

「瑛ちゃんこそ元気で」
そう言って［A］背を向けると、そのまま部屋から出て行った。
壮太たちがいなくなると、
「フロアの入り口まで見送ればよかったのに。案外二人ともお別れはあっさりしているんだね。ま、男の子ってそんなもんか」
とお母さんは言った。
お母さんは何もわかっていない。あれ以上言葉を発したら、泣きそうだったからだ。きっと壮太も同じなのだと思う。もう一言、言葉を口にしたら、あと少しでも一しょにいたら、さよならができなくなりそうだった。口や目や鼻。いろんなところがじんと熱くなるのをこらえながら、ぼくは「まあね」と答えた。

壮太がいなくなったプレイルームには行く気がせずに、午後は部屋でまん画を読んだ。時々、壮太は本当に帰ったんだな、もう遊ぶことはないんだなと気づいて、［B］心に穴が空いていくようだった。これ以上穴が広がったらやばい。そう思って、必死でまん画に入りこもうとした。
二時過ぎからはしん察があった。この前の採血の結果が知らされる。
「だいぶ血小板が増えてきたね」
先生は優しい笑《え》顔をぼくに向けると、さもビッグニュースのように、
「あと一週間か二週間で退院できそうかな」
と言った。
「よかったです。ありがとうございます」
お母さんは頭を下げた。声がふるえているのは本当に喜んでいるからだろう。
［C］ゴールが見えてきた。ようやく外に出られる。それはうれしくてたまらない。だけど、どうしても確認《にん》したくて、
「一週間ですか？　二週間ですか？」
とぼくは聞いた。

「そこは次回の検査結果を見てからかな」

先生はそう答えた。

「はあ」

「どっちにしても一、二週間で帰れると思うよ」

先生は、「よくがんばったからね」とほめてくれた。

一、二週間。ひとくくりにしてもらっては困る。一週間と二週間では、七日間もちがうのだ。七日後にここを出られるのか、十四日間ここで過ごすのかは、⑦まるでちがう。ここでの一日がどれほど長いのかを、壮太のいない時間の退くつさを、先生は知っているのだろうか。ぼくら子どもにとっての一日を、大人の感覚で計算するのはやめてほしい。

お母さんはしん察室を出た後も、何度も「よかったね」と言った。ぼくは間近に退院がせまっているのに、時期があやふやなせいか、気分は晴れなかった。明日退院できる。それなら⑧（　）放しで喜べる。だけど、一週間か二週間、まだここでの日々は続くのだ。

がっかりしながらも、病室にもどる途《と》中に西とうの入り口が見えて、⑨ぼくは自分がいやになった。何をぜいたく言っているのだ。おそくとも二週間後にはここから出られるし、ここでだって苦しい治りょうを受けているわけじゃない。西とうには、何ヶ月も入院している子だっているのだ。それを思うと、dムネがめちゃくちゃになる。病院の中では、自分の気持ちをどう動かすのが正解なのか、どんな感情を持つことが正しいのか、よくわからなくなってしまう。

就しん時間が近づいてくると、［D］気持ちがおさえきれなくなってプレイルームに向かった。真っ暗な中、音が出ないようマットに向かっておもちゃ箱をひっくり返す。三つの大きな箱の中身をぶちまけるのだ。ただそれだけの行為《い》が、ぼくの気持ちを保ってくれた。悪いことだとはわかっている。でも、こうでもしないと、ぼくの中身がくずれてしまいそうだった。いつも、翌朝にはおもちゃは片付けられ、きれいにプレイルームは整えられている。［E］、お母さんか三園さんが直してくれているのだろう。それを思うと、ひどいことをしてるよなと申し訳ない。だけど、何かしないと、おかしくなりそうで止められなかった。

三つ目のおもちゃ箱をひっくり返し、あれ、と思った。

布の箱から、がさっと何かが落ちた。かたいプラスチックのおもちゃの音とはちがう。暗い中、目をこらしてみると、紙飛行機だ。

ぼくはあわてて電気をつけた。

壮太だ……。赤青黄緑銀金、いろんな色の折り紙で作った紙飛行機は、三十個以上はある。片手に管をさして固定していたから、使いにくい手で折ったんだろう。形は不eカッコウだ。それでも、紙飛行機には顔までかかれていて、「おみそれ号」「チビチビ号」「瑛ちゃん号」「またね号」と名前まで付いている。

壮太は、知っていたんだ。ぼくが夜にプレイルームでおもちゃ箱をひっくり返していたことを。そして、壮太がいなくなった後、ぼくがどう過ごせばいいかわからなくなることも。

明日から、一つ一つ飛ばそう。三十個の紙飛行機。これを飛ばしている間、少しは時間を忘れることができそうだ。

（瀬尾《せお》まいこ『夏の体温』より）

問1　傍《ぼう》線①「その事実に、体中がはずんだ」とあるが、この時の「ぼく」の様子の説明として最も適当なものを、次のア〜エから一つ選び、記号で答えなさい。

ア　みんなと一しょにバスケをして遊んでいるうちに、いつの間にか競技に熱中している。

イ　いつもならとうてい思いつかない遊び方が病院内でできたことに、喜びを感じている。

ウ　いつもは遊ぶことのない子どもたちと交流できた楽しさで、大はしゃぎしている。

エ　壮太と一しょならこの先病院内でも楽しいことがたくさんあるはずだと、期待している。

問2　傍線②「壮太はぼくより背は低いけど、うんと大人びて感じる」とあるが、「壮太」のどのようなところを「大人びて」いると感じているのか。最も適当なものを、次のア〜エから一つ選び、記号で答えなさい。

ア　自分より年下の子どもたちの立場で、一しょに遊べる方法を考えてあげるところ。
イ　現状をいさぎよく受け入れ、未来の自分の姿を思いえがこうとしているところ。
ウ　まだ病院にいないといけない「ぼく」をさりげなくなぐさめようとしてくれるところ。
エ　親の意見を尊重しながらも、しっかりと自分の意見をつらぬこうとしているところ。

問3　傍線③「とんでもなく深い穴に落ちていく感覚」とあるが、これはどのようなものか。最も適当なものを、次のア～エから一つ選び、記号で答えなさい。
ア　楽しい時間が失われた病院で過ごさなければならないさびしさとつらさ。
イ　病院から出て、自由に走り回りたいのに、いつまでもそれができない絶望感。
ウ　つらい思いをしている子が他にもいるのに、自分だけが不幸だと感じるこ独感。
エ　割り切れない気持ちを十分に発散することができないもどかしさとあせり。

問4　傍線④「おもしろくなくたって全然いい」とあるが、これは「ぼく」のどのような気持ちのあらわれか。最も適当なものを、次のア～エから一つ選び、記号で答えなさい。
ア　壮太がおもしろくしようとがんばりすぎるのを気づかう気持ち。
イ　壮太が検査でつらい思いをしているのをはげます気持ち。
ウ　壮太に優しくすることで自分の願いをかなえようとする気持ち。
エ　壮太が自分と一しょにいてくれるだけでいいという気持ち。

問5　傍線⑤「何だか居ごこちが悪くなって」とあるが、その理由として最も適当なものを、次のア～エから一つ選び、記号で答えなさい。
ア　自分は壮太のように小さい子どもたちとうまく遊べないのに、壮太がほめてくれるから。
イ　自分は壮太に対してしか優しくふるまっていないのに、壮太がほめてくれるから。
ウ　自分は背が高いことを壮太に対して引け目に感じているのに、壮太がほめてくれるから。
エ　自分が他人に優しくしているのは自分のためなのに、壮太がほめてくれるから。

問6　傍線⑥「あいまいにほほえみながら」とあるが、この時の「ぼく」の心情の説明として最も適当なものを、次のア～エから一つ選び、記号で答えなさい。

ア　もう一しょに遊べないというさびしさを、何とかごまかそうとしている。

イ　ここでどのような言葉をかけるのがふさわしいのかが分からなくなっている。

ウ　相手が何を考えているのかがよく分からなくて、心から笑えないでいる。

エ　相手を気づかう気持ちがあまりにも強すぎて、素《す》直になれないでいる。

問7　A ～ E にあてはまる語として最も適当なものを、次のア～キからそれぞれ一つずつ選び、記号で答えなさい。（同じ記号は二度使わないこと）

ア　ぽっかり　　イ　やっと　　ウ　どっぷり　　エ　くるりと

オ　きっぱり　　カ　きっと　　キ　やっぱり

問8　傍線⑦「まるで」と同じ意味で用いられているものを、次のア～オから二つ選び、記号で答えなさい。

ア　湖面には周辺の景色が映っており、まるで鏡のようだった。

イ　まるで別世界のごとく雪が降りつもっていた。

ウ　きん張して平常心が保てず、まるでだめなプレーをしてしまった。

エ　あまりの寒さにまるで感覚が無くなってきた。

オ　正確にショットを打ち分けるプロ選手の技術はまるで機械だ。

問9　傍線⑧「（　）放しで」が「無条件で」という意味になるように（　）に入る最も適当な語を漢字一字で答えなさい。

問10　傍線⑨「ぼくは自分がいやになった」とあるが、その理由として最も適当なものを、次のア～エから一つ選び、記号で答えなさい。

ア　自分の退院を喜ぶことは、まだ退院できない子に対して無神経な態度であるように感じたから。

イ　自分より苦しい思いをしている子のことを考えると、退院を素直に喜べない自分がわがままに思えたから。

ウ　最初は退院の時期に不満を持っていたが、他の子に比べれば自分はまだましだと思ってしまったから。

エ　自分が不幸だと思うあまり、退院を喜ぶ母に対して冷たい態度をとってしまったことに気づいたから。

問11　本文中での「ぼく」の説明として最も適当なものを、次のア～エから一つ選び、記号で答えなさい。

ア　苦しいのは自分だけだと考えていたが、壮太と出会って、治りょうへの前向きな気持ちを持つことができるようになった。

イ　壮太という同い年の友人ができたが、心の底ではどうせ短期間で退院する人なのだからと冷めた姿勢で付き合っていた。

ウ　前向きで明るい壮太を前にして、どうしてもストレスをコントロールできない自分と比べてしまい落ちこんでいた。

エ　長期入院のため、常にストレスで苦しんでいたが、壮太の明るさに支えられ、少しの間楽しい時間を過ごすことができた。

問12　二重傍線a～eのカタカナを漢字に直しなさい。

問題二　次の文章を読んで、後の問いに答えなさい。

お詫び

著作権上の都合により、文章は掲載しておりません。

ご不便をおかけし、誠に申し訳ございません。

教英出版

お詫び

著作権上の都合により、文章は掲載しておりません。
ご不便をおかけし、誠に申し訳ございません。

教英出版

お詫び

著作権上の都合により、文章は掲載しておりません。

ご不便をおかけし、誠に申し訳ございません。

教英出版

お詫び

著作権上の都合により、文章は掲載しておりません。
ご不便をおかけし、誠に申し訳ございません。

教英出版

お詫び
著作権上の都合により、文章は掲載しておりません。
ご不便をおかけし、誠に申し訳ございません。
教英出版

（高橋瑞樹《たかはしみずき》『大絶滅は、また起きるのか？』より）

問1　傍《ぼう》線①「なんと発見からわずか27年後には絶滅してしまいました」とあるが、ステラーカイギュウの絶滅にえいきょうしたものとして適当なものを、次のア～オからすべて選び、記号で答えなさい。

ア　海そう類のほ食者の減少
イ　ラッコの絶滅によるウニの増加
ウ　ウニによる海そう類のほ食
エ　海そう類の増加
オ　ウニのほ食者の減少

問2　傍線②「大きな要因」とあるが、それは何か。文中から二十二字で探し、はじめと終わりの五字をぬき出して答えなさい。

問3　A ～ C にあてはまる語として最も適当なものを、次のア～エからそれぞれ一つずつ選び、記号で答えなさい。
（同じ記号は二度使わないこと）

ア　しかし　　イ　あるいは　　ウ　さて　　エ　さらに

問4　傍線③「絶滅の連鎖」とあるが、どのようなことか。最も適当なものを、次のア～エから一つ選び、記号で答えなさい。

ア　人間がある生物を絶滅させることがきっかけで、生態系内の食物連鎖が大きく変わってしまうということ。

イ　頂点ほ食者がいなくなることで生態系にえいきょうが出て、間接的に他の生物の絶滅につながってしまうということ。

ウ　生態系の外から新たな生物が加わることにより、別の生物が絶滅してしまうことがあるということ。

エ　頂点ほ食者がいなくなると、新たな頂点ほ食者が別の生物をほ食して絶滅させることがあるということ。

問5　傍線④「カイギュウを支えていた『生きものの輪』」とあるが、これはどういうものか。その説明として最も適当なものを、次のア～エから一つ選び、記号で答えなさい。

ア　ラッコが海そう類を食料とするウニをほ食することで、カイギュウの食料である海そう類の量が保たれるというもの。

イ　ウニが肉食であるラッコの食料になっていることで、カイギュウはラッコにおそわれずにすんでいるというもの。

ウ　海そう類が極たんに減ってしまうことで、それを食料にしていたウニもカイギュウも絶滅してしまうというもの。

エ　カイギュウが海そう類を食料とすることで、同じく海そう類を食料とするウニが減少してしまうというもの。

問6　傍線⑤「少なくなさそうです」の「そうです」と同じ用法のものを、次のア～エから一つ選び、記号で答えなさい。

ア　かれはサッカー選手になりたいそうです。

イ　タイ料理の中にはからくないものもあるそうです。

ウ　この荷物を全部運ぶのは大変そうです。

エ　佐藤《さとう》さんのお姉さんはお医者さんだそうです。

問7　傍線⑥「ばい体」の意味として最も適当なものを、次のア～エから一つ選び、記号で答えなさい。

ア　仲立ちとなるもの。

イ　病気にかかっているもの。

ウ　実体を持っているもの。

エ　二つ以上のものが合わさっているもの。

問8　《　※　》には、次の五つの文が入る。正しい順に並べかえ、ア～オの記号で答えなさい。

ア　栄養が少ない土では、植物が育ちにくくなります。

イ　分解者がいなくなるとまず、死がいやはいせつ物が分解されずにたまります。

ウ　そして、草食動物を食べて生きている肉食動物も少なくなります。

エ　すると、死がいやはいせつ物にふくまれている栄養素（炭素やちっ素）が植物の使える形で土じょう中に提供されなくなって、土が貧しくなります。

オ　植物の育ちが悪いと、それを食べて生きている草食動物（こん虫もふくむ）が減ります。

問9　傍線⑦「亡くなった方の貯金」とあるが、これは何をたとえているのか。文中から十字以上十五字以内でぬき出して答えなさい。

問10　傍線⑧「ゴキブリの例」とあるが、これはどういうことか。その説明として最も適当なものを、次のア～エから一つ選び、記号で答えなさい。

ア　ゴキブリには分解者としての役割があるにもかかわらず、人間にとって不快だからという理由で絶滅してよいと考えること。

イ　ゴキブリには分解者としての役割があるにもかかわらず、多くの人々はそのことを知らず、ゴキブリを誤解しているということ。

ウ　ゴキブリには分解者としての役割があるにもかかわらず、日本の生態系に入りこんだ外来種によってその役割をうばわれているということ。

エ　ゴキブリには分解者としての役割があるにもかかわらず、人間にきらわれたことで、日本の固有種は絶滅させられたということ。

問11　傍線⑨「しっぺ返し」の意味として最も適当なものを、次のア～エから一つ選び、記号で答えなさい。

ア　警告　　イ　報復　　ウ　攻げき　　エ　きょ絶

問12　次の各文は、本文を読んだ五人の生徒の感想である。このうち、本文の内容を正しく読み取っていないものを二つ選び、A～Eの記号で答えなさい。

生徒A　カイギュウとラッコなんて、体の大きさも食べているものも全然ちがうのに、生き残れるかどうかで関わり合っているなんて、意外だったなあ。

生徒B　生物の絶滅の原因は人間による乱獲だとばかり思っていたけど、カイギュウの絶滅に人間は全く関わっていないって知って、ちょっと安心したよ。

生徒C　ステラーカイギュウはもともと広い地域で生息していたのに、食料減少のえいきょうで最後はコマンドルスキー諸島周辺にしか残っていなかったんだね。

生徒D　私はゴキブリがきらいだからいなくなってほしいと思っていたけど、生態系の中ではゴキブリにも分解者や他の生物の食料としての大事な役割があるんだね。

生徒E　ゴキブリの中でも家で見るゴキブリのような外来種は、絶滅しても固有の生態系に何のえいきょうもあたえないから、たくさんく除したとしても問題ないね。

2023年度　後期日程

同志社女子中学校
入学考査問題

【算　　数】

（45分）

（注　　意）

・試験開始の指示があるまで、この問題冊子の中を見てはいけません。
・試験開始の指示があったら、冊子のページがそろっているかを確認《にん》してください。もし、不備があれば手をあげてください。　【ページ数　算数：１～８】
・解答用紙は、問題冊子の中にはさんであります。答えはすべて解答用紙に書きなさい。
・解答を始める前に、解答用紙に「受験番号・氏名」を必ず書きなさい。
・試験終了の指示があったら、すぐに鉛《えん》筆を置き、問題冊子をそろえ、その上に解答用紙を表向きに置いて静かに待っていてください。
・**答えが分数になるときは、最も簡単な分数で答えなさい。**

問題１　次の計算をしなさい。

$$\left(\frac{3}{14}+\frac{6}{35}\right)\times\left(\frac{13}{4}-\frac{5}{36}\right)$$

問題２　次の各問いに答えなさい。

問１　ある整数Aで60をわるとあまりは4です。Aにあてはまる整数は全部で何個ありますか。

問２　くみ子さん，まり子さん，わかなさん，みつ子さんの4人が横一列にならんでベンチに座ります。くみ子さんがはしの位置になる座り方は，全部で何通りありますか。

問３　花子さんがある人形屋に人形を買いに行ったところ，入れ子になっている８体の人形が売られていました。８体の人形が入れ子になっているとは，いちばん大きい人形の中に２番めに大きい人形が入り，２番めに大きい人形の中に３番めに大きい人形が入り，…というように，８体の人形が大きさの順番に中に入っているということです。この８体の人形の値段は，300 円ずつ異なり，８体の人形全部の値段は 14400 円です。いちばん安い人形の値段はいくらですか。ただし，消費税は考えないものとします。

問４　ある金《きん》のかたまりがあります。この金のかたまりは，体積は１辺が 0.5 cm の立方体と同じで，値段は 20400 円です。また，この金のかたまり 1 cm^3 あたりの重さは 19.2 g です。この金のかたまり 1 g あたりの値段はいくらですか。ただし，消費税は考えないものとします。

問題3　ある自動販《はん》売機では，AからFまでの6種類の飲み物が売られています。下の表は，ある1週間にこの自動販売機で売れた飲み物の個数を種類ごとにまとめたもので，平均値は250個でした。このとき，次の各問いに答えなさい。

売れた飲み物の個数（1週間）

飲み物	A	B	C	D	E	F
売れた個数（個）	㋐	219	247	208	354	242

問1　㋐にあてはまる数はいくつですか。

問2　中央値を求めなさい。

問題４　池の周りに１周 x km の道路があります。兄と弟が，その道路のＡ地点から同時に出発し，それぞれ一定の速さで，この道路を何周もまわります。２人が逆向きに出発したところ，２人はその６分後に初めてすれちがいました。また，兄は出発してから10分後に，初めてＡ地点にもどってきました。このとき，次の各問いに答えなさい。

問１　弟が初めてＡ地点にもどってきたのは，出発してから何分後ですか。

問２　２人が初めてＡ地点ですれちがったのは，出発してから何分後ですか。

問題５　牛乳を入れる部分が，縦７ cm，横７ cm，高さ 19.4 cm の直方体の形をした空《から》の牛乳パックがあります。この牛乳を入れる部分に，できるだけたくさんの牛乳を入れたところ，牛乳パックがふくらんで，ちょうど１Ｌの牛乳が入りました。増えた容積は，牛乳を入れる部分のもとの容積の何％ですか。小数第２位を四捨五入して，小数第１位まで答えなさい。

問題6　下の図のような平行四辺形 ABCD があります。AE と ED の長さの比は 2：1，BF と FC の長さの比は 1：3 です。このとき，次の各問いに答えなさい。

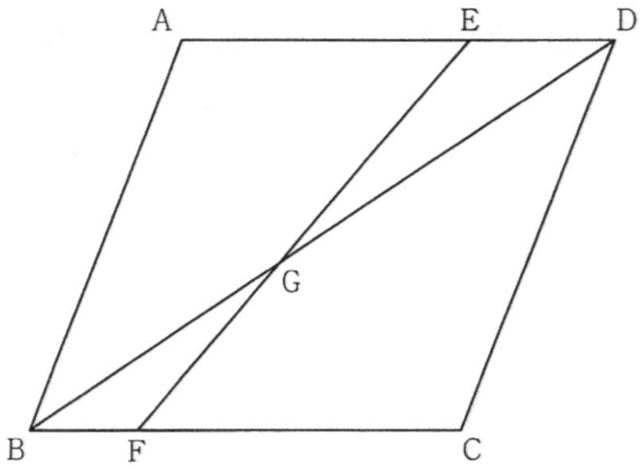

問1　DG と GB の長さの比を，最も簡単な整数の比で表しなさい。

問2　三角形 DEG と平行四辺形 ABCD の面積の比を，最も簡単な整数の比で表しなさい。

問題７　下の図のような，１辺の長さが 12 cm の正方形から，縦の長さ６ cm，横の長さが４ cm の長方形を取り除いてできた六角形があります。半径２ cm の円が，この六角形の辺にそって離《はな》れることなくその外側を１周してもとの位置にもどるとき，この円の中心が通ったあとの長さは何 cm ですか。ただし，円周率は 3.14 とします。

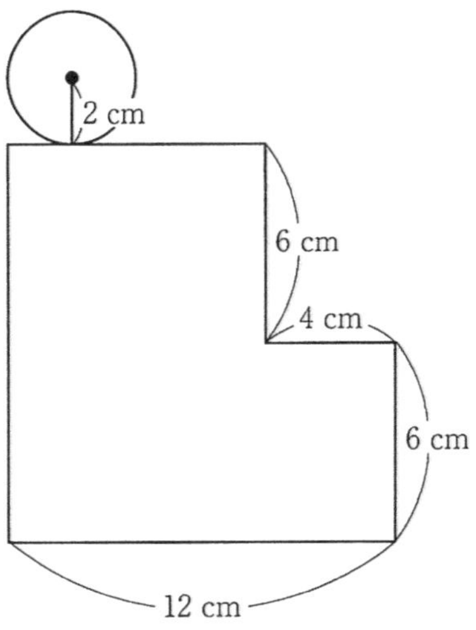

問題８　下の図のような，おうぎ形と三角形が重なっている図形があります。このとき，図の 部分の面積は何 cm^2 ですか。ただし，円周率は 3.14 とします。

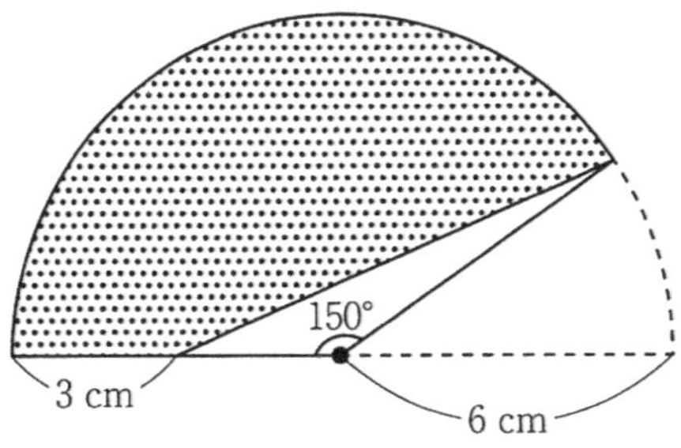

問題９　ある小学校の児童全員に，春，夏，秋，冬のどれがいちばん好きかをたずねたところ，全員がひとつだけ選んで答えました。下の円グラフは，それぞれを選んだ児童の人数の割合を表したものです。春を選んだ児童の人数は，冬を選んだ児童の人数のちょうど３倍でした。夏を選んだ児童と冬を選んだ児童をあわせた人数は，秋を選んだ児童の人数と同じでした。夏を選んだ児童は 25 人でした。この小学校の児童は全員で何人ですか。答えだけでなく，答えの求め方も書きなさい。

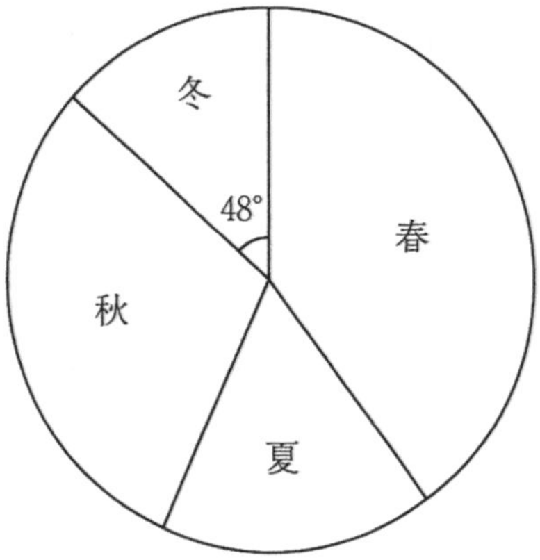

2023年度　後期日程

同志社女子中学校
入学考査問題

【理　　科】

(45分)

（注　　意）

・試験開始の指示があるまで、この問題冊子の中を見てはいけません。
・試験開始の指示があったら、冊子のページがそろっているかを確認《にん》してください。もし、不備があれば手をあげてください。　【ページ数　理科：1～14】
・解答用紙は、問題冊子の中にはさんであります。答えはすべて解答用紙に書きなさい。
・解答を始める前に、解答用紙に「受験番号･氏名」を必ず書きなさい。
・試験終了の指示があったら、すぐに鉛《えん》筆を置き、問題冊子をそろえ、その上に解答用紙を表向きに置いて静かに待っていてください。

問題１　次の各問いに答えなさい。

問１　気温の測り方について述べた次の文章を読み、後の各問いに答えなさい。

気温は、温度計に直接日光が（　A　）、風通しの（　B　）地面からの高さが（　C　）メートルのところで測る。これらの条件をそろえた、気温を測るための箱を（　D　）という。

（ⅰ）文章中の（　A　）と（　B　）に当てはまる語句の組み合わせとして、最も適当なものを次のア～エから一つ選び、記号で答えなさい。

	A	B
ア	よく当たる	よい
イ	よく当たる	悪い
ウ	当たらない	よい
エ	当たらない	悪い

（ⅱ）文章中の（　C　）に当てはまる数値として、最も適当なものを次のア～カから一つ選び、記号で答えなさい。

ア．0.3～0.6　　イ．0.6～0.9　　ウ．0.9～1.2
エ．1.2～1.5　　オ．1.5～1.8　　カ．1.8～2.1

（ⅲ）文章中の（　D　）に当てはまる名前を漢字で答えなさい。

問２　１日の気温の変化について述べた次の文章中の（　A　）と（　B　）に当てはまる語句として、最も適当なものを後のア～キからそれぞれ一つずつ選び、記号で答えなさい。

（　A　）の日は気温の変化が大きく（　B　）に気温が高いが、（　A　）以外の日は気温の変化が小さい。

ア．雨　　イ．くもり　　ウ．晴れ
エ．明け方　　オ．昼すぎ　　カ．夕方
キ．真夜中

問３　雲について述べた次の文章を読み、後の各問いに答えなさい。

雲はできる高さと（　Ａ　）によって、（　Ｂ　）種類に分けられている。雨をふらせる代表的な雲には、低いところから高いところまで上下に広がり短い時間でたくさんの雨をふらせる（　Ｃ　）と、低いところにできて長い時間にわたって広い地域に雨をふらせる（　Ｄ　）がある。

（ⅰ）文章中の（　Ａ　）と（　Ｂ　）に当てはまる語と数字の組み合わせとして、最も適当なものを次のア～カから一つ選び、記号で答えなさい。

	Ａ	Ｂ
ア	大きさ	8
イ	大きさ	10
ウ	大きさ	12
エ	形	8
オ	形	10
カ	形	12

（ⅱ）文章中の（　Ｃ　）と（　Ｄ　）に当てはまる雲の名前の組み合わせとして、最も適当なものを次のア～カから一つ選び、記号で答えなさい。

	Ｃ	Ｄ
ア	高層雲	積乱雲
イ	高層雲	乱層雲
ウ	積乱雲	高層雲
エ	積乱雲	乱層雲
オ	乱層雲	高層雲
カ	乱層雲	積乱雲

問４　雨の粒《つぶ》の直径は、雲の粒の直径のおよそ100倍である。雲の粒が集まって雨の粒になるとすると、雲の粒がおよそ何個集まると雨の粒１個になるか。最も適当なものを次のア～エから一つ選び、記号で答えなさい。

ア．100個　　イ．１万個　　ウ．100万個　　エ．１億個問５　次の文章中の（　Ａ　）～（　Ｄ　）に当てはまる語句の組み合わせとして、最も適当なものを後のア～クから一つ選び、記号で答えなさい。

昔から「おひさまが、かさをかぶると翌日は雨」といういい伝えがある。これは次のように考えられる。

よく晴れていた空の高さが（　Ａ　）ところで雲が広がりだし、太陽のまわりにかさが見えることがある。長い時間観察を続けると見える雲は次第《しだい》に移り変わり、高さが（　Ｂ　）なっていき、厚さが厚くなり、雲の色も黒くなってきて、やがて雨がふりだすことが多い。

なお、太陽のまわりに見えるかさは（　Ａ　）ところの雲である（　Ｃ　）が（　Ｄ　）でできているために見える。

	A	B	C	D
ア	低い	高く	巻層雲	水の粒
イ	低い	高く	巻層雲	氷の粒
ウ	低い	高く	積雲	水の粒
エ	低い	高く	積雲	氷の粒
オ	高い	低く	巻層雲	水の粒
カ	高い	低く	巻層雲	氷の粒
キ	高い	低く	積雲	水の粒
ク	高い	低く	積雲	氷の粒

問６　右の**ア**～**エ**はアメダスの降水量の分布を表す画像、①～④は気象衛星による雲画像である。どちらも同じ日の６時間ごとの同じ時刻の画像である。ただし、それぞれ時間順に並んでいるとは限らない。次の各問いに答えなさい。

（ｉ）降水量の分布を表す画像**ア**～**エ**を時刻の早いものから順に並べたとき、３番目になるものを一つ選び、記号で答えなさい。

（ⅱ）降水量の分布を表す画像**ア**と同じ時刻の雲画像を右の①～④から一つ選び、番号で答えなさい。

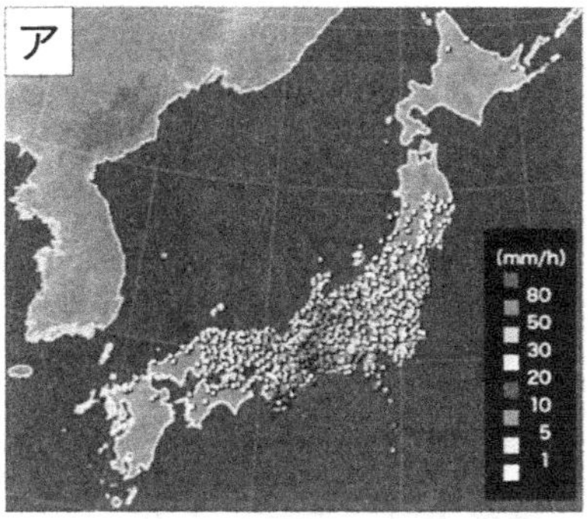

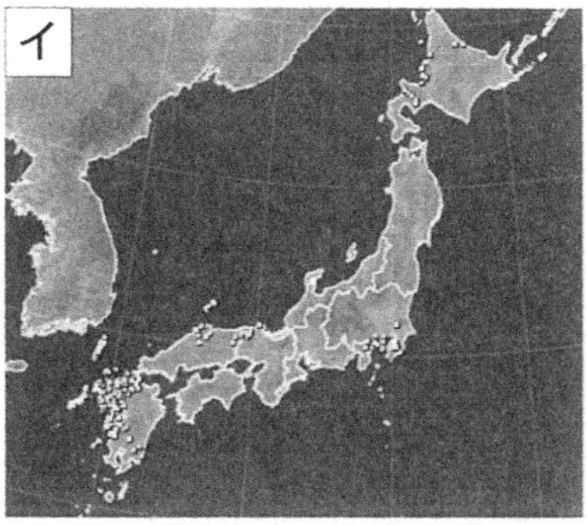

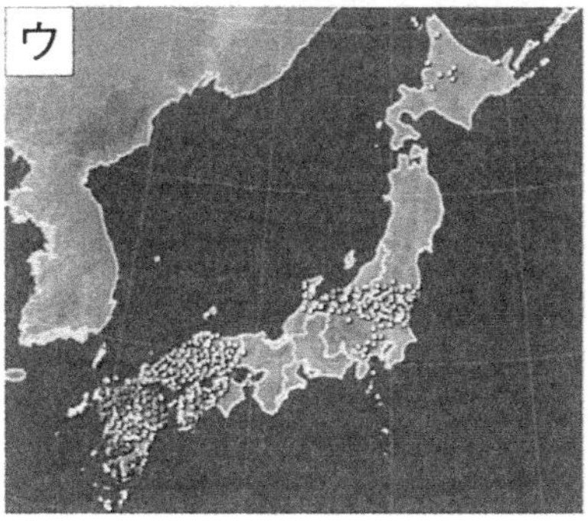

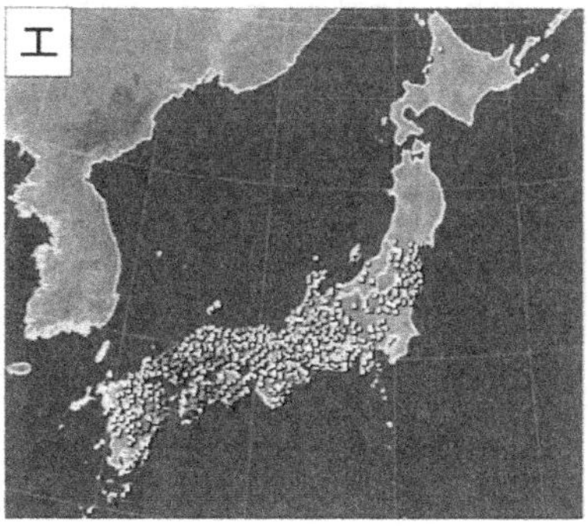

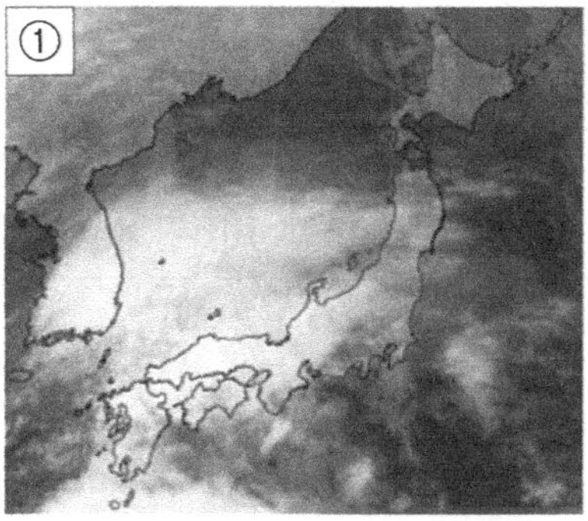

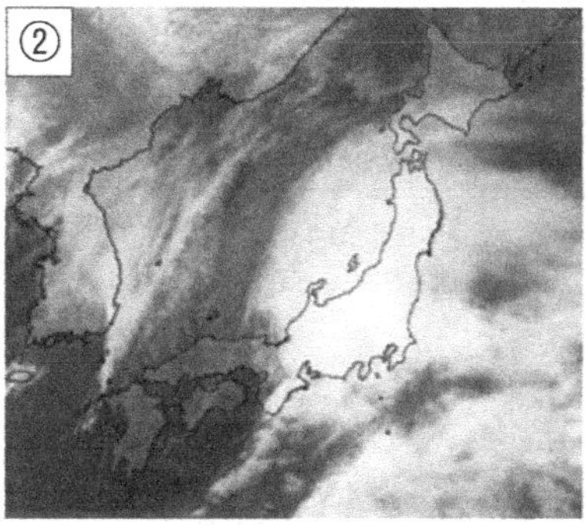

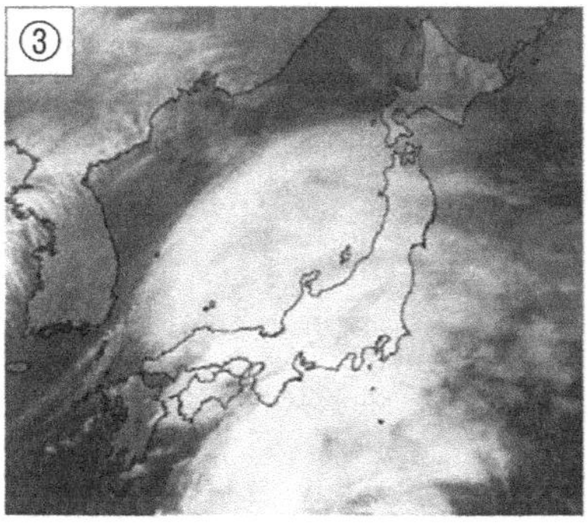

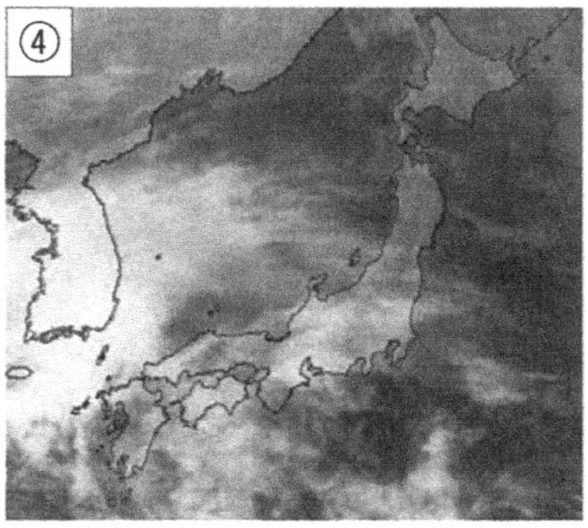

（画像は日本気象協会ホームページのものを部分拡大した）

問題２　次の文章を読み、後の各問いに答えなさい。

パスタをゆでるための熱湯を用意するときに、なべの水に食塩を入れてから火にかけます。これはパスタに味付けができるだけでなく、食塩を入れた方が水の沸《ふっ》とうする温度が高くなるという理由があるからです。そこで、入れる食塩の重さと沸とうし始める温度との関係を調べる次の実験を行いました。

６つのビーカーＡ～Ｆを用意しました。ビーカーＡには水だけを入れ、ビーカーＢ～Ｆにはいろいろな重さの水と食塩を入れ、完全にとかして食塩水をつくり、加熱しました。ビーカーＡの温まる様子を観察すると、加熱を始めてからしばらくしてビーカーの底に小さなあわがたくさん出てきて、①水がもやもやして見えました。さらに時間がたつと②白い湯気が出て、ビーカーの底から大きなあわがはげしく出始めました。ビーカーＢ～Ｆの温まる様子はビーカーＡと同じでしたが、沸とうし始める温度はビーカーによって異なりました。次の表はこの実験の結果をまとめたものです。ただし、蒸発による水の重さの変化は考えないものとします。

ビーカー	A	B	C	D	E	F
入れた水の重さ〔g〕	100	100	100	100	200	300
入れた食塩の重さ〔g〕	0	5	10	15	10	30
沸とうし始める温度〔℃〕	98.7	99.6	100.5	101.4	99.6	100.5

問１　火を使う実験を行うときの行動として**正しくないもの**を次のア～エから一つ選び、記号で答えなさい。

ア．長い髪《かみ》は結び、上着のファスナーをしめたり、ボタンをとめたりする。

イ．燃えやすいものは片付け、ぬれたぞうきんや燃えがら入れを用意しておく。

ウ．アルコールランプで加熱し終わったら、ななめ上からふたをかぶせ、火を消し、すぐに片付ける。

エ．使い終わった実験用ガスコンロは冷めてからガスボンベを外し、もう一度つまみを点火まで回して、中に残ったガスを燃やしつくす。

問2　下線部①について、このときにビーカーの中の水で起こっていたことについて述べた文として、最も適当なものを次のア～エから一つ選び、記号で答えなさい。

ア．温められた部分の水が重くなり、下に向かって移動する。

イ．温められた部分の水が軽くなり、上に向かって移動する。

ウ．温められた部分の水が気体になり、下に向かって移動する。

エ．温められた部分の水が気体になり、上に向かって移動する。

問3　下線部②について、「湯気」と「あわ」の正体は何か。最も適当な組み合わせを次のア～カから一つ選び、記号で答えなさい。

	湯気	あわ
ア	空気	空気
イ	空気	水蒸気
ウ	水蒸気	空気
エ	水蒸気	水蒸気
オ	水	空気
カ	水	水蒸気

問4　水80gに何gの食塩を入れると、ビーカーDと同じ101.4℃で沸とうさせることができますか。

問5　料理本には、「パスタ100gに対して、水1L＋食塩小さじ2」でゆでるのが良いと書かれていた。この場合、沸とうし始める温度は何℃になるか。小数第二位を四捨五入して、小数第一位まで答えなさい。ただし、小さじ1の食塩の重さは5gとする。

問６　食塩を水にとかすと沸とうする温度だけでなく、こおる温度も変化させることができます。これは食塩以外のものでも同じことが起こり、身のまわりでも利用されています。身のまわりの利用例について述べた次の文章の（　Ⅰ　）と（　Ⅱ　）に当てはまる語の組み合わせとして、最も適当なものを後のア～エから一つ選び、記号で答えなさい。

冬になると白い塩化カルシウムの粒《つぶ》を、道路にまくことがあります。雪が降る前にまいておくと、雪が降ったときに塩化カルシウム水溶《よう》液が生じ、水がこおる温度を（　Ⅰ　）ことができます。このとき、塩化カルシウムは（　Ⅱ　）として道路を安全に通行・走行するのに役立っています。

	Ⅰ	Ⅱ
ア	上げる	除湿剤《じょしつざい》
イ	上げる	凍結《とうけつ》防止剤
ウ	下げる	除湿剤
エ	下げる	凍結防止剤

問題は次のページに続きます。

問題3　図1のような、長さが60cmで5cmおきに穴のあいたうでを持つ実験用てこに、おもりをつるした。次の各問いに答えなさい。

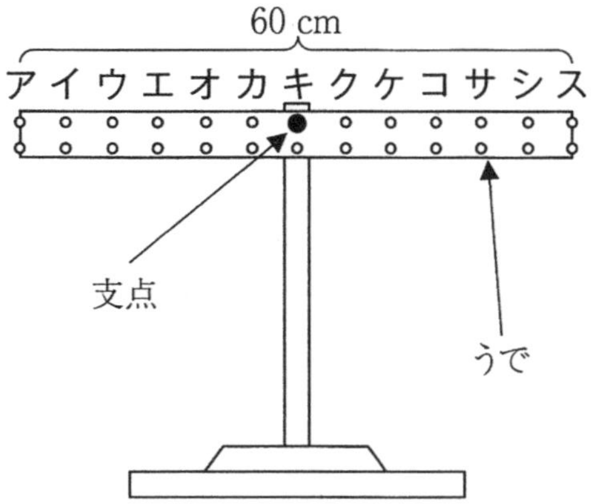

図1

問1　図1の**ア**に20gのおもりをつるした。30gのおもりをつるしてうでを水平にするには、どの穴におもりをつるせばよいか。最も適当な位置を図1の**ア**～**ス**から一つ選び、記号で答えなさい。

問2　図1の**ア**に20gのおもりをつるした。**ク**におもりをつるしてうでを水平にするには、何gのおもりをつるせばよいか、答えなさい。

問3　図1の**ア**に20gのおもりをつるし、**エ**に30gのおもりをつるした。**ス**におもりをつるしてうでを水平にするには、何gのおもりをつるせばよいか、答えなさい。

問4　図1の**ア**に20gのおもりをつるし、**ケ**に50gのおもりをつるした。20gのおもりをもう一つつるしてうでを水平にするには、どの穴におもりをつるせばよいか。最も適当な位置を図1の**ア**～**ス**から一つ選び、記号で答えなさい。

図1の実験用てこのうでだけの重さは60gあり、うでの重さはどこも均等であった。そのため、うでの**ア**から**キ**の部分の重さは30g、**キ**から**ス**の部分の重さも30gである。これは、図2のように重さのないうでに置きかえて、**ア**から**キ**の中央にあたる**エ**と、**キ**から**ス**の中央にあたる**コ**にそれぞれ30gのおもりをつるしたときと同じと考えることができる。したがって、うでの中心である**キ**を支点としたときは、うでが水平になってつりあうため、うでの重さを考える必要がない。しかし、支点がうでの中心にないときには、支点の左右のうでの重さと長さを考える必要がある。

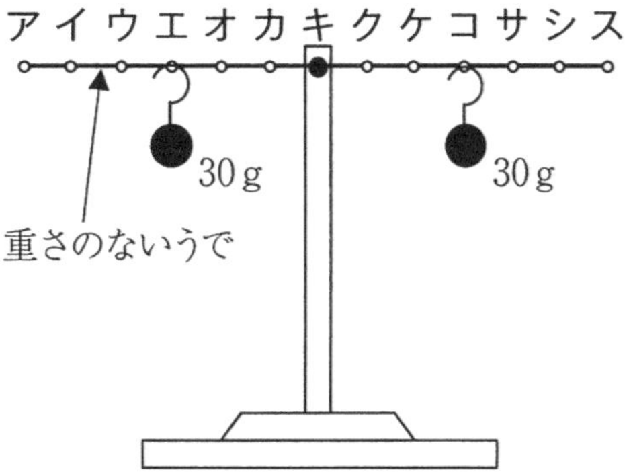

図2

問5　図3のように、うでの支点を**ケ**にかえ、うでが水平になるように**ス**におもりをつるした。次の各問いに答えなさい。

(i) うでの**ア**から**ケ**までの部分の重さは何gか、答えなさい。

(ii) 図3の**ス**につるしたおもりは何gか、答えなさい。

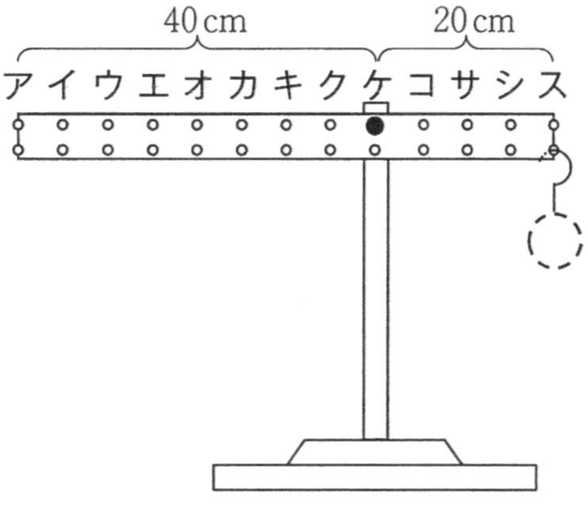

図3

問6　図4のように**ウ**に60gのおもりをつるしたうでを、水平にするには、うでのどこを支点にすればよいか。最も適当な位置を図4の**ア**～**ス**から一つ選び、記号で答えなさい。

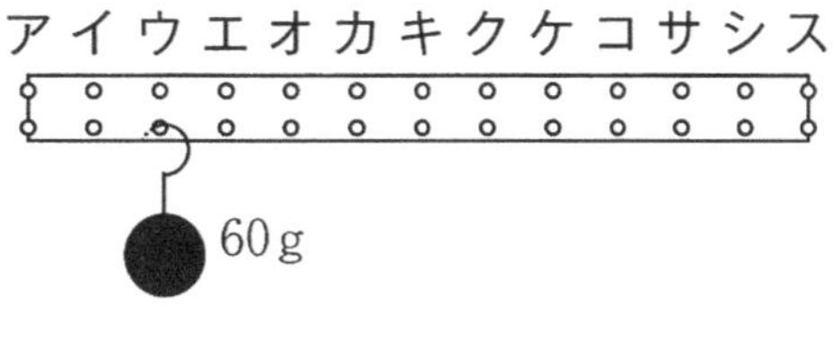

図4

問題4　次の文章を読み、後の各問いに答えなさい。

2020年1月以降、①新型コロナウイルスが世界的に広がり、日本国内においても爆《ばく》発的に感染者数が増えた。感染した人の中には、酸素をからだの各部分にうまく運ぶことができなくなる人がいた。

②鼻や口から吸った空気は、気管を通り肺に入る。肺は、肺ほうと呼ばれる小さなふくろが集まってできている。その肺ほうの周りには血管があり、そこで空気中の酸素が血液に取り込《こ》まれる。取り込まれた酸素は、血液中の赤血球に含《ふく》まれるヘモグロビンと呼ばれるタンパク質と結びつき、からだの各部分に運ばれる。酸素とヘモグロビンが結びついたものを酸素ヘモグロビンと呼び、③からだの各部分では、酸素ヘモグロビンから離《はな》された酸素が使用される。

問1　下線部①について、世界的に感染症《しょう》が流行することを何というか。正しいものを次のア～エから一つ選び、記号で答えなさい。

ア．アウトブレイク　　　　イ．クラスター

ウ．パンデミック　　　　　エ．ロックダウン

問2　下線部②について、鼻や口から吸った空気が気管を通って肺に入る仕組みは、次の【作り方】で作成した図1のような模型で説明することができる。後の各問いに答えなさい。

【作り方】

二股《また》に分かれたガラス管の先にそれぞれ風船を取り付ける。底が切り取られたガラス容器の口の部分に、風船を取り付けたガラス管付きのゴム栓《せん》でしっかりふたをする。ガラス容器の底の部分にはゴムの膜《まく》を取り付け、ゴムの膜のすき間から空気が入らないようにテープでとめる。

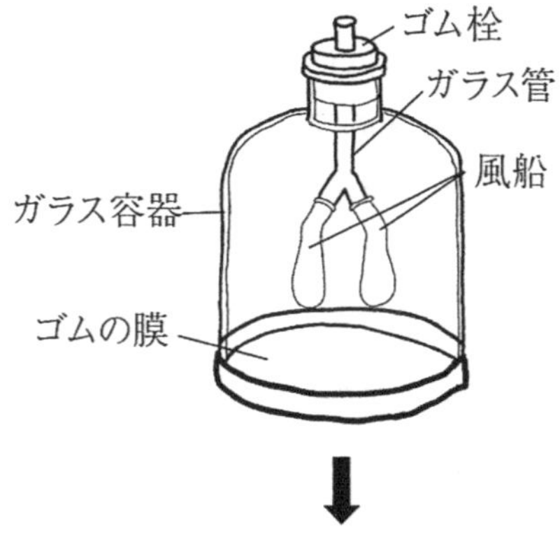

図1

図1の模型のガラス容器は胸の内部、ガラス管は気管、風船は肺、ゴムの膜は（　Ⅰ　）を表している。

ゴムの膜をつまんで、図1の矢印の方向に引っぱると、風船がふくらむ。その後、ゴムの膜をゆるめると、風船は縮む。

肺には（　Ⅱ　）がないため、自分でふくらむことができない。そのため、（　Ⅰ　）がはたらいている。（　Ⅰ　）が（　Ⅲ　）と、胸の内部の体積が（　Ⅳ　）なり、肺に空気が入る。その後、（　Ⅰ　）がゆるんで元にもどれば、胸の内部も元にもどろうとして肺から空気が出ていく。

（ｉ）文章中の（　Ⅰ　）と（　Ⅱ　）に当てはまる語をそれぞれ答えなさい。

（ⅱ）文章中の（　Ⅲ　）と（　Ⅳ　）に当てはまる語の組み合わせとして、最も適当なものを次のア～エから一つ選び、記号で答えなさい。

	Ⅲ	Ⅳ
ア	上がる	大きく
イ	上がる	小さく
ウ	下がる	大きく
エ	下がる	小さく

問3　肺ほうで酸素を取り込んだ血液は、図2の血管や心臓を通ってからだの各部分に運ばれる。そのときの血液の流れとして、正しいものを次のア～エから一つ選び、記号で答えなさい。

ア．肺→A→E→F→C→からだの各部分

イ．肺→B→H→G→D→からだの各部分

ウ．肺→C→F→E→A→からだの各部分

エ．肺→D→G→H→B→からだの各部分

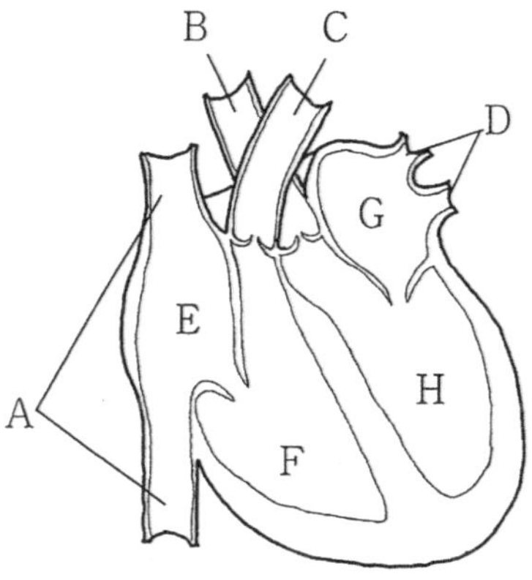

図2

問4　下線部③について、からだの各部分では、酸素ヘモグロビンから離された酸素を使用して、二酸化炭素を放出する。このようなはたらきを何というか。漢字で答えなさい。

新型コロナウイルスに感染した人の中には、血液中の酸素ヘモグロビンの割合が少なくなる症状が見られた。そこで、感染した人の酸素ヘモグロビンの割合を測定して、どの程度症状が悪化しているのかを調べることがあった。そのとき測定に用いられたのが、日本人科学者が開発した「パルスオキシメーター」と呼ばれる機器である。「パルスオキシメーター」は指に取り付けるだけで、『ある量の血液に含まれるすべてのヘモグロビンに対する酸素ヘモグロビンの割合』(以下「酸素ヘモグロビンの割合」とする)を測定することができる。

図3のグラフは、横軸が血液中の酸素濃度、縦軸が酸素ヘモグロビンの割合を示したものである。ただし、酸素濃度はある量の血液に最大量酸素が含まれたときの濃さを100としている。また、二酸化炭素の濃度の影響《えいきょう》は考えないものとする。グラフを見るとヘモグロビンは血液中の酸素濃度が高くなると酸素と結びつきやすくなり、酸素濃度が低くなると酸素と結びつきにくくなることがわかる。

図3を用いて、次の問5から問7に答えなさい。

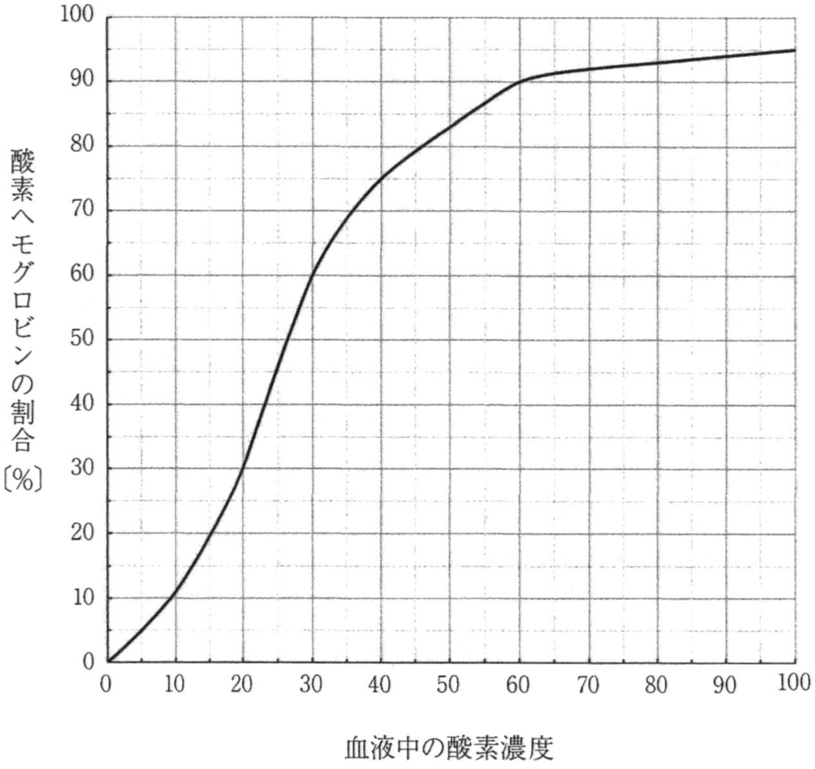

図3

問５　健康なある人の血液中の酸素濃度を調べると、肺ほうの周囲を流れる血液中の酸素濃度が100であり、からだの各部分を流れる血液中の酸素濃度が30であった。次の各問いに答えなさい。

（ｉ）肺ほうの周囲を流れる血液中の酸素ヘモグロビンの割合は何％か。最も適当なものを次のア～オから一つ選び、記号で答えなさい。

ア．21％　　イ．60％　　ウ．70％　　エ．95％　　オ．100％

（ⅱ）からだの各部分を流れる血液中の酸素ヘモグロビンの割合は何％か。最も適当なものを次のア～オから一つ選び、記号で答えなさい。

ア．６％　　イ．20％　　ウ．30％　　エ．60％　　オ．70％

（ⅲ）からだの各部分で酸素を離した酸素ヘモグロビンの割合は何％か。最も適当なものを次のア～オから一つ選び、記号で答えなさい。

ア．35％　　イ．37％　　ウ．40％　　エ．57％　　オ．75％

問６　新型コロナウイルスに感染したある人の肺ほうの周囲を流れる血液中の酸素ヘモグロビンの割合を調べると90％であった。このとき、血液中の酸素濃度として最も適当なものを次のア～オから一つ選び、記号で答えなさい。

ア．10　　イ．20　　ウ．60　　エ．90　　オ．94

問７　問５の健康な人も問６の感染した人も、からだの各部分を流れる血液中の酸素濃度が30で変わらなかった。このとき、感染した人のヘモグロビンがからだの各部分に運べる酸素量は、健康な人のヘモグロビンがからだの各部分に運べる酸素量の何％か。小数第一位を四捨五入して、整数で答えなさい。

問８　2022年７月、ある病気の流行に対して新たに「国際的に懸念《けねん》される公衆衛生上の緊《きん》急事態」が宣言された。この緊急事態を宣言した機関とその病名として正しいものを、次のア～クからそれぞれ一つずつ選び、記号で答えなさい。

ア．UNICEF　　イ．WHO　　ウ．WTO　　エ．WWF

オ．エボラ出血熱　　カ．サル痘《とう》　　キ．ポリオ　　ク．ペスト

2023年度　後期日程

同志社女子中学校
入学考査問題

【社　　会】

(45分)

（注　　意）

・試験開始の指示があるまで、この問題冊子の中を見てはいけません。
・試験開始の指示があったら、冊子のページがそろっているかを確認《にん》してください。もし、不備があれば手をあげてください。　【ページ数　社会：1～19】
・解答用紙は、問題冊子の中にはさんであります。答えはすべて解答用紙に書きなさい。
・解答を始める前に、解答用紙に「受験番号·氏名」を必ず書きなさい。
・試験終了の指示があったら、すぐに鉛《えん》筆を置き、問題冊子をそろえ、その上に解答用紙を表向きに置いて静かに待っていてください。

問題１　次の希《のぞみ》さんと静《しずか》さんの会話文を読んで、後の問いに答えなさい。

希：日本が抱《かか》える大きな社会問題は何だろう。

静：私は高齢《こうれい》化と、少子化にともなう【　A　】減少だと思うな。

希：確かに。ただ、私は社会全体のために子どもを産めという発想につながるのは危険だと思う。日本国憲法の３つの原則は、基本的人権の尊重・国民主権・平和主義だ。基本的人権として「思想や学問の【　B　】」や「居住・移転と職業を選ぶ【　B　】」などが定められていて、私たちには自分の生き方を自分で決める【　B　】がある。憲法は国のきまりの中で（　①　）のものなのだから、憲法が保障する人権は、第一に大切にされるべきだよ。

静：そうだね。子どもの【　C　】と、それぞれの人の【　B　】が尊重される社会環境《かんきょう》を整えていきたいね。昨年、「こども基本法」という法律ができて、今年４月には「こども（　②　）庁」という新しい行政機関が発足する。国際社会には「子どもの【　C　】条約」というきまりがあって、来年は日本がこのきまりに参加して30年になるね。

希：高齢化に関して言えば、原則として65歳《さい》から受け取り始める公的年金を、昨年から、75歳から受け取り始めることも選べるようになった。「高年齢者雇用《こよう》安定法」は、会社などに対して、70歳まで働く機会を確保するように努力しなければならないと定め、国と地方公共団体には必要な援助《えんじょ》を求めているよ。

静：年齢に関わりなく活躍《かつやく》できる社会でありたいね。

希：世界が抱える大きな社会問題は何だろう。

静：私はウクライナ侵攻《しんこう》を挙げたいな。ロシアは、国際連合において国際平和に主要な責任を負う【　D　】理事会の常任理事国だ。私は国際正義が大きく傷つけられたと思う。

希：平和主義を原則とする日本は、憲法に〔ｉ〕平和への誓《ちか》いを記している。また、〔ⅱ〕国との争いごとを武力で解決しないことも定めているよ。世界の問題として、私は地球環境問題に注目している。その解決において、現在の世代も将来の世代も、誰《だれ》一人取り残されない取り組みを進めていきたいな。

問１　【　A　】～【　C　】に当てはまる語を、それぞれ漢字２字で答えなさい。

問２　【　D　】に当てはまる語を、漢字４字で答えなさい。

問３　（　①　）に当てはまる語を、次のア～エから選び、記号で答えなさい。

ア．普通《ふつう》　　イ．特殊《とくしゅ》　　ウ．最高　　エ．最低限問4　（　②　）に当てはまる語を、次のア～エから選び、記号で答えなさい。
ア．親　　イ．家庭　　ウ．地域　　エ．施設《しせつ》

問5　法律の説明として誤っているものを、次のア～エから１つ選び、記号で答えなさい。
ア．国の唯一《ゆいいつ》の立法機関として、国会だけが法律をつくることができる。
イ．裁判所は司法権を担い、法律が憲法に違反《いはん》していないかを判断する。
ウ．国民の代表である国会議員と、内閣は、法律案を国会に提出できる。
エ．衆議院と参議院の委員会で過半数の賛成を得ると、法律が成立する。

問6　行政の説明として正しいものを、次のア～エから１つ選び、記号で答えなさい。
ア．日本国民のまとまりの象徴《しょうちょう》として、天皇が外交などの行政権を担う。
イ．内閣は、裁判官としてふさわしくない人をやめさせる裁判を行う。
ウ．内閣総理大臣は国務大臣たちと閣議を開き、政治の進め方を話し合う。
エ．国民は内閣に対する国民審査《しんさ》の投票を行って、行政に意見を反映させる。

問7　行政機関のうち、教育や科学・文化・スポーツなどに関する仕事を分担する省は何ですか。解答欄《らん》に合うように漢字４字で答えなさい。

問8　次のグラフは1990年と2020年の国の一般会計歳出（当初予算）の内訳です。グラフ中のア～エは、公共事業費、社会保障費、地方財政費、文教および科学振興《しんこう》費のいずれかを示しています。これを見て、後の（１）・（２）の問いに答えなさい。

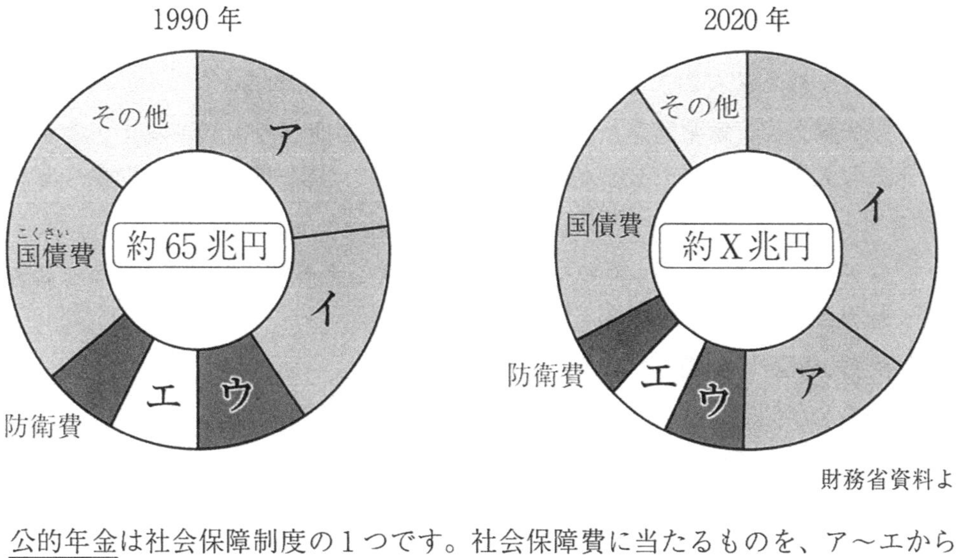

財務省資料より作成

（１）公的年金は社会保障制度の１つです。社会保障費に当たるものを、ア～エから選び、記号で答えなさい。

（2）2020年のグラフ中のXに当てはまる数として最もふさわしいものを、次のア～エから選び、記号で答えなさい。

ア．60　　イ．80　　ウ．100　　エ．120

問9　会社について、工場で働く人の数の割合を工場の規模別に示したグラフとしてふさわしいものを、次のア～エから選び、記号で答えなさい。

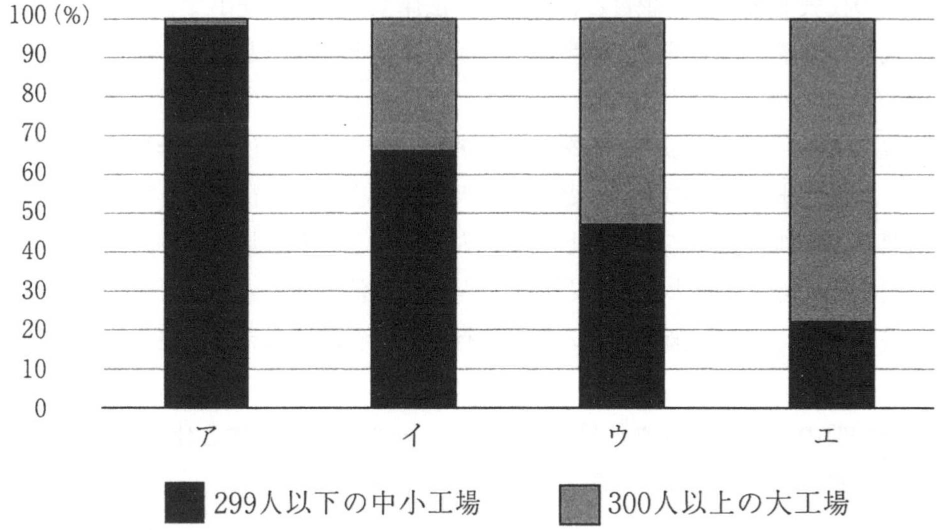

「2020年工業統計速報」より作成

問10　地方公共団体の説明として誤っているものを、次のア～エから1つ選び、記号で答えなさい。

ア．議決機関として、県のきまりを決めるのは、知事である。

イ．市長をやめさせるように、住民が請求《せいきゅう》できる制度がある。

ウ．県議会議員に立候補できる年齢は、衆議院議員と同じく、25歳以上である。

エ．市の収入には、住民や会社が納めた税金の他に、国や県からの補助金もある。

問11　ロシアの説明として誤っているものを、次のア～エから1つ選び、記号で答えなさい。

ア．天然ガスを豊富に産出する。

イ．核《かく》兵器を保有・配備している。

ウ．国際連合が発足したとき、ソビエト連邦《れんぽう》として加盟している。

エ．国際連合の分担金を、アメリカの次に多く割り当てられている。

問12 〔ⅰ〕平和への誓いと〔ⅱ〕国との争いごとを武力で解決しないことは、日本国憲法のどこに定められていますか。最もふさわしいものを、それぞれ次のア～エから１つずつ選び、記号で答えなさい。

ア．前文　　　　イ．第１条　　　　ウ．第９条　　　　エ．第25条

問13 地球環境問題は資源・エネルギー問題と大きく関わっています。次のグラフ中のア～エは、石炭、石油、天然ガス、原子力のいずれかを示しています。石油と原子力に当たるものを、それぞれア～エから１つずつ選び、記号で答えなさい。

日本のエネルギー供給の割合の変化

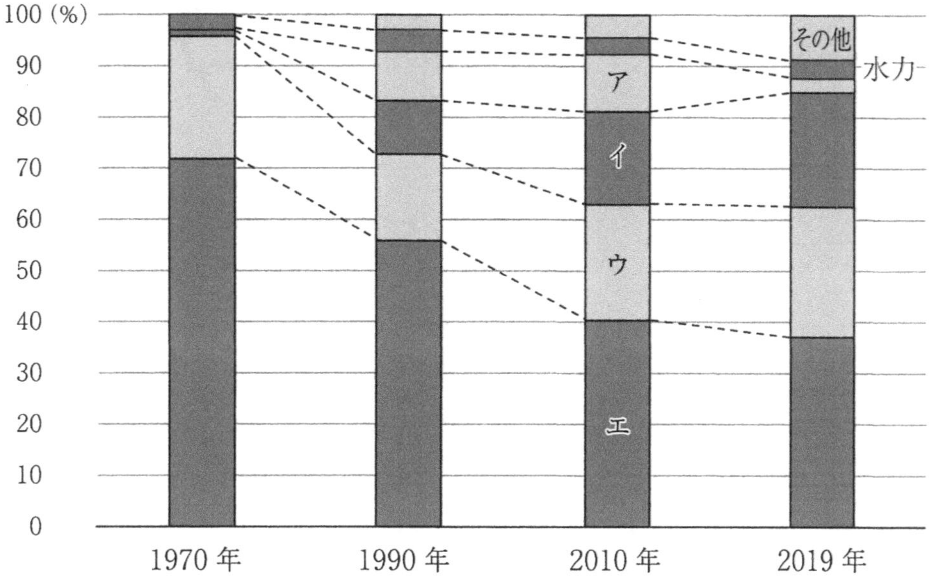

資源エネルギー庁「一次エネルギー国内供給構成の推移」より作成

問題２　静《しずか》さんは家族で九州の各地を旅行しました。次の地図のＡ～Ｌは静さんが旅行で訪れた場所を示しています。これを見て後の問いに答えなさい。

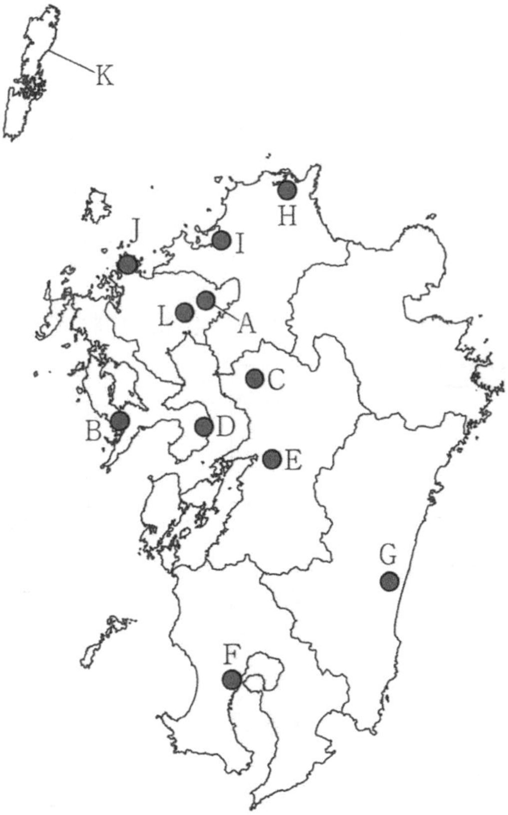

問１　Ａは弥生時代の戦いの跡《あと》が残る集落の遺跡《いせき》です。この遺跡の名を解答欄《らん》に合うように答えなさい。

問２　次のア～エの写真のうち、Ａの遺跡の時代に当てはまらないものを１つ選び、記号で答えなさい。

ア

イ

ウ

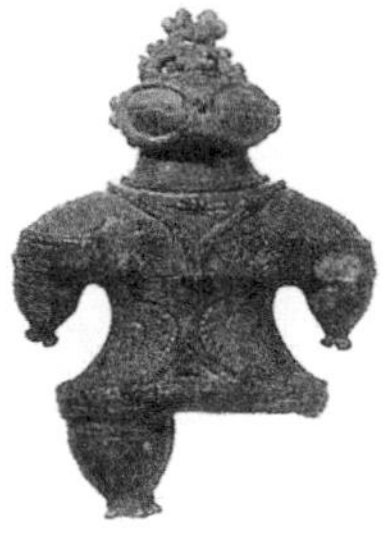

エ

問３　Ｂには江戸時代にオランダの商館が置かれ、外国との交易が行われていました。江戸時代の外国との関わりの説明として誤っているものを、次のア～エから１つ選び、記号で答えなさい。

ア．江戸時代の初めには、日本人の商人がヨーロッパで貿易を行い、なかには現地に移り住む人々もいた。

イ．江戸時代の初めには、スペインやポルトガルの貿易船が日本を訪れていた。

ウ．江戸時代の後半には、ロシアやイギリス、アメリカの船が日本の沿岸に近づくようになった。

エ．江戸時代の後半には、オランダを通して伝わった医学や地理学、天文学などの新しい知識を学ぶ人々が現れた。

問４　Ｂには第二次世界大戦末期に原子爆弾《ばくだん》が投下されました。この地に原子爆弾が投下された月・日を、解答欄に合うように答えなさい。

問５　Ｂをはじめ、第二次世界大戦では日本やアジア各地に大きな被害《ひがい》がでました。第二次世界大戦に関する次のア～エを、時代の古い順に並べかえた時、２番目と４番目になるものをそれぞれ選び、記号で答えなさい。

ア．日本は南太平洋の島々に勢力を広げた。

イ．日本はミッドウェー海戦でアメリカ軍に敗北した。

ウ．日本はドイツ・イタリアと日独伊三国同盟を結んだ。

エ．日本はアメリカ軍港があった真珠湾《しんじゅわん》を攻撃《こうげき》した。

問６　Ｃは古墳で、この古墳からは大和政権の大王の名が刻まれた鉄刀が出土しています。この大王の名を、解答欄に合うようにカタカナで答えなさい。

問７　Ｃの古墳として正しいものを、次のア～エから１つ選び、記号で答えなさい。

ア．大仙古墳　　イ．稲荷山古墳　　ウ．江田船山古墳　　エ．高松塚古墳問８　Ｄは江戸時代の初めに（Ｘ）キリスト教信者を含む（Ｙ）百姓が幕府に対して大きな反乱を起こした場所です。（Ｘ）・（Ｙ）に関する次の各問いに答えなさい。

（Ｘ）江戸時代のキリスト教に関するⅠ・Ⅱの説明の正誤の組み合わせとして正しいものを、下のア～エから選び、記号で答えなさい。

Ⅰ．江戸幕府は、キリスト教の取りしまりのために絵踏《えぶみ》を行った。

Ⅱ．江戸幕府は、最初は貿易の利益を考えてキリスト教を許していた。

ア．Ⅰ—正　Ⅱ—正　　イ．Ⅰ—正　Ⅱ—誤

ウ．Ⅰ—誤　Ⅱ—正　　エ．Ⅰ—誤　Ⅱ—誤

（Ｙ）江戸時代の百姓に関するⅠ・Ⅱの説明の正誤の組み合わせとして正しいものを、下のア～エから選び、記号で答えなさい。

Ⅰ．百姓は江戸時代の人口の約60％を占《し》めていた。

Ⅱ．百姓は税を納めて武士の暮らしを支える身分とされていた。

ア．Ⅰ—正　Ⅱ—正　　イ．Ⅰ—正　Ⅱ—誤

ウ．Ⅰ—誤　Ⅱ—正　　エ．Ⅰ—誤　Ⅱ—誤

問９　Ｅには鎌倉時代にある御家人が住んでいました。次の絵はこの御家人が日本に攻《せ》めてきた外国軍と戦っている様子を描《えが》いたものです。この御家人の名前を漢字で答えなさい。

問10　上の絵から読み取れることとして誤っているものを、次のア～エから１つ選び、記号で答えなさい。

ア．左側の軍勢は集団で戦っている。

イ．左側の軍勢の中には逃《に》げ出している人々がいる。

ウ．戦場では火薬を用いた兵器が使用されている。

エ．左右の軍勢は接近して刀で切り合い戦っている。

問11　Fはフランシスコ・ザビエルがキリスト教の布教を始めた場所です。キリスト教が伝えられた頃《ころ》に関するⅠ・Ⅱの説明の正誤の組み合わせとして正しいものを、下のア～エから選び、記号で答えなさい。

Ⅰ．キリスト教はポルトガルやオランダの宣教師によって広められた。

Ⅱ．キリスト教を信じる大名も現れ、キリスト教信者の数も増加した。

ア．Ⅰ―正　Ⅱ―正　　イ．Ⅰ―正　Ⅱ―誤

ウ．Ⅰ―誤　Ⅱ―正　　エ．Ⅰ―誤　Ⅱ―誤

問12　Fは江戸時代に島津氏が大名として支配していました。江戸幕府は全国の大名を厳しく統制するきまりをつくりました。このきまりを漢字で答えなさい。

問13　Gは古い時代の寺院の跡です。この寺院は、聖武天皇が命令して全国各地に建てられたものの1つです。このような寺院を何といいますか。漢字で答えなさい。

問14　Gの寺院が建てられた時代の説明として誤っているものを、次のア～エから1つ選び、記号で答えなさい。

ア．病気によって都で多くの人々が亡くなった。

イ．全国各地で災害や反乱が起こるなど、社会全体に不安が広がっていた。

ウ．天皇が仏教の力で国を守ろうと願い、都に大仏をつくった。

エ．重い税に苦しむ農民が、全国各地で一揆を起こした。

問15　Hには日清戦争後に官営八幡製鉄所がつくられました。日清戦争についての説明として誤っているものを、次のア～エから1つ選び、記号で答えなさい。

ア．日本海での戦いで、東郷平八郎が指揮する艦隊《かんたい》が清の艦隊に勝利した。

イ．朝鮮で内乱が起きると、清と日本がそれぞれ軍隊を送り、戦争が始まった。

ウ．下関で結ばれた講和条約で、日本は台湾や遼東《リヤオトン》半島を手に入れた。

エ．講和条約で日本は多額の賠償《ばいしょう》金を獲得《かくとく》し、清に朝鮮の独立を認めさせた。

問16　Iは古くから大陸との「玄関《げんかん》口」として栄えてきた港町です。日本と大陸とのつながりを述べた次のア～ウを、時代の古い順に並べかえなさい。

ア．外国の軍勢が2度にわたって襲来《しゅうらい》し、沿岸に上陸した。

イ．武士で初めて太政大臣となった人物が、中国との貿易を行った。

ウ．菅原道真の提案で外国への使節の派遣が中止された。

問17　Ｊは豊臣秀吉が朝鮮を攻めるための拠点《きょてん》としてつくらせた城です。豊臣秀吉は２度にわたって朝鮮に大軍を送りましたが、この戦いでは多数の朝鮮の人々が日本に連れてこられました。この人々によって日本でつくられ始めた工芸品を、次のア～エから１つ選び、記号で答えなさい。

ア．瀬戸焼　　　イ．有田焼　　　ウ．会津塗《ぬり》　　　エ．南部鉄器

問18　Ｋの島を支配した宗氏は、江戸時代に朝鮮と貿易を行っていました。江戸幕府も宗氏を通して朝鮮と交流を持ち、朝鮮から日本へは将軍がかわるごとに使節が派遣されていました。この使節を何といいますか。漢字５字で答えなさい。

問19　Ｌは明治政府の立役者の一人である大隈重信の出身地です。明治時代に政府が行ったこととして正しいものを、次のア～エから１つ選び、記号で答えなさい。

ア．第一次世界大戦に参戦して、戦勝国の１つとなった。
イ．朝鮮への支配を強め、併合《へいごう》して植民地にした。
ウ．政治や社会のしくみを変えようとする運動や思想を厳しく取りしまる治安維持法をつくった。
エ．選挙権を25歳《さい》以上の全ての男子に与え、国民が広く政治に参加できるようにした。

問20　大隈重信は国会の開設を強く主張していました。明治時代の国会についてのⅠ・Ⅱの説明の正誤の組み合わせとして正しいものを、下のア～エから選び、記号で答えなさい。

Ⅰ．国会は法律をつくったり予算を決めたり、外国と条約を結ぶ権限をもっていた。
Ⅱ．国会は衆議院と貴族院から構成され、衆議院議員は国民の選挙で選ばれた。

ア．Ⅰ—正　Ⅱ—正　　　イ．Ⅰ—正　Ⅱ—誤
ウ．Ⅰ—誤　Ⅱ—正　　　エ．Ⅰ—誤　Ⅱ—誤

二〇二三年度　後期日程　同志社女子中学校入学考査問題【国語】解答用紙

※100点満点

問題一

問1

問2

問3

問4

問5

問6

問1．３点
問2．３点
問3．３点
問4．３点
問5．３点
問6．３点
問7．２点×５
問8．２点×２
問9．３点
問10．４点
問11．４点
問12．２点×５

問7

A

B

C

D

E

問8

問9

問10

問11

問12

a

b

c

d

e

問題二

問1

問2

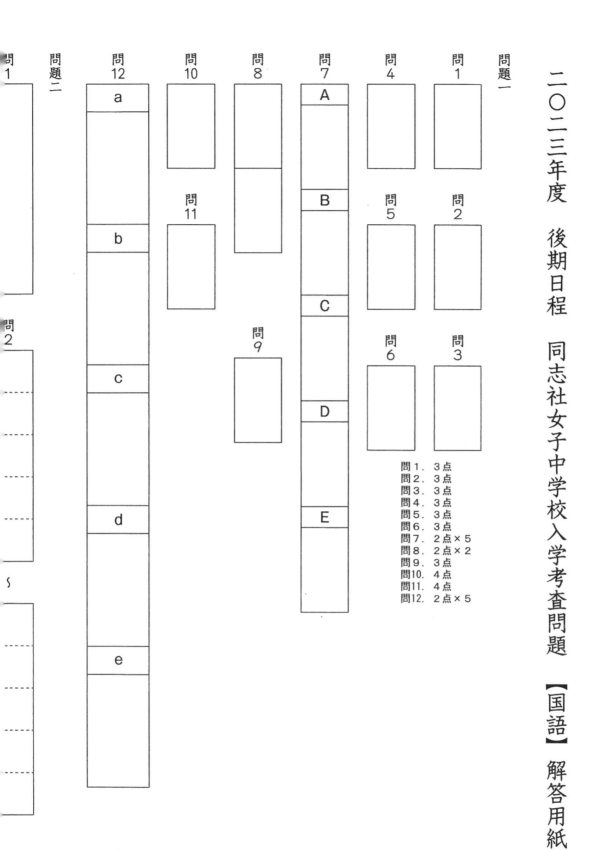

問題３　５点×２

問１	
問２	個

問題４　６点×２

問１	分後
問２	分後

問題５　７点

%

問題９　10点

〔求め方〕

答え　　　　人

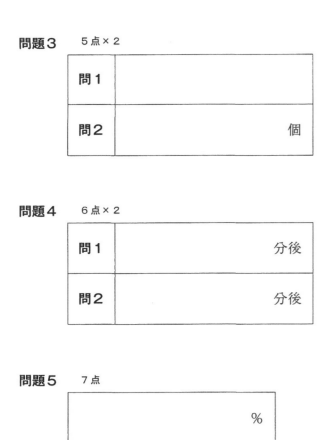

問6	(i)	
	(ii)	

問題2

問1	
問2	
問3	
問4	g
問5	℃
問6	

4点×6

問2	(i)	Ⅰ			
		Ⅱ			
	(ii)				
問3					
問4					
問5	(i)				
	(ii)				
	(iii)				
問6					
問7	%				
問8	機関		病名		

問3．2点
問4．3点
問5．2点×3
問6．2点
問7．3点
問8．完答2点

問6					
問7					省
問8	(1)	(2)			
問9					
問10					
問11					
問12	〔i〕	〔ii〕			
問13	石油	原子力			

問9					
問10					
問11					
問12					
問13					
問14					
問15					
問16	⇒ ⇒				
問17					
問18					
問19					
問20					

	(4)	工業地域
	(5)	
問3	(1)	
	(2)	
問4		
問5		
問6	(1)	
	(2)	

受験番号	

氏　名	

※100点満点

2023年度　後期日程　同志社女子中学校入学考査問題【社会】解答用紙

問題1

問1　A　B　C

問2

問3

問4

問１．２点×３
問２．２点
問３．２点
問４．２点
問５．２点
問６．２点
問７．２点
問８．１点×２
問９．２点
問10．２点
問11．２点
問12．完答２点
問13．完答２点

問題2

問1　遺跡

問2

問3

問4　月　日

問5　2番目　4番目

問6　大王

問7

問１．２点
問２．２点
問３．２点
問４．２点
問５．完答２点
問６．２点
問７．２点
問８．１点×２
問９．２点
問10．２点
問11．２点
問12．２点
問13．２点
問14．２点
問15．２点
問16．完答２点
問17．２点
問18．２点
問19．２点
問20．２点

問題3

問1

問2　(1)　A　B　C　(2)　(3)　ⓐ　ⓘ

問１．２点
問２．２点×８
問３．２点×２
問４．２点
問５．２点
問６．２点×２

【解答

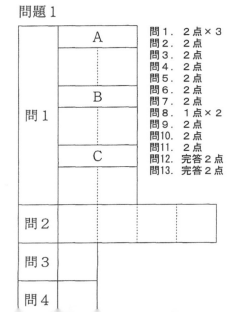

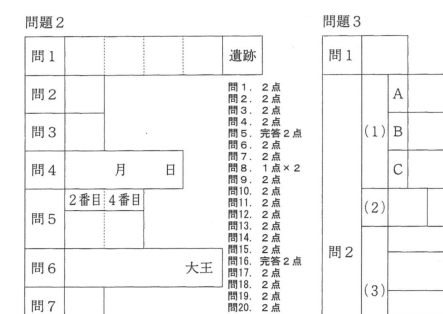

受験番号	

氏　名	

※100点満点

2023年度　後期日程　同志社女子中学校入学考査問題【理科】解答用紙

問題1

問1	(i)	
	(ii)	
	(iii)	
問2	A	
	B	
問3	(i)	
	(ii)	
問4		

問1．(i) 1点
(ii) 1点
(iii) 2点
問2．完答2点
問3．3点×2
問4．3点
問5．3点
問6．3点×2

問題3

問1		
問2		g
問3		g
問4		
問5	(i)	g
	(ii)	g
問6		

問1．3点
問2．3点
問3．3点
問4．3点
問5．4点×2
問6．4点

【解答

受験番号	

氏　名	

※100点満点

2023年度　後期日程　同志社女子中学校入学考査問題【算数】解答用紙

問題1　7点

問題2　7点×4

問1	個
問2	通り
問3	円

問題6　6点×2

問1	:
問2	:

問題7　7点

cm

問題8　7点

【解答

問3
A
B
C

問4

問5

問6

問7

問8
↓
↓
↓
↓

問9

問10

問11

問12

問1．完答5点
問2．5点
問3．2点×3
問4．3点
問5．3点
問6．2点
問7．2点
問8．完答5点
問9．5点
問10．3点
問11．2点
問12．3点×2

受験番号

氏名

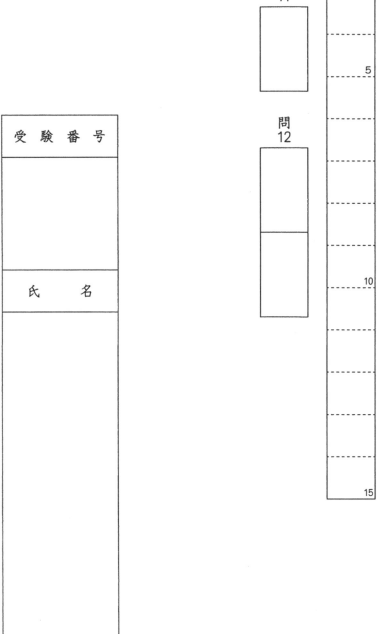

問題は次のページに続きます。

問題３　葵《あおい》さんは東京国際空港（以降、羽田空港）から福岡空港へ飛行機で移動しました。次の地図１は、おおよその飛行経路を表しています。後の問いに答えなさい。

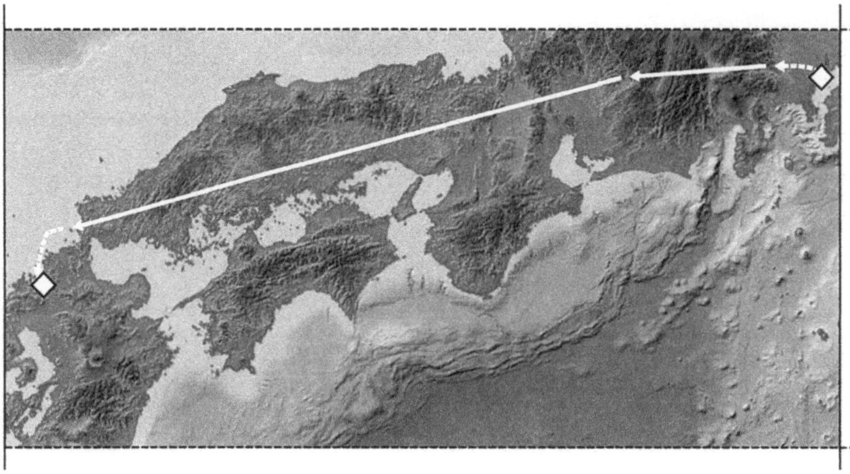

地図１

地理院地図より作成

問１　地図１中の北緯32度から36度までの距離《きょり》として最も近いものを、次のア～エから１つ選び、記号で答えなさい。なお、地球は１周４万kmの球体とする。

ア．約222km　　イ．約444km　　ウ．約666km　　エ．約888km

問２　葵さんは、進行方向に向かって左側の窓側座席に座りました。次の図Ａ～図Ｄは、葵さんの座席から見えた景色をGoogle Earthで再現したもので、各図の上側が南の方角になっています。これを見て、後の（１)～(５）の問いに答えなさい。

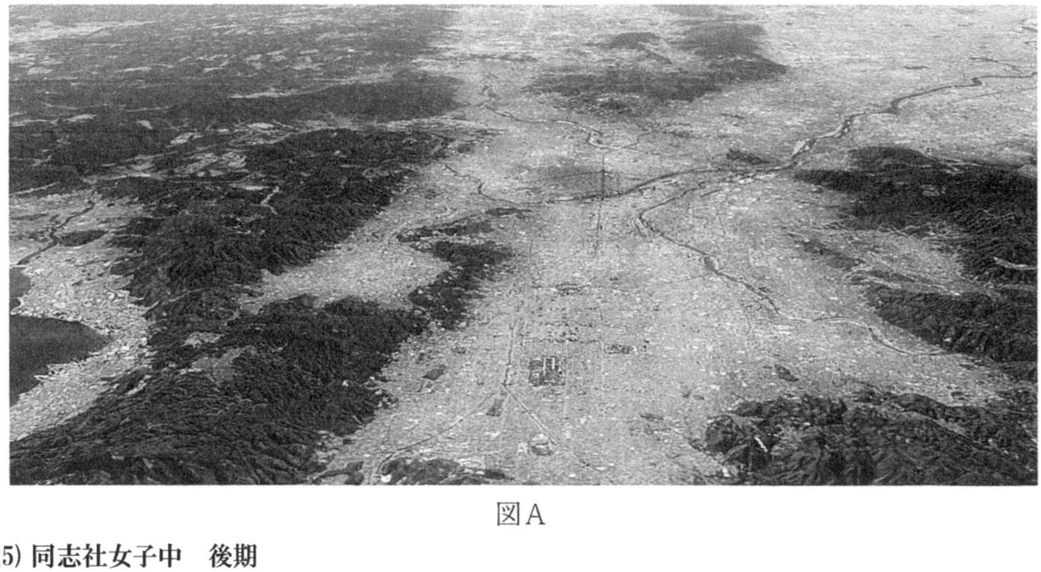

図Ａ

図B

図C

図D

（1）次のア～エは、図Ａ～図Ｄのいずれかの景色について述べたものです。このうち、図Ａ～図Ｃに当たるものを、ア～エから１つずつ選び、それぞれ記号で答えなさい。

ア．現在の紙幣《しへい》にも描《えが》かれている山と湖が見られる。

イ．第15代将軍の徳川慶喜が朝廷に政権を返上した場所が見られる。

ウ．海上に建つ鳥居で知られ、日本三景に数えられる島が見られる。

エ．日本アルプスからの河川を含《ふく》む３つの河川の合流点が見られる。

（2）図Ｂ中のＸ付近には、原油から石油製品をつくる製油所が見えました。これに関して、次のグラフは原油の主な輸入先の内訳を示しています。国名の組み合わせとして正しいものを、下のア～カから１つ選び、記号で答えなさい。

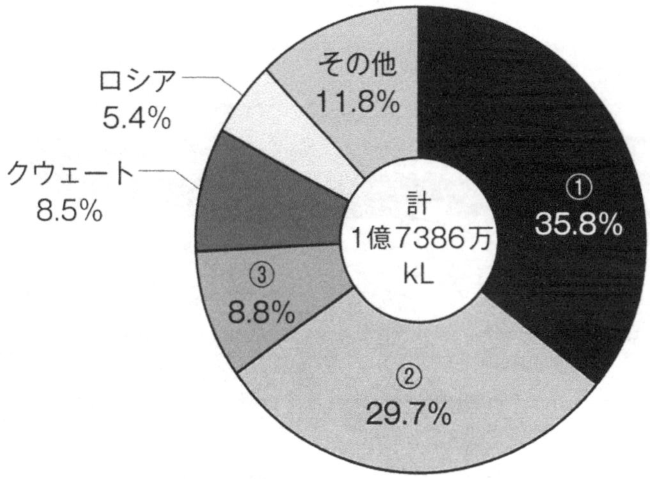

『日本国勢図会 2020/21』より作成

	①	②	③
ア	サウジアラビア	アラブ首長国連邦	カタール
イ	サウジアラビア	アメリカ合衆国	アラブ首長国連邦
ウ	アメリカ合衆国	カタール	サウジアラビア
エ	カタール	サウジアラビア	アメリカ合衆国
オ	アラブ首長国連邦	カタール	サウジアラビア
カ	アラブ首長国連邦	アメリカ合衆国	カタール

（3）図C中のY付近には、製鉄所が見えました。これに関して、次の表①〜③は、日本における製鉄に関する貿易相手国上位5か国を示しています。表中のあ、いに当てはまる国名をそれぞれ答えなさい。

①鉄鋼製品の輸出先

	国名	（%）
1位	あ	21.8
2位	韓国	16.0
3位	タイ	15.4
4位	ベトナム	6.4
5位	インドネシア	6.2

②鉄鉱石の輸入先

	国名	（%）
1位	い	57.3
2位	ブラジル	26.3
3位	カナダ	6.2
4位	南アフリカ共和国	2.9
5位	アメリカ合衆国	1.7

③石炭の輸入先

	国名	（%）
1位	い	58.7
2位	インドネシア	15.1
3位	ロシア	10.8
4位	アメリカ合衆国	7.1
5位	カナダ	5.5

①〜③はいずれも重量ベース（重さによる比較《ひかく》）
『日本国勢図会 2020/21』より作成

（4）図D中のZ付近は、湧《わ》き水が豊富で水が得やすいことから製紙業がさかんです。Zが含まれる工業地域の名称《めいしょう》を漢字で答えなさい。

（5）葵さんが見た景色の順番として正しいものを、次のア〜クから1つ選び、記号で答えなさい。

ア．図A→図B→図C→図D　　イ．図A→図C→図B→図D
ウ．図B→図D→図A→図C　　エ．図B→図C→図D→図A
オ．図C→図D→図A→図B　　カ．図C→図A→図D→図B
キ．図D→図A→図B→図C　　ク．図D→図B→図A→図C

問３　福岡空港に到着《とうちゃく》した葵さんは、空港で菊《きく》が運ばれているのを見ました。菊は那覇空港から運ばれてきたものでした。次のグラフは、東京都の市場における小菊の月別取《とり》扱《あつか》い量を示しています。これに関して、後の問いに答えなさい。

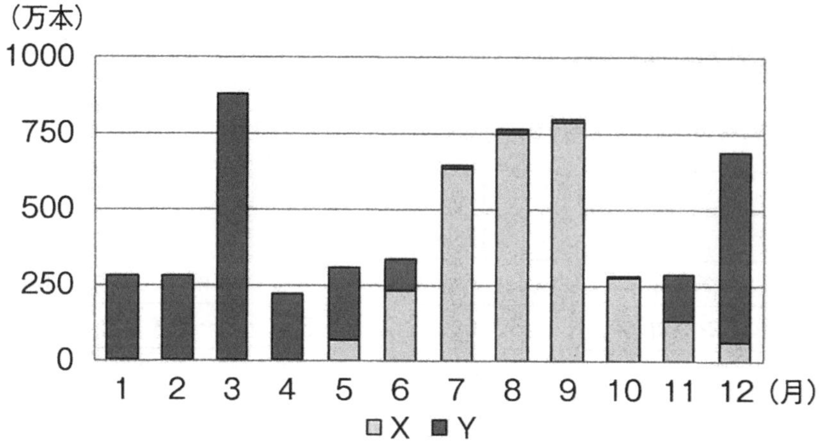

「市場統計情報」より作成

（１）次の文章中の（　①　）・（　②　）に当てはまる語の組み合わせとして適当なものを、下のア～カから１つ選び、記号で答えなさい。

菊は電灯を当てることで、花が咲《さ》く時期を調整することができる。これは日照時間が（　①　）なると花が咲くという菊の性質を利用している。

沖縄の気候は、日本の他地域と比べて［　　　］。そのため、この時期に他地域と比べて有利な条件となる沖縄で、菊を安く生産することができる。したがって、沖縄県産の菊は、グラフ中の（　②　）である。

	ア	イ	ウ	エ	オ	カ
①	長く	長く	一定に	一定に	短く	短く
②	X	Y	X	Y	X	Y

（２）上の文章中の［　　　］に当てはまる最も適当なものを、次のア～エから１つ選び、記号で答えなさい。

ア．夏に雨が多い　　イ．冬に雨が多い　　ウ．冬でも暖かい　　エ．夏の気温が高い

問４　輸送に関心を持った葵さんは、貨物の輸送手段について調べました。次のグラフ①・②は、国外輸送の内訳と国内輸送の内訳のいずれかを示しています。また、グラフ中のX～Zは、「飛行機・鉄道」、「自動車」、「船」のいずれかです。輸送手段の組み合わせとして正しいものを、後のア～カから１つ選び、記号で答えなさい。

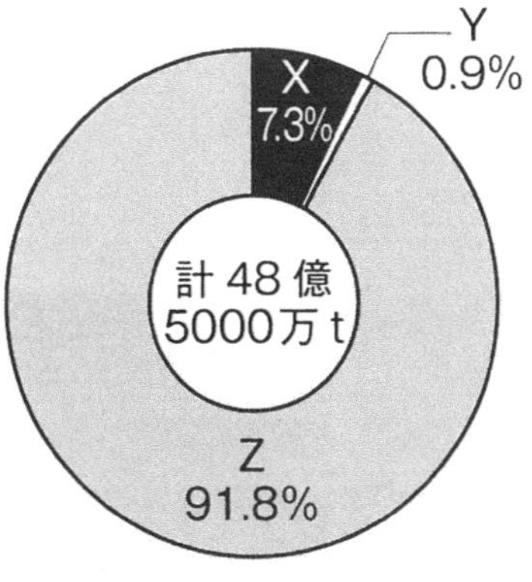

グラフ①

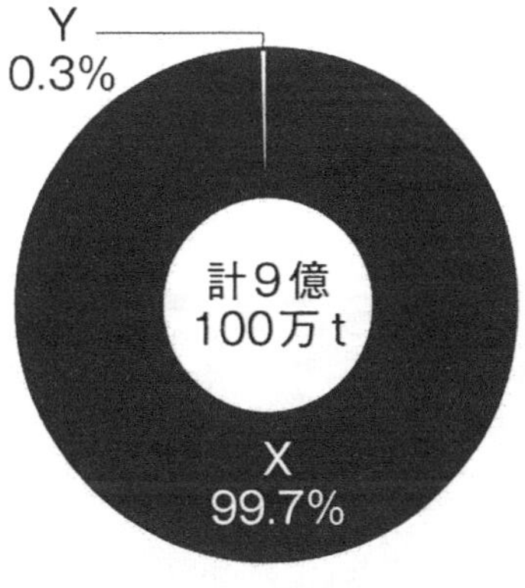

グラフ②

『国土交通省資料』および『日本国勢図会 2020/21』より作成

	ア	イ	ウ	エ	オ	カ
X	飛行機・鉄道	飛行機・鉄道	自動車	自動車	船	船
Y	自動車	船	飛行機・鉄道	船	飛行機・鉄道	自動車
Z	船	自動車	船	飛行機・鉄道	自動車	飛行機・鉄道

問5　次の表は、羽田空港からの国内定期航空路線の中で、年間旅客輸送量が250万人を超《こ》えている空港について、旅客輸送量と路線距離、また国際線の週あたりの便数と主な目的地を示しています。表中の①～③は、福岡空港、鹿児島空港、那覇空港のいずれかです。組み合わせとして正しいものを、下のア～カから１つ選び、記号で答えなさい。

羽田空港と主要空港間の航空旅客輸送および国際線の状況

空港	年間旅客輸送量（万人）	羽田空港からの路線距離（km）	国際線の便数（便／週）	国際線の主な目的地（国）
新千歳（札幌）	906	894	169	中国*、韓国、ロシア
①	872	1,041	370	韓国、中国、タイ
②	595	1,687	202	韓国、中国
大阪（伊丹）	548	514	—	—
③	252	1,111	26	韓国、中国

＊中国は台湾を含む

『国土交通省資料』および『日本国勢図会 2020/21』より作成

	ア	イ	ウ	エ	オ	カ
①	福岡	福岡	鹿児島	鹿児島	那覇	那覇
②	鹿児島	那覇	福岡	那覇	福岡	鹿児島
③	那覇	鹿児島	那覇	福岡	鹿児島	福岡

問６　葵さんが乗った飛行機は、地図２中の赤色矢印の経路のように福岡空港の北側から着陸せずに、白色矢印の経路で福岡空港に着陸しました。これに関して、後の問いに答えなさい。

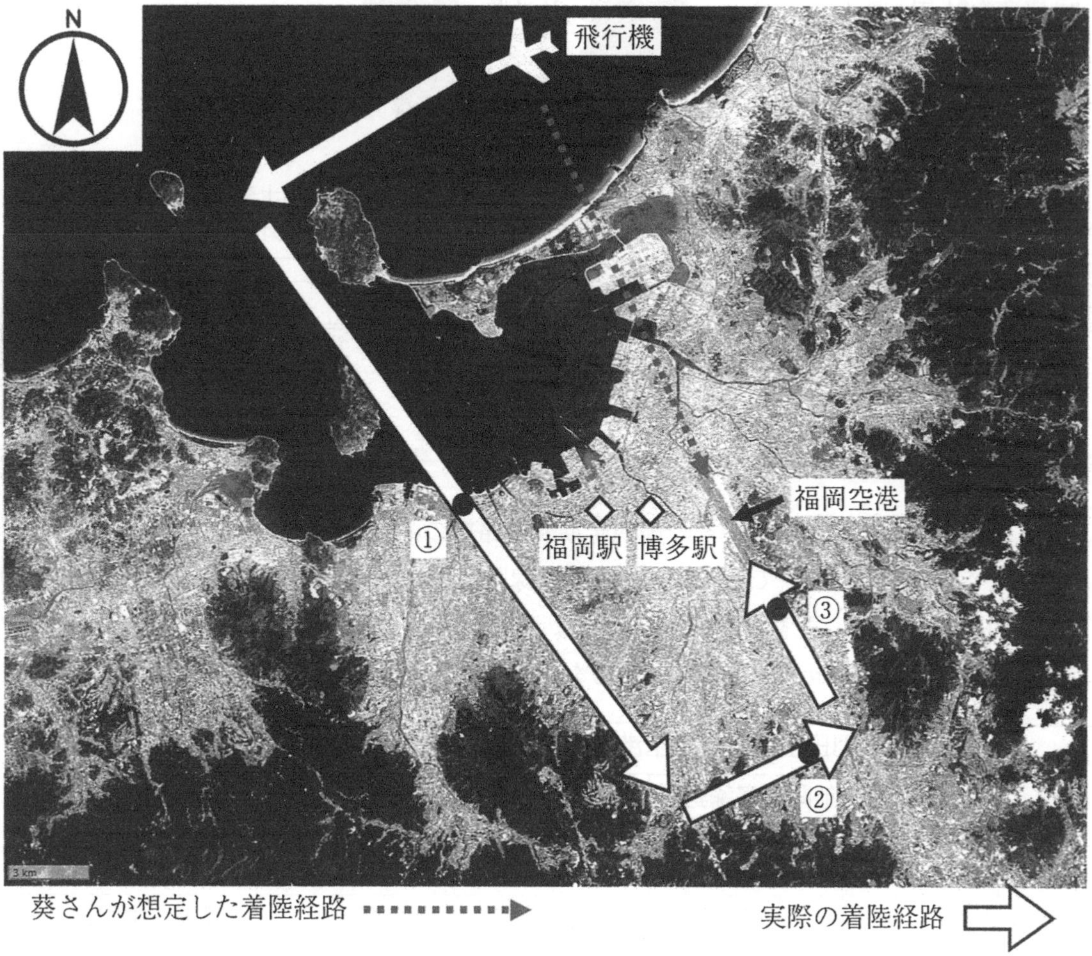

地図２

地理院地図より作成

（1）次のＸ～Ｚは、飛行機の着陸までに葵さんが機内から見た景色を再現したものです。Ｘ～Ｚおよびそれらの説明を見て、葵さんが見た景色の順番として最も適当なものを、下のア～カから１つ選び、記号で答えなさい。なお、Ｘ～Ｚは、飛行機の進行方向に向かって左側座席からの景色であり、地図２中の①～③付近から見たものとする。

Ｘ

説明：市街地の奥《おく》に博多湾《わん》が見えた。

Ｙ

説明：オフィスビルが集中した地区があり、その奥に空港が見えた。

Ｚ

説明：マンションが多く立ち並んでいる。また、その奥に山地が見えた。

ア．Ｘ→Ｙ→Ｚ　　イ．Ｘ→Ｚ→Ｙ　　ウ．Ｙ→Ｘ→Ｚ

エ．Ｙ→Ｚ→Ｘ　　オ．Ｚ→Ｘ→Ｙ　　カ．Ｚ→Ｙ→Ｘ

（2）葵さんは、飛行機の着陸経路について疑問に思いました。次の文章は、葵さんと父親の飛行機に関する会話です。会話文中の（　①　）～（　③　）に当てはまる語の組み合わせとして、最も適当なものを下のア～カから１つ選び、記号で答えなさい。

葵：なぜ、このような経路を通ったの？　余計に時間がかかる気がするけれど。
父：福岡空港周辺の風向きが北よりの風だったからだよ。飛行機の離着陸《りちゃくりく》は、基本的に（　①　）を利用するんだ。その方が飛行機を持ち上げようとしてくれる揚力《ようりょく》を効率よく得られるし、より安全に離着陸ができるんだ。だから空港をつくるときには、どの方向からの風が多いかを調査するんだよ。
葵：飛行機の離着陸に大事なのは、地面に対する速さより空気に対する速度だって聞いたことがあるよ。じゃあ空港の滑走路《かっそうろ》を見れば、その地域で多い風向きがわかるんだね。できるだけ、（　①　）を利用しようとしているんだね。
父：そうだね。ただし、上空まで上昇すれば揚力は十分だから、（　①　）を利用する必要はないんだ。今回の飛行時間は、約２時間だったね。福岡空港から羽田空港の方が飛行時間は基本的に（　②　）なるよ。なぜだかわかる？
葵：上空では（　③　）が吹《ふ》いているからだ！
父：その通り！

	ア	イ	ウ	エ	オ	カ
①	追い風	向かい風	追い風	向かい風	追い風	向かい風
②	長く	長く	長く	短く	短く	短く
③	季節風	季節風	からっ風	からっ風	偏西風	偏西風

2022年度　後期日程

同志社女子中学校
入学考査問題

【国　　語】

（45分）

（注　意）

・試験開始の指示があるまで、この問題冊子の中を見てはいけません。

・試験開始の指示があったら、冊子のページがそろっているかを確認《にん》してください。もし、不備があれば手をあげてください。　【ページ数　国語：１～16】

・解答用紙は、問題冊子の中にはさんであります。答えはすべて解答用紙に書きなさい。

・解答を始める前に、解答用紙に「受験番号・氏名」を必ず書きなさい。

・試験終了の指示があったら、すぐに鉛《えん》筆を置き、問題冊子をそろえ、その上に解答用紙を表向きに置いて静かに待っていてください。

問題は次のページから始まります。

問題一　次の文章を読んで、後の問いに答えなさい。

　ついさっき、一回淹《い》れておいてよかった。そうでなければ、頭の中が真っ白になって動けなかったかもしれない。やかんで湯を沸《わ》かす。その間に豆を挽《ひ》き、粉を濾《ろ》紙に入れ、温めておいたドリッパーにセット。沸いたお湯を細口のケトルに <u>ウツ</u>[a]し、粉のすぐ上からできるだけそうっと回しかけて蒸《む》らす。

　息をつめるようにして淹れたコーヒーをカップに注ぎ、ふるえる手でカウンターに置くと、正治《まさはる》さんはだまって口に運び、熱そうにすすった。

「ほう。うめえもんだに」

　美味《おい》しい、という意味で言ったのか、淹れ方が上手だという意味かはわからない。とりあえず、

「……ありがとうございます」

　細い声で答えると、いぶかしげに見つめられた。

「おい、どした。そんな顔しなくたって、取って食いやしねえに」

①<u>どうだか、と思ってしまう。</u>

　助けを求めようにも、美由紀《みゆき》さんは直売所スペースをのぞきに来た別のお客さんの <u>オウタイ</u>[b]をしていて、こちらには <u>セナカ</u>[c]を向けている。ここへ来て話に加わってくれたら、どんなにか助かるのに。

「そろそろ休みだなぃ」

　ふいに言われた。

「え」

「え、っておめえ。もうじき夏休みだに、小学校は」

「あ、はい」

　だから何だというのか。また、だらしないとかあまえているとか言われるんだろうか。ますます緊《きん》張しながら次の言葉を待つ。

「まあ、休みってのぁ、いつも通ってる連中のためにあるもんだからなぃ。おまえさんにゃ関係ねえかもしれねえが」

関係なくなんかない、と思った。これまで学校帰りに寄ってくれていた大輝《だいき》や詩織《しおり》たちは、夏休みに入っても変わらず、遊びに来てくれるだろうか。そのことが、この間からものすごく気になっているのだ。関係なくなんか……。

「行ってみたらいいに、学校」

正治さんは続けた。遠慮《りょ》のえの字もなしに、真正面から切りこんでくる。

「まだいっぺんも行ってねえだらず？」

雪乃《ゆきの》は、だまっていた。

「都会のガッコはどうだったか知らねえが、こっちのはほー、そんなに悪ィとこでもねえよう」

ヨシ江《え》と同じようなことを言われ、仕方なくおうじる。

「そらぁそうだわ。うちのとなりのばあさんとこにも、あんたと同じじっくれぇの孫がいるだけど、毎んちランドセルしょって楽しそうに通ってるよ」

「そう、ですか」

詩織のことだ。

「……知ってます」

「あ？」

「中村《なかむら》詩織ちゃん、ですよね。この間、山……正治さんのことを、すごく親切だって言ってました。おばあちゃんがいつもお世話になってるんだって」

しわの寄った顔が Ⅰ苦笑いのかたちにゆがむ。

「はぁん。そやって、勝手に人の②うわさぁしてたわけだ」

しまった、と舌をかみたくなったが（　　　）だ。いないところでうわさされるのがどれほどいやなものか、大輝たちにあれほど語っておきながら——。

だまりこんだ雪乃を見て、正治さんはもう一度、鼻からふっと Ⅱ苦笑《しょう》をもらした。

「おめぇがそやってびくすんのは、まあしょうがねえ。俺《おれ》は、あん時ゃまあちっと酒も入ってただし、そうでなくたって、おめえの親父《おやじ》さんの話聞いた時ゃ正直あやって思ったから、そのとおり口に出しただけだに。ただし、いっぺん口に出したらそれで終《しま》いだ。後までは引っぱらねえ」

少し＊やぶにらみの目で、じいっと雪乃を見すえる。

「おふくろさんのえらく立派な演説もまあ、言われてみりゃなるほどと思ったしな。だもんで、わざわざこんなおんぼろの納《な》屋まで、おめぇさんの顔を見に来たわけだ。家で飲んだらタダのコーヒーを飲みにない」

「……すみません」

「なんも、あやまれたぁ言ってねえに。とりあえず、お前さんの淹れるコーヒーが、家で飲むやつよりうまいってことはわかっただわ」

緊張のあまり、ぎゅうっとお腹《なか》が引きつれる。

雪乃は、Tシャツのすそをにぎりしめてこらえた。この人から変に思われたくない。ちょっと何か言ったらすぐ体調が悪くなる子、みたいに思われるのはくやしすぎる。

東京では、学校へ行こうとすると、よくこういうふうになった。痛いというより、お腹の下のほうがかたく強《こわ》ばって、縮んできしむみたいな感じだ。今でこそ母親はまるごと理解してくれているけれど、あの頃《ころ》は、そんな雪乃を見ていてよほど気がもめたのだろう。一言、こう言ったことがあった。

〈いい？　雪乃。きついことを言うようだけど、いつまでもにげてたってどうにもならないのよ〉

瞬《しゅん》間、いきなり足もとの何もかもが消え失《う》せ、底なし穴へ落ちていく気がした。お母さんで（　Ａ　）わかってくれないなら、と思った。この世界にはもう、だれ一人として自分の味方なんかいないんだ、と。

「どした。おい」

声をかけられ、雪乃ははっと目をあげた。正治さんがけげんそうに見ている。

「急にだまっちまって。舌でもなくしただかい。ちっと座んな」

物言いは乱暴だが、その顔は、心配してくれているように見えなくもない。

雪乃は首を横に振《ふ》った。

「だいじょうぶです」
直売所のほうを見やる。美由紀はやはりまだこちらにせを向けて、お客さんと話している。
「なあ、あんた」
さっきから、あんたとかお前さんとかおめぇとか、色々に呼ばれる。
「雪乃です」
「あ？」
「名前。雪乃です」
「ああ、そうかい。で、あんた、ガッコの勉強は好きでねえだかい」
③「そんなことないですけど」
思わずむっとなって、雪乃は言った。
「勉強なら、家でしてるし」
「どやってぇ」
「お母さんが来た時に見てくれるし、詩織ちゃんとかといっしょに宿題の問題解いたり」
ふうん、と正治さんは鼻を鳴らした。
「なんちゅうか、呑《のん》気なもんだなぃ。俺らの頃は、勉強するっつったら、まっと必死だっただわ。ガッコへ行かせてもらえるってだけで*御《おん》の字だったに」
「そんな……」雪乃は口ごもった。「そんなこと、あたしに言われても」
「だれぇ、俺はあんたとしゃべってるだわ。あんた以外にだれに言うだ」
そうだけど、と雪乃は思った。

* やぶにらみ……斜《しゃ》視のこと（原文のまま使用しました）
* 御の字……大いにありがたいこと

なるほど昔は、みんながみんな学校へ行けるわけじゃなかった。そのことはヨシ江から聞かされて知っている。今の時代に生まれてきた自分たちは、それに比べれば幸せなんだろう。でも、恵《めぐ》まれているからといってなやみがないわけじゃない。こちらにだっていろんな事情があるのに……。

④一方的に責められているようで、胸のおくがひりひりと引きつれてうずく。やけどでもしたみたいだ。

「あのう、お話の途《と》中にすみません」

はっと顔をあげると、美由紀が正治さんのそばに立っていた。手には袋《ふくろ》詰めのお菓《か》子。いつも直売所に並べているお手製のクッキーだ。

「あまいもの、お嫌《きら》いじゃないですか？　よかったら味見してみて頂けたらと思って」

ちょっと面食らった様子で首を引き、正治さんが美由紀をじろじろと見る。

「あ、これ、私が焼いたんです。けっこう人気あるんですよ」

雪乃は急いで棚《たな》から器《うつわ》を一枚取り出し、カウンター越《ご》しに差しだした。ありがと、と受け取った美由紀が、クッキーをざっくりそこにあける。

勧《すす》められた正治さんは、ふん、と鼻を鳴らしながらも思いのほか素直《すなお》に一つつまんだ。やがて、口をもごもごさせながら言った。

「入れ歯の間に挟《はさ》まっておえねえわい」

「あら、すみません。お味のほうは？」

「ふん。悪くねえ」

よかった、と美由紀がにっこりする。雪乃もほっとして、グラスに注いだ水を差しだした。

「このクッキーは、卵や牛乳を一切《さい》使わずに作ったんです」

「へえ？　何だってまた」

「アレルギーがある人にも安心して食べてもらいたくて。うちの娘《むすめ》が、かなり重いアレルギー体質なんですよ。卵や牛乳がわずかでも口に入っただけで、」

「蕁麻疹《じんましん》か何か出るのかい」

「呼吸困難で命にかかわるものですから」
正治さんがぎょっとなったのがわかった。失礼しますね、と美由紀がカウンターの並びの席に腰掛《こしか》ける。
「うちの義父や義母なんかは、決して悪気はないんですけど、アレルギーのことを軽く考えてしまうところがあって、『少しずつ食べて慣らしていけば治るだわ』なんておそろしいことを言うし、説明しようとしても、『昔はそんなことなかったにねえ』ってため息つかれて終わっちゃうし。……あ、ごめんなさい、なんだか愚痴《ぐち》みたいに聞こえますね」
「いや。別にかまわねえだけども」
「ただね、うちの子だけじゃないんですよ。日本中、いえ、世界中でアレルギー体質の人はものすごく増えてて、環《かん》境や食生活の変化がそうさせてるわけだから、たしかに昔とは事情がちがっているんです。みんながふつうに食べてる卵や牛乳で死ぬほど苦しい思いをするのは、あの子のせいでもなければ、産んだ私のせいでもない……はずなんですけど……頭ではわかってるんですけど、どうしてでしょうね。⑤自分にはどうにもしようのないことを、人生の大先ぱいから『昔はそんなことなかったのに』って言われてしまうと、なんだか責められているような気持ちになっちゃうんですよね」
その横顔を、途中から雪乃は息を殺して見つめていた。わかってもらえているのだという安堵《ど》と、こんなかたちでかばってもらうことの申しｄワケなさが交叉《さ》する。
⑥美由紀の言わんとするところは、聞いていた正治さんにも伝わったのだろう。苦い顔になって雪乃のほうを見る。⑦雪乃が目とお腹に力を入れて見つめ返すと、正治さんはまた美由紀へ視線をもどした。
とうとう、ため息をついて言った。
「やれやれ、わかったわかった。俺が悪かっただわ」
怒《おこ》り出すんじゃないかと思って身構えていた雪乃の肩《かた》からも、ふっと力がぬける。えらそうだけれど、⑧この人を少し見直すような気持ちになった。
「しかしまぁあんたも、持って回ったっつうか、ずねぇ物言いをするだなあ。この子としゃべってた話、だまって聞いてただかい」
「たまたま聞こえてきただけですよ」と美由紀が笑う。「雪乃ちゃん、『ずない』ってわかる？」
「うん。ｅイジが悪い、みたいな意味でしょ」

「おいおい。今のは、まあ何ていうだか、半分は褒《ほ》めたみてぇなもんだわ」

「ありがとうございます。長男の嫁《よめ》は、ずねぇくらいでないと務まりませんから」

正治さんはあきれたように苦笑すると、クッキーをもうひとつ口に入れ、かんでいるうちにまた入れ歯にはさまったのだろう、顔中を動かすようにしてようやく始末をつけてから、雪乃を見た。

「さっきはよけいなことまで言っちまったけども、俺が言いたかったのは、要するに、あれだ。あんたは幸せもんだ、ちゅうことだわ」

「それは……はい」

「昔と比べて言ってるんじゃねえよぅ。今こン時、どんだけの人間があんたのことをかんげぇてるかってことだ。おふくろさんもおやじさんも、俺らに頭下げなすったに。あすこまで言われっちまっちゃあ、ほー、こっちもまるっと承知するしかねえによ」

あんただけじゃねえんだよぅ、と、もそもそ続ける。

「俺にゃあ小難しいことまではわかんねえけども、それっくれぇのことはわかるだわ。だれだって、そりゃあ人間だもの、てっくりけえっちまうことはあるに。けどな」

言葉を切り、正治さんは雪乃の目をのぞきこんだ。

「起き上がり小法師《こぼし》とおんなじだ。⑨てっくりけえったら、ほー、何べんだって起き上がンねえと」

（村山由佳《むらやまゆか》『雪のなまえ』徳間書店より）

問1　傍《ぼう》線①「どうだか、と思ってしまう」とあるが、それはなぜか。最も適当なものを、次のア〜エから一つ選び、記号で答えなさい。

ア　東京でのつらい経験のせいで大人全般《ぱん》を信じられなくなっているから。

イ　コーヒーを飲む正治さんの態度がひどく攻撃《こうげき》的だったから。

ウ　方言と世代のちがいのせいで正治さんの考えが読めないから。

エ　以前正治さんから厳しい言葉をかけられたことがあるから。

問2　傍線Ⅰ「苦笑い」と傍線Ⅱ「苦笑」の説明として最も適当なものを、次のア～エから一つ選び、記号で答えなさい。

ア　Ⅰは雪乃と詩織の行為《い》に対するものだが、Ⅱは自分の態度に対するものである。

イ　Ⅰは雪乃の言葉に対するものだが、Ⅱは雪乃の態度に対するものである。

ウ　ⅠとⅡはどちらも雪乃の態度と言葉に対するものである。

エ　ⅠとⅡはどちらも自分自身に対するものである。

問3　傍線②（　　）に入ることわざとして最も適当なものを、次のア～エから一つ選び、記号で答えなさい。

ア　焼け石に水　　イ　元のもくあみ　　ウ　後の祭り　　エ　知らぬが仏

問4　（　A　）に入る適当な語を、ひらがな二字で答えなさい。

問5　傍線③「思わずむっとなって」とあるが、それはなぜか。最も適当なものを、次のア～エから一つ選び、記号で答えなさい。

ア　学校に行けていないということは家でも勉強していないにちがいないと思われているように感じたから。

イ　勉強についていけないというなやみを持っていることを気づかれてしまったと思ったから。

ウ　「あんた」などと呼ばれ、学校に行っていない自分は名前で呼んでもらえないのかと思ったから。

エ　勉強が好きでないからという単純な理由で学校に行けていないと思われているように感じたから。

問6　傍線④「一方的に責められているようで、胸のおくがひりひりと引きつれてうずく」とあるが、この時の「雪乃」の心情の説明として最も適当なものを、次のア～エから一つ選び、記号で答えなさい。

ア　正治さんの言うことが正論で、返す言葉もなく打ちのめされている。

イ　正治さんに反論したいのに、それができずに苦しんでいる。

ウ　正治さんに対する、自分のいかりをしずめることに必死になっている。

エ　正治さんに自分をわかってもらうことをあきらめ、やけになっている。

問7　傍線⑤「自分にはどうにもしようのないことを、人生の大先ぱいから『昔はそんなことなかったのに』って言われてしまう」とあるが、ここで「美由紀」が意識していた「正治さん」の言葉を文中の会話文から探し、「（かぎかっこ）をふくむはじめの五字をぬき出して答えなさい。（ただし、句読点などがある場合はそれもふくむ）

問8　傍線⑥「美由紀の言わんとするところ」の説明として最も適当なものを、次のア～エから一つ選び、記号で答えなさい。

ア　アレルギー体質であるのは本人のせいでも親のせいでもないということ。

イ　昔と今とでは事情がちがうことを考えずに、今の状きょうを責めるべきではないということ。

ウ　どうにもならないことの責任を負わされるのは、がまんがならないということ。

エ　他人が大事にしているものを何の根きょもなく否定するべきではないということ。

問9　傍線⑦「雪乃が目とお腹に力を入れて見つめ返す」とあるが、この行動にこめられた「雪乃」の気持ちとして最も適当なものを、次のア～エから一つ選び、記号で答えなさい。

ア　自分も正治さんの言葉で美由紀と同じ思いをいだいたことを、にげずに正治さんに伝えようとする気持ち。

イ　美由紀の話は自分をかばうためなのだということを、なんとかして正治さんに気づいてもらおうとする気持ち。

ウ　自分のために正治さんを批判してくれた美由紀を見て、自分の気持ちを直接正治さんに言ってやろうという気持ち。

エ　美由紀にここまで言われた以上、正治さんは今後自分に厳しい態度を取れないだろうと強気に出る気持ち。

問10　傍線⑧「この人を少し見直すような気持ち」とあるが、なぜそのような気持ちになったのか。最も適当なものを、次のア～エから一つ選び、記号で答えなさい。

ア　美由紀が自分の娘のアレルギーについて話しているのを、だまって聞いていたから。

イ　都合の悪いことを言われても怒らず、問題点を見つけようとしているから。

ウ　自分の理解のしかたが不十分であったことを素直に認めているから。

エ　美由紀が伝えようとしたことを正しく理解し、雪乃との和解を望んでいるから。

問11　傍線⑨「てっくりけえったら、ほー、何べんだって起き上がンねえと」とあるが、ここには「正治さん」のどのような気持ちがこめられているか。最も適当なものを、次のア～エから一つ選び、記号で答えなさい。

ア　自分が恵まれた環境にいられることを、感謝してほしいと願う気持ち。

イ　だれでも失敗することはあるが、それをばねにして復活すべきだといましめる気持ち。

ウ　みんなが雪乃のことを心配してくれている間しか立ち直る機会はないとさとす気持ち。

エ　人間には大変な時期があるが、またいつか元気になってほしいとはげます気持ち。

問12　二重傍線a～eのカタカナを漢字に直しなさい。

問題二　次の文章を読んで、後の問いに答えなさい。（問題作成の都合上、本文には一部省略があります）

「アイデンティティ」とは何なのか。その定義は分野によってちがう。①しいて言えば、「私という人間」とでも表すことができる。「私がどんな人なのかというイメージ」のようなものだ。「はじめに」で見たように、「私」だけでなく、話している相手や会話で話題になっている人の人物像を指す場合もある。

（中略）

最初の、「アイデンティティは人と関わり合う中から立ち現れてくるもので、私たちは、すでにあるアイデンティティにもとづいて人との関わり方を決めているのではない」という考え方は、ことばとアイデンティティの関係から理解すると分かりやすい。

これまで、ことばとアイデンティティの関係は、あらかじめ話し手には自分のアイデンティティがあって、そのアイデンティティが言葉づかいにも自然にあらわれると理解されていた。謙虚《けんきょ》な人はていねいな言葉づかいをし、傲慢《ごうまん》な人はおうへいな言葉づかいをする。ある人がていねいな言葉づかいをするのは、その人が謙虚な人だからだと考えられた。［A］、「私たちは、すでにあるアイデンティティにもとづいて人との関わり方を決めている」と考えられていたのだ。

このように、アイデンティティをその人にあらかじめ備わっている属性のようにとらえて、人はそれぞれの属性にもとづいてコミュニケーションをするという考え方を「②本質主義」と呼ぶ。

［B］、アイデンティティのうちで「ジェンダー」（女らしさや男らしさ）に関わる側面を本質主義にもとづいて表現すると、人は〈女らしさ〉や〈男らしさ〉を「持っていて」、その〈女らしさ〉や〈男らしさ〉にもとづいて、ことばを使うと理解される。ある人が女らしい言葉づかいをするのは、その人が女らしいからで、男らしい言葉づかいをするのは、その人が男らしいからだと言われた（ちなみに、本書では、「性別」ではなく「ジェンダー」を用いる。性別とは生物学的な性のちがいを指し、ジェンダーは、社会文化的な女らしさや男らしさを指す）。

[C]、このような考え方では説明のつかないことがたくさん出てきてしまった。もっとも大きな問題は、私たちはだれでも、それぞれの状きょうにおうじてさまざまに異なる言葉づかいをしていることがはっきりしてきた点である。同じ人でも、家庭での言葉づかいと学校での言葉づかいは異なる。同じ学校で話していても、話す相手や、場所、目的によって異なる。[D]、同じ人でも子どもの時と大人になってからでは言葉づかいが変わる。同じ〈男らしさ〉を持っている人でも、その言葉づかいはそれぞれに異なる。むしろ、いつでも、だれとでも、同じ言葉づかいで話している方が不自然に感じられるのではないだろうか。③もし、私たちが、すでにあるアイデンティティにもとづいて人との関わり方を決めているのだとしたら、このように言葉づかいが多様に変化することを説明できない。

そこで提案されたのが、④アイデンティティをコミュニケーションの原因ではなく結果ととらえる考え方である。私たちは、あらかじめ備わっている〈日本人・男・中学生〉という属性にもとづいて言葉を選んでいるのではなく、人とのコミュニケーションによって自分のアイデンティティをつくり上げている。「私は日本人だ」「男としてはずかしい」「もう中学生になった」などと言う行為《い》が、その人をその時〈日本人〉〈男〉〈中学生〉として表現すると考えるのである。

アイデンティティを、その人が「持っている」属性とみなすのではなく、人と関わり合うことでつくりあげる、つまり、「アイデンティティする」行為の結果だとみなすのである。このように、アイデンティティを、他の人とことばを使って関わり合うことでつくり続けるものだとみなす考え方を「構築主義」と呼ぶ。

構築主義によれば、人はあらかじめ「持っている」アイデンティティを表現しているのではなく、他の人と関わり合う中で、その時々におうじて、さまざまなアイデンティティを持った人間として立ち現れるのだ。本書では、構築主義の考え方にもとづいて、ことばとアイデンティティの関係を見ていく。

「構築主義」という考え方の特ちょうは、何よりも、私たちのアイデンティティは、他の人との関わり合いの中で表現されるものだと考える点だ。関わり合う相手は、人間でなくてもよい。ペットに話しかけるときには、自分でもびっくりするぐらいやさしい自分になっている時がある。

しかし、ここまで読んできて、いくつかの疑問を持った読者がいると思う。

まず考えられる疑問は、他の人と関わり合うことで、その時々におうじてアイデンティティを表現するとしたら、人と関わり合う前の自分は空っぽなのかという問いだ。この、「自分は空っぽ」というのは、たいていの人の感覚とずれている。むしろ⑤私たちは、自分の中には何か自分らしさがあるという感覚を持っているのではないか。

これに対して、構築主義を提案した人たちは、次のように説明する。私たちは、くり返し習慣的に特定のアイデンティティを表現し続けることで、そのアイデンティティが自分の「核《かく》」であるかのようなげん想を持つ。

そう言われてみると、私たちが日常的に関わり合う人たちは、結構、似たような人であることが多い。毎日、新しい出会いがある人もいるかもしれないが、たいていは、家族やクラスメート、学校の先生など、同じような顔ぶれなのではないだろうか。だとすると、私たちは、日常生活で関わる人に対して、かなり長い期間、くり返し、同じような自分を表現していることになる。そして、それが「自分らしさ」を形成していると感じるようになっているとしても、不思議ではない。

哲《てつ》学者のジュディス・バトラーは、ジェンダーに関わるアイデンティティについて、「ジェンダーとは、身体をくりかえし様式化していくことであり、きわめて厳密な規制的わく組みのなかでくりかえされる一連の行為であって、その行為は、長い年月のあいだにぎょう固して、実体とか自然な存在という見せかけを生み出していく」と指てきしている（バトラー一九九九：七二）。

つまり、女らしさや男らしさに関わるアイデンティティの側面も、身近な人との関わり合いの中で、長い間くり返し表現していくことで、「自分の女らしさ、あるいは、男らしさはこんな感じ」という感覚が確立していくというのだ。

もうひとつ考えられる疑問は、私たちは、その時々におうじて、さまざまなアイデンティティを持った人間として立ち現れるとしたら、自分のアイデンティティは複数あるのかという問いだ。これは、「アイデンティティ」をどのように理解するかという難しい問題をはらんでいる。しかし、アイデンティティをひとつに限る必要はないと考える人はいる。たとえば、作家の平野啓一郎《ひらのけいいちろう》は、『私とは何か』（二〇一二）の中で、「個人」ではなく⑥「分人《ぶんじん》」という考え方を提案している。この本によると、たったひとつの「本当の自分」など存在しない。むしろ、対人関係ごとに見せる複数の顔が、すべて「本当の自分」である。

「分人」という考え方のすばらしいところは、たとえ、Aさんとの関係で見せている自分は好きではなくても、Bさんとの関係で見せている自分を支えにしていけると示している点だ。学校でいじめられて苦しんでいる自分がすべてではなく、家に帰って家族から愛されている自分を認めることで生きていける。

このように、複数のアイデンティティを表現することは、後期近代の特ちょうだという人もいる（キデンズ二〇〇五）。そう言われてみると、以前の日本企《き》業は、終身雇《こ》用が売りだった。一度就職すれば、退職するまで同じ会社で働く。自分のアイデンティティは、昇《しょう》進などで変わるぐらいで、基本的には、会社の限られた人間関係にもとづいていた。へたをすると、「会社」が、その人のアイデンティティになる場合も多かった。

ところが今は、ひとつの会社に就職しても、転職する人もいる。同じ会社で働く人も、正社員から派けん社員、嘱託《しょくたく》やアルバイト、それに加えて転職組など、あらゆる立場の人たちがいっしょだ。会社の上下関係だけにもとづいて接していては、仕事が動かない。それぞれの立場の人が、他の立場の人と、アイデンティティを調整しながら関係を築いていかなければならない。現代人が生きる人間関係はより複雑になり、結果として、場面ごとに異なる複数のアイデンティティを生きる必要が発生したのだ。

（中略）

本書の中でも、いろいろな例を挙げて見ていくが、複数のアイデンティティを持つことは、「⑦仮面をかぶっている」とか「人をだましている」ということではなく、さまざまな人間関係の中で生きる私たちにとって、ごく当たり前になってきているのではないだろうか。

私たちは、人と関わり合うことで、その時々にさまざまなアイデンティティを表現している。すると、「その時々」、つまり、だれが、どういう状きょうで、いつ、だれと関わり合っているかを細かく調べることが、とても重要になってくる。

そして、このように細かな分せきが行われた結果、アイデンティティ自体にも異なる側面を区別できることが分かってきた。

ひとつは、年れい、ジェンダー、国せきや人種、社会階級のように、その社会全体で広く受け入れられているマクロなアイデンティティだ。例として、〈若い〉〈男らしい〉〈日本人〉〈中流〉が挙げられる。

二つ目は、ある集団に特定のメソ（マクロとミクロの中間）のアイデンティティだ。たとえば、ある中学では、部活に所属している〈部活生〉と所属していない〈帰宅生〉が区別されているとすれば、〈部活生〉と〈帰宅生〉は、この中学という集団に限って使われるメソなアイデンティティとなる。

最後が、会話のやり取りの中の、ミクロなアイデンティティだ。どんな会話でも、話し手には、その場面に特有の役割がある。たとえば、生徒の発表を聞いて点数を付ける先生は、〈評価者〉というアイデンティティを「行っている」。また、じょう談を言ってみんなを笑わせてくれる人には、しばしば、〈ムードメーカー〉というアイデンティティがあたえられる。さらに、失恋《れん》した友だちから相談を受けるときには、〈聞き役〉というアイデンティティを引き受ける。

重要なのは、実際の会話では、これらの異なるアイデンティティの側面が同時に表現されるという点だ。同時に表現されることで、たがいが混ざり合う。つまり、この⑧三つの側面は、実際にははっきり区別することはできないのだ。

また、場面によっては、異なるアイデンティティの側面が強調される。たとえば、ふだん日本にいるときには、自分が日本人であることをそれほど意識することはない。ところが、海外に行って日本に関する質問に答えるときなど、日本人の代表になったように感じられ、〈日本人〉としてのアイデンティティを意識する。また、中学校で登下校時刻についての話し合いがあると、朝練や放課後の練習をしたい〈部活生〉と、そうでない〈帰宅生〉のアイデンティティが表面に出てくるだろう。

（中村桃子《なかむらももこ》『「自分らしさ」と日本語』ちくまプリマー新書より）

問1　傍線《ぼう》①「しいて言えば」の意味として最も適当なものを、次のア～エから一つ選び、記号で答えなさい。

ア　むりに言うならば　イ　遠回しに言うならば　ウ　乱暴に言うならば　エ　簡単に言うならば

問2　[A]～[D]に入る言葉として最も適当なものを、次のア～オからそれぞれ一つずつ選び、記号で答えなさい。（同じ記号は二度使わないこと）

ア　しかし　イ　だから　ウ　つまり　エ　さらに　オ　たとえば

問3　傍線②「本質主義」とあるが、「本質主義」的な考え方にあてはまるものを、次のア～エから一つ選び、記号で答えなさい。

ア　ある人がおうへいな言葉づかいをしていたとしても、それはその人の持つアイデンティティとは関係ない。

イ　ある人がていねいな言葉づかいをするのは、その人が謙虚というアイデンティティを有しているからである。

ウ　ある人にとってのアイデンティティは、その人が使用する言葉によって作られるものである。

エ　ある人にとっての「女らしさ」というアイデンティティは、別の人にとっての「女らしさ」と同じわけではない。

問4　傍線③「もし、私たちが、すでにあるアイデンティティにもとづいて人との関わり方を決めているのだとしたら、このように言葉づかいが多様に変化することを説明できない」とあるが、この一文で筆者が言いたいことはどういうことか。筆者の言いたいことをまとめた次の文の（　Ⅰ　）、（　Ⅱ　）に入る言葉の組み合わせとして最も適当なものを、後のア〜エから一つ選び、記号で答えなさい。

《私たちは、すでにあるアイデンティティにもとづいて人との関わりを（　Ⅰ　）から、言葉づかいが多様に（　Ⅱ　）。》

ア　Ⅰ決めている　Ⅱ変化しない　　イ　Ⅰ決めていない　Ⅱ変化しない
ウ　Ⅰ決めている　Ⅱ変化する　　エ　Ⅰ決めていない　Ⅱ変化する

問5　傍線④「アイデンティティをコミュニケーションの原因ではなく結果ととらえる考え方」とあるが、これはどのようなものか。その説明として最も適当なものを、次のア〜エから一つ選び、記号で答えなさい。

ア　人は自分一人でアイデンティティを確立するのではなく、他者とコミュニケーションをする中ではじめて持って生まれたアイデンティティを自覚することができるという考え方。
イ　人はアイデンティティがあるから他者とコミュニケーションをとれるのではなく、アイデンティティがないからこそ他者からのいろんな意見を受け入れて円かつにコミュニケーションができるという考え方。
ウ　人は一つの確固たるアイデンティティにもとづいてコミュニケーションをするのではなく、自分の中にある多くのアイデンティティを使い分けて他者とのコミュニケーションをはかっているという考え方。
エ　人はすでにあるアイデンティティにもとづいてコミュニケーションの方法を選たくしているのではなく、他者とコミュニケーションをする中でアイデンティティが確立していくという考え方。

問6　傍線⑤「私たちは、自分の中には何か自分らしさがあるという感覚を持っているのではないか」について、次の問いに答えなさい。

(1)「自分らしさ」とあるが、ここでいう「自分らしさ」とはどういうものだと筆者は考えているか。文中から二十八字で探し、はじめと終わりの五字をぬき出して答えなさい。（ただし、「　」、。などがある場合はそれもふくむ）

(2)「私たちは、自分の中には何か自分らしさがあるという感覚を持っているのではないか」とあるが、それはなぜか。その理由として最も適当なものを、次のア〜エから一つ選び、記号で答えなさい。

ア　多くの人達《たち》は、身近な人々とのコミュニケーションの中で、他の人にはない自分の個性に気づくことができるから。

イ　多くの人達は、親しい人達の中で長い時間を過ごすため、そこでは遠りょせず自分の本心を表現することができるから。

ウ　多くの人達は、日常生活の中で同じ人々と関わって過ごすため、長い時間同じような自分であり続けることになるから。

エ　多くの人達は、さまざまな人や集団と関わり合う中で、自分が客観的に見てどのような人間かを知ることになるから。

問7　傍線⑥「『分人』という考え方」とあるが、この「考え方」に関する説明として適当でないものを、次のア～エから一つ選び、記号で答えなさい。

ア　一人が表現するアイデンティティは一つに限らない。

イ　複数の自分の中から「認められる自分」を選んで真のアイデンティティとすればよい。

ウ　さまざまな場面で異なる自分が立ち現れるが、そのどれもが本当の自分である。

エ　「分人」のような考え方は、近年の社会の変化の中で生まれてきた。

問8　傍線⑦「仮面をかぶっている」の意味として最も適当なものを、次のア～エから一つ選び、記号で答えなさい。

ア　本心をかくしている　　イ　他人のまねをしている　　ウ　感情を失っている　　エ　知らないふりをしている

問9　傍線⑧「三つの側面」とあるが、次のⅠ～Ⅲのアイデンティティは「三つの側面」のうちのどれにあてはまるか。最も適当なものを、後のア～ウからそれぞれ一つずつ選び、記号で答えなさい。（同じ記号は二度使わないこと）

Ⅰ　〈電車通学者〉と〈徒歩通学者〉

Ⅱ　〈老人〉と〈子ども〉

Ⅲ　〈道をたずねる人〉と〈教える人〉

ア　マクロなアイデンティティ　　イ　メソなアイデンティティ　　ウ　ミクロなアイデンティティ

問10　筆者がこの文章の中で述べていることとして最も適当なものを、次のア～エから一つ選び、記号で答えなさい。

ア　人間はたったひとつの「本当の自分」を見つけるために、他の人とことばを使って関わり合い、自分を表現する。

イ　以前の日本企業のように限られた人間関係の中では、アイデンティティにしばられずに、自分らしく生きることができた。

ウ　女らしさや男らしさにこだわる人は、その役割にしばりつけられて、いつでも、だれとでも同じ言葉づかいで話す。

エ　現代人の人間関係は複雑になっているので、場面ごとに異なる複数のアイデンティティを生きる必要がある。

2022年度　後期日程

同志社女子中学校
入学考査問題

【算　　数】

（45分）

（注　　意）

・試験開始の指示があるまで、この問題冊子の中を見てはいけません。
・試験開始の指示があったら、冊子のページがそろっているかを確認《にん》してください。もし、不備があれば手をあげてください。　【ページ数　算数：１～７】
・解答用紙は、問題冊子の中にはさんであります。答えはすべて解答用紙に書きなさい。
・解答を始める前に、解答用紙に「受験番号・氏名」を必ず書きなさい。
・試験終了の指示があったら、すぐに鉛《えん》筆を置き、問題冊子をそろえ、その上に解答用紙を表向きに置いて静かに待っていてください。
・答えが分数になるときは、最も簡単な分数で答えなさい。

問題 1　次の各問いに答えなさい。

問 1　次の計算をしなさい。

$$1 \div 6 - 4 \times 14 \div (15 \times 24 - 23)$$

問 2　次の □ にあてはまる数を答えなさい。

$$4 - \left(\frac{1}{4} - \frac{1}{\square}\right) \times 35 = 2\frac{1}{4}$$

問題２　次の各問いに答えなさい。

問１　$\frac{82}{999}$ を小数で表したとき，小数第 50 位の数字は何ですか。

問２　チョコレートとクッキーの２種類のおかしが合わせて 44 個あります。チョコレートは１個の重さがどれも 3.7 g，クッキーは１個の重さがどれも 9.3 g です。この 44 個のおかしの重さの合計は 274.8 g です。チョコレートは何個ありますか。

問題3　２つの数 x，y があります。x を小数第２位で四捨五入すると 5.8 になり，y を小数第２位で四捨五入すると 3.5 になります。このとき，$x+y$ の値のはんいは［あ］以上［い］未満です。［あ］，［い］にあてはまる数をそれぞれ答えなさい。

問題4　ロボットＡが９台とロボットＢが何台かあり，体育館のゆかのそうじをします。ある日，ロボットＡを９台使ってそうじをするとすべて終わるまでに 45 分かかりました。別の日に，ロボットＢをすべて使ってそうじをするとすべて終わるまでに 30 分かかりました。また，１台のロボットＡと１台のロボットＢが同じ面積のゆかのそうじをするのにかかる時間の比は，９：10 です。ロボットＢは何台ありますか。ただし，１台のロボットがそうじしたゆかを他のロボットがそうじすることはありません。

問題5　下の式が正しくなるように，［ア］～［エ］に０から４までの整数をあてはめます。

$$298=5\times5\times5\times\boxed{ア}+5\times5\times\boxed{イ}+5\times\boxed{ウ}+\boxed{エ}$$

［ア］～［エ］にあてはまる整数をそれぞれ答えなさい。

問題6　P駅とQ駅の間を往復する電車があります。この電車は一定の速さで進み，P駅でもQ駅でも４分間だけ停車します。久《く》美《み》さんは，９時にP駅を出発し，Q駅まで一定の速さで線路沿いの道を進みます。P駅からQ駅までの道のりは6000 mです。下の図のグラフはこの電車と久美さんの進むようすを表したものです。このとき，次の各問いに答えなさい。

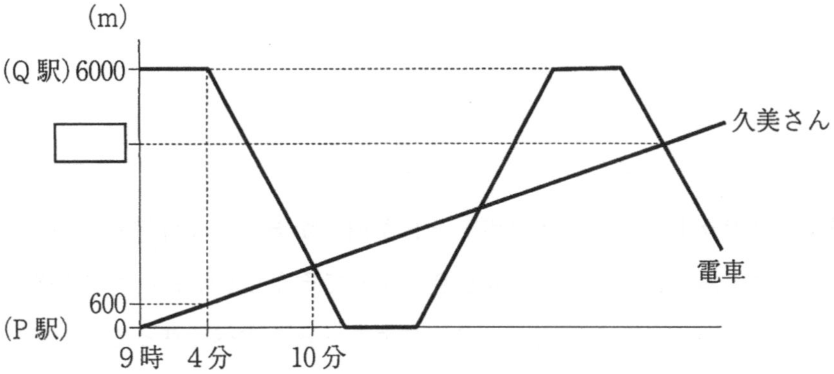

問１　久美さんの進む速さは分速何mですか。

問２　久美さんがP駅を出発した後，この電車が最初にP駅に到《とう》着するのは，９時何分ですか。

問３　図の［　　］にあてはまる数を答えなさい。

問題7　右の図のような，長方形と五角形ＡＢＣＤＥが重なっている図形があります。このとき，次の各問いに答えなさい。

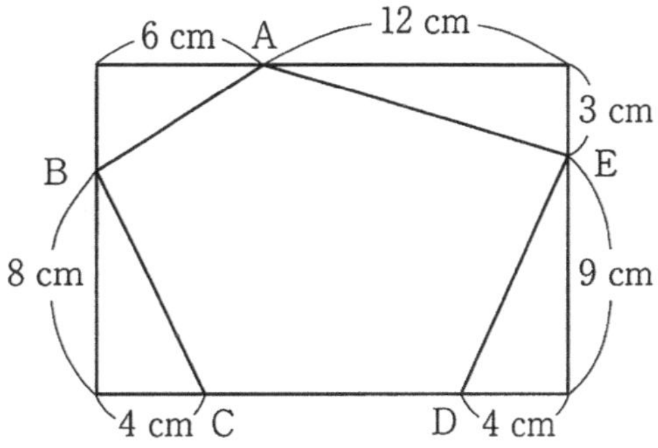

問１　五角形ＡＢＣＤＥの面積は何 cm^2 ですか。

問２　五角形ＡＢＣＤＥを，点Ａを通る直線で面積が同じになるように２つに分けました。点Ａを通るこの直線が辺ＣＤと交わる点は，点Ｃから何 cm のところにありますか。

問題8　図１のような展開図を組み立ててできる図２のような立体があります。この立体の体積は何 cm^3 ですか。ただし，円周率は 3.14 とします。

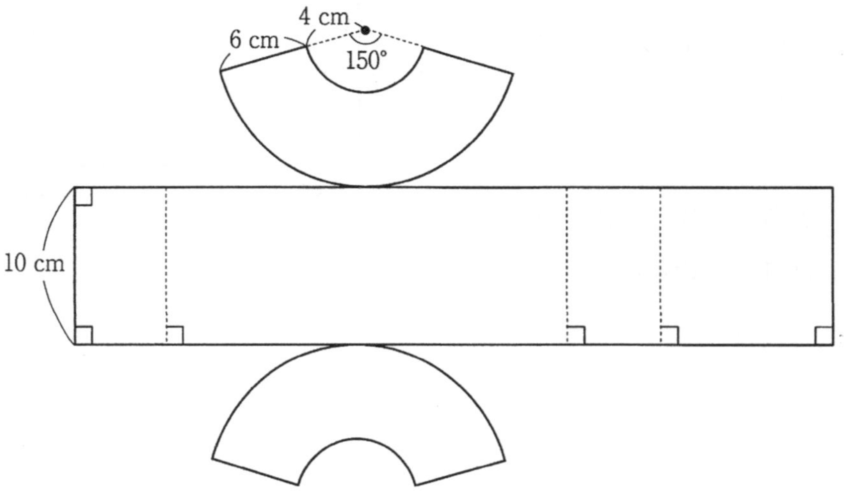

図１

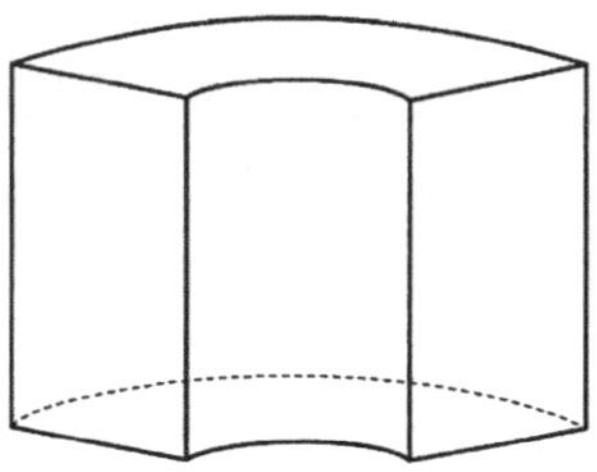

図２

問題9　４人の児童が算数のテストをうけました。４人の点数はすべて異なり，１番低い点数をとった人を除いた３人の平均点は 86 点，１番高い点数をとった人を除いた３人の平均点は 79 点でした。１番低い点数と１番高い点数をとった２人の平均点は 81.5 点でした。２番目に高い点数と３番目に高い点数の差は 12 点でした。２番目に高い点数をとった人は何点でしたか。答えだけでなく，答えの求め方も書きなさい。

2022年度　後期日程

同志社女子中学校
入学考査問題

【理　　科】

(45分)

（注　　意）

・試験開始の指示があるまで、この問題冊子の中を見てはいけません。
・試験開始の指示があったら、冊子のページがそろっているかを確認《にん》してください。もし、不備があれば手をあげてください。　【ページ数　理科：１～20】
・解答用紙は、問題冊子の中にはさんであります。答えはすべて解答用紙に書きなさい。
・解答を始める前に、解答用紙に「受験番号・氏名」を必ず書きなさい。
・試験終了の指示があったら、すぐに鉛《えん》筆を置き、問題冊子をそろえ、その上に解答用紙を表向きに置いて静かに待っていてください。

問題は次のページから始まります。

問題１　次の文章を読み、後の各問いに答えなさい。

ある日の放課後に、花子さんは理科クラブで、先生と一緒に濃《こ》い水溶《よう》液を使った実験をしました。実験に使った水溶液は４種類で、塩酸、アンモニア水、食塩水、石灰水でした。

[理科クラブで行った実験]

【実験１】水溶液を蒸発皿に取り、ガスバーナーで加熱して、水が全部なくなった後の様子を調べました。

【実験２】水溶液をビーカーに取り、赤色リトマス紙と青色リトマス紙をつけて、リトマス紙の色を観察しました。

【実験３】下図のように、ゴムせんに小さく切ったスポンジをつけて、それに水溶液をしみこませ、ガラス管の一方の穴に差し込《こ》みました。そして、もう一方の穴の前に水でぬらした赤色リトマス紙を持っていき、しばらくしてからリトマス紙の色を観察しました。また、同様にして、青色リトマス紙についても観察しました。

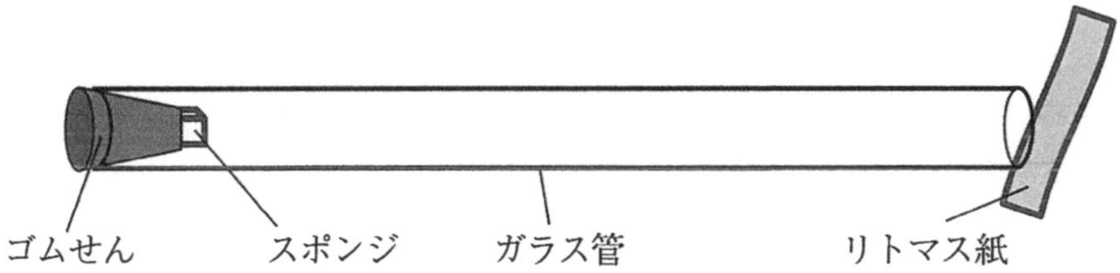

【実験４】スポンジつきのゴムせんを２つ用意し、それぞれ違う種類の水溶液をスポンジにしみこませ、下図のように、ガラス管の両はしに同時に差し込み、観察しました。

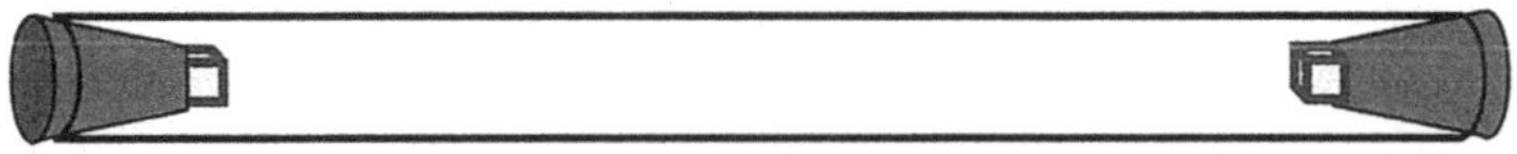

【実験５】水溶液をビーカーに取り、スチールウールを入れ、スチールウールがとけた水溶液には、とけ残りが出るまでスチールウールを入れました。その水溶液をスポンジつきのゴムせんのスポンジにしみこませ、実験３と同じようにしてリトマス紙の色を観察しました。

【実験1の結果】

塩酸	アンモニア水	食塩水	石灰水
A	B	固体が残った	C

【実験2の結果】

	塩酸	アンモニア水	食塩水	石灰水
赤色リトマス紙	赤色	青色	赤色	青色
青色リトマス紙	赤色	青色	青色	青色

【実験3の結果】

	塩酸	アンモニア水	食塩水	石灰水
赤色リトマス紙	D	E	F	G
青色リトマス紙	赤色	青色	青色	青色

【実験4の結果】

塩酸とアンモニア水の組み合わせのときだけ、ガラス管の中に下図のように白い輪のようなものができた。

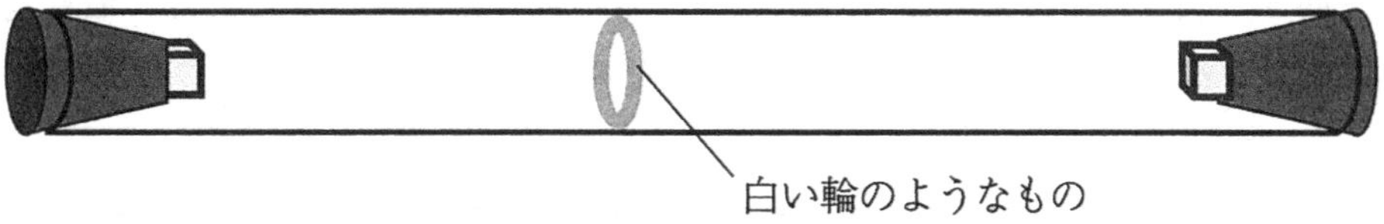

【実験5の結果】

	塩酸	アンモニア水	食塩水	石灰水
赤色リトマス紙	赤色	青色	赤色	赤色
青色リトマス紙	青色	青色	青色	青色

問１　実験１の結果のＡ～Ｃに当てはまる語句の組み合わせとして、最も適当なものを次のア～クから一つ選び、記号で答えなさい。

	A	B	C
ア	固体が残った	固体が残った	固体が残った
イ	固体が残った	固体が残った	何も残らなかった
ウ	固体が残った	何も残らなかった	固体が残った
エ	固体が残った	何も残らなかった	何も残らなかった
オ	何も残らなかった	固体が残った	固体が残った
カ	何も残らなかった	固体が残った	何も残らなかった
キ	何も残らなかった	何も残らなかった	固体が残った
ク	何も残らなかった	何も残らなかった	何も残らなかった

問２　４種類の水溶液のうち、においのする水溶液の組み合わせとして、最も適当なものを次のア～カから一つ選び、記号で答えなさい。

ア．塩酸とアンモニア水　　イ．塩酸と食塩水

ウ．塩酸と石灰水　　エ．アンモニア水と食塩水

オ．アンモニア水と石灰水　　カ．食塩水と石灰水

問３　実験３の結果のＤ～Ｇに当てはまる色の組み合わせとして、最も適当なものを次のア～クから一つ選び、記号で答えなさい。

	D	E	F	G
ア	赤色	赤色	赤色	赤色
イ	赤色	赤色	赤色	青色
ウ	赤色	青色	赤色	赤色
エ	赤色	青色	赤色	青色
オ	青色	赤色	青色	赤色
カ	青色	赤色	青色	青色
キ	青色	青色	青色	赤色
ク	青色	青色	青色	青色

問４　実験４の結果にある「白い輪のようなもの」は、ある２種類の気体が出会ったときにできた塩化アンモニウムというものである。ある２種類の気体とは何か。名前をそれぞれ答えなさい。

問５　４種類の水溶液について、実験５が終わった後のビーカーの水溶液を使って実験１を行うと、固体が残るのは何種類ありますか。

問題２　次の文章を読み、後の各問いに答えなさい。

ろうそくを密閉したビンの中で燃やすと、しばらくして火が消えました。火が消えないようにするためには、絶えず空気を送り続けなければいけません。送り続ける空気の量を増やしていくと、空気中の酸素によって、ものを激しく燃やすことができます。その結果ビンの中の温度はより高くなっていきます。

この現象を利用して、日本では古代から近世にかけて「たたら製鉄」という製鉄法が発展し、砂鉄から鉄をつくってきました。砂鉄は鉄と酸素が結びついたもので、「酸化鉄」とも呼ばれます。砂鉄から鉄を得るためには、結びついている酸素を取りのぞく必要があります。たたら製鉄では、木炭を入れた炉《ろ》へ空気を送り続けることで木炭を激しく燃やし、炉の中を高温にします。そして、この炉に砂鉄を入れると、木炭が砂鉄から酸素を取りのぞき、鉄を得ることができます。このとき木炭はその酸素と結びついています。

他にも、砂鉄にアルミニウムの粉末を混ぜ、燃やすことでも鉄を得ることができます。このアルミニウムは、たたら製鉄の木炭と同じはたらきをします。また、この変化は火花を散らしながら勢いよく進みます。かなりの高温になり、真っ赤でどろっとした鉄が得られるため、鉄道のレールの溶《よう》接などに利用されています。

132ｇの砂鉄にいろいろな重さのアルミニウムの粉末を混ぜて点火したとき、得られる鉄の重さは表のようになります。

アルミニウムの粉末の重さ〔g〕	15	30	45	60	75
得られる鉄の重さ〔g〕	35.5	71.1	96.0	96.0	96.0

問１　下線部について、ろうそくを燃やす前と燃やした後のビンの中の酸素の量を気体検知器で調べると、21％から17％に減った。減った酸素のうち一部は水になるのに使われた。残りは何になるのに使われたか。その名前を答えなさい。

問2　砂鉄について述べた次の文XとYはそれぞれ正しいか、間違《ちが》っているか。その組み合わせとして、最も適当なものを後のア～エから一つ選び、記号で答えなさい。

X．磁石に引きつけられる。

Y．黒っぽい色をしている。

	X	Y
ア	正しい	正しい
イ	正しい	間違っている
ウ	間違っている	正しい
エ	間違っている	間違っている

問3　アルミニウムには当てはまり、鉄には当てはまらない性質を次のア～エから一つ選び、記号で答えなさい。

ア．電気を通す。

イ．水に入れるとしずむ。

ウ．うすい塩酸に入れると、あわを出しながらとける。

エ．うすい水酸化ナトリウム水溶液に入れると、あわを出しながらとける。

問4　表から、132gの砂鉄の中の鉄と、その鉄に結びついていた酸素の重さの比を求めて、最も簡単な整数の比で表しなさい。

問5　アルミニウムとアルミニウムに結びつく酸素の重さの比は9：8である。このことから、96.0gの鉄を得るのに、アルミニウムの粉末は最低何g必要か。小数になる場合には、小数第一位を四捨五入して整数で答えなさい。

問６　132ｇの砂鉄にアルミニウムの粉末を混ぜて点火したとき、混ぜたアルミニウムの粉末の重さと得られる鉄の重さとの関係を表したグラフとして正しいものを次のア～エから一つ選び、記号で答えなさい。

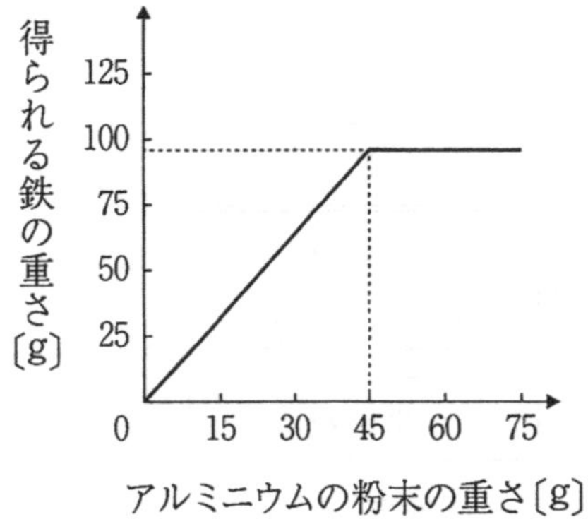

ア

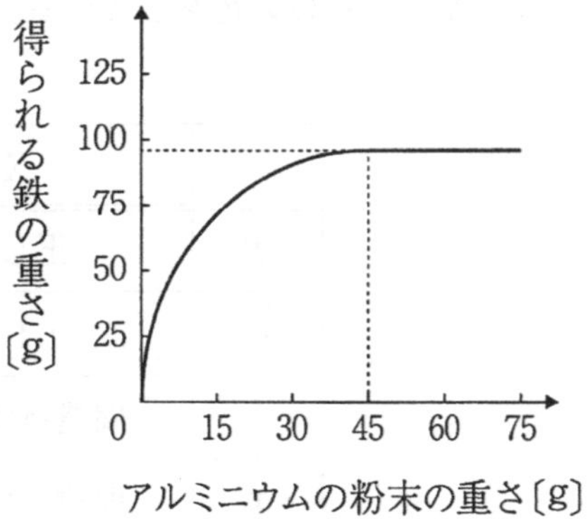

イ

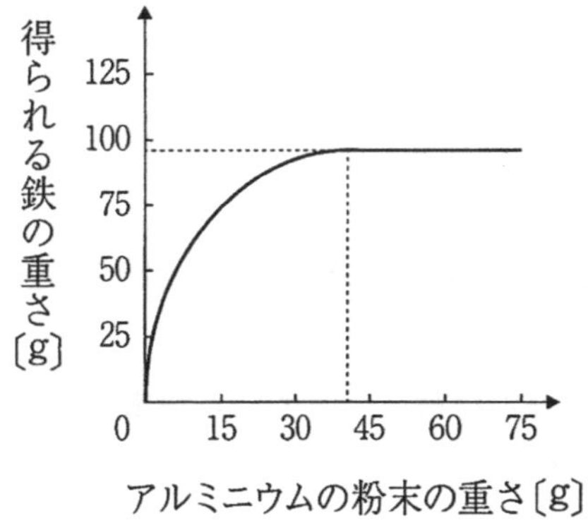

ウ

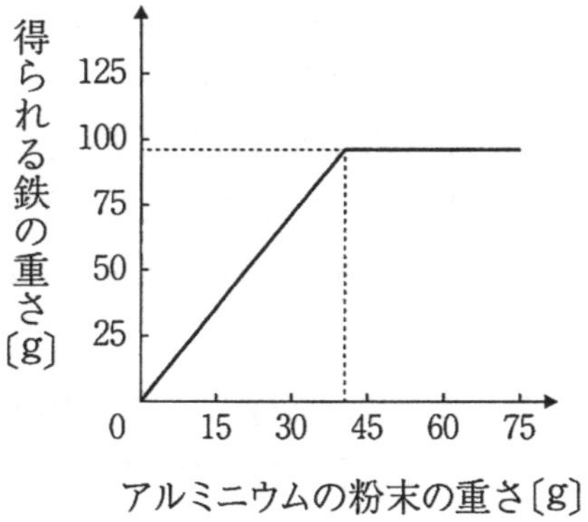

エ

問７　81ｇのアルミニウムの粉末と十分な量の砂鉄を混ぜて点火すると、鉄は何ｇ得られるか。最も近いものを次のア～オから一つ選び、記号で答えなさい。

ア．70ｇ　　イ．90ｇ　　ウ．170ｇ　　エ．190ｇ　　オ．220ｇ

問題は次のページに続きます。

問題３　花子さんは川原にある石をいろいろな地点で調べました。花子さんが書いた次の文章を読み、後の各問いに答えなさい。

Ａ地点・Ｂ地点・Ｃ地点を流れる川ＸとＤ地点・Ｅ地点・Ｆ地点を流れる別の川Ｙの石を調べました。Ａ～Ｆ地点の位置関係は、図１、図２のとおりです。

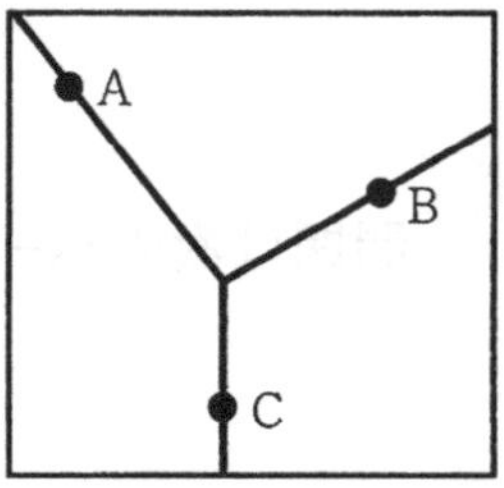

図１．川Ｘ

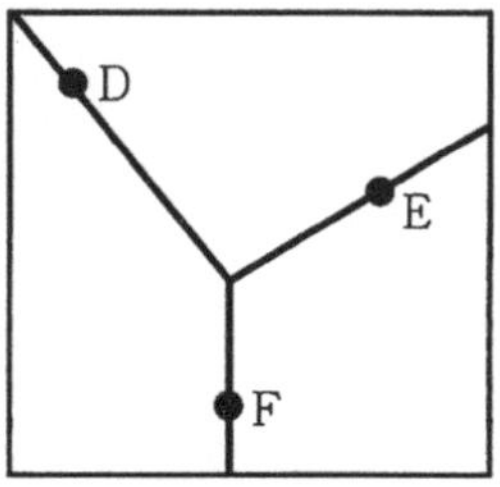

図２．川Ｙ

各地点の川原で、石の大きさや形を調べた後に、石の種類とその割合を調べました。これらの結果をまとめると、次の表のようになりました。この表から川Ｘと川Ｙの川原で見つかる石は、上流から流されてきていると考えられます。

川	地点	大きさや形	石の種類と割合〔%〕		
			砂岩	でい岩	れき岩
X	A	小さく丸みを帯びている	30	30	40
	B	大きく角ばっている	40	60	0
	C	大きく角ばっている	20	0	80
Y	D	Ⅰ	①	0	②
	E	Ⅱ	40	35	25
	F	Ⅲ	30	70	0

問１　砂岩・でい岩・れき岩のような、砂などが積み重なり長い年月の間に固まってできた岩石を何といいますか。

問２　砂岩・でい岩・れき岩を、ふくまれている粒《つぶ》が大きいものから順に並べるとどうなるか。次のア～カから一つ選び、記号で答えなさい。

ア．砂岩 ＞ でい岩 ＞ れき岩　　イ．砂岩 ＞ れき岩 ＞ でい岩
ウ．でい岩 ＞ 砂岩 ＞ れき岩　　エ．でい岩 ＞ れき岩 ＞ 砂岩
オ．れき岩 ＞ 砂岩 ＞ でい岩　　カ．れき岩 ＞ でい岩 ＞ 砂岩

問３　拾った砂岩の中には、貝がらや木の葉の形が残っているものがあった。このような大昔の生き物のからだや生き物がいた跡《あと》などが残ったものを何といいますか。

問４　川Ｘの流れを表した図として、最も適当なものを次のア～カから一つ選び、記号で答えなさい。

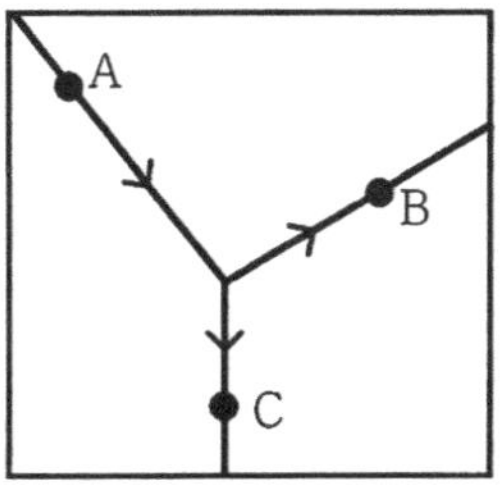

ア

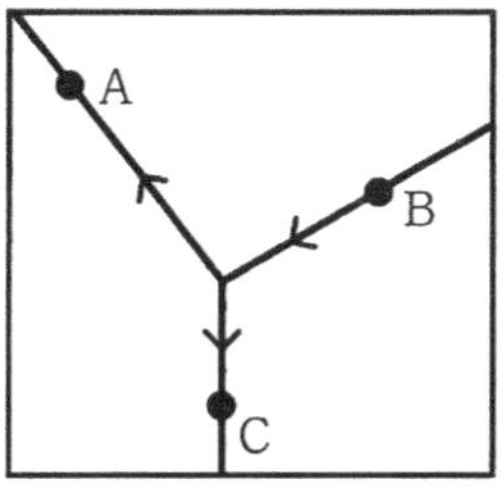

イ

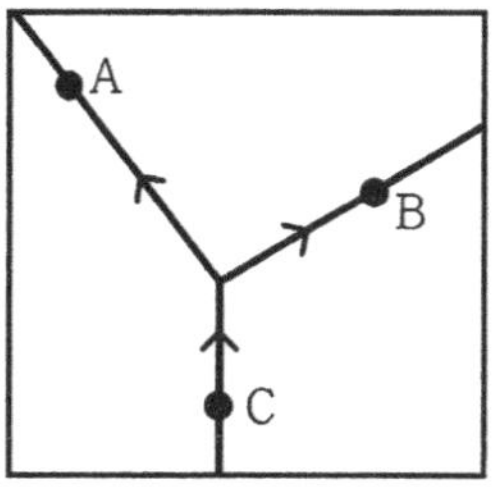

ウ

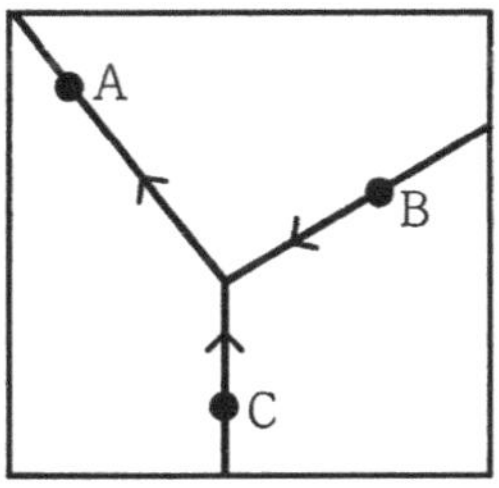

エ

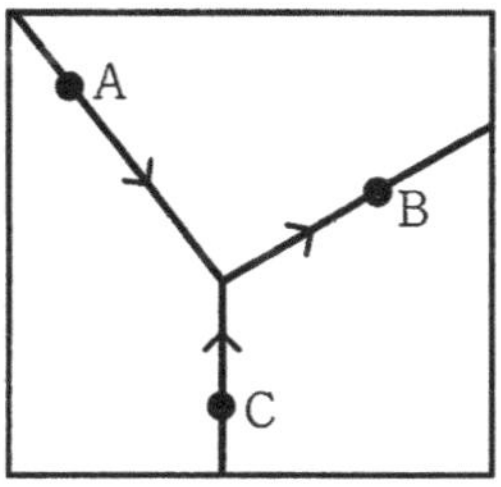

オ

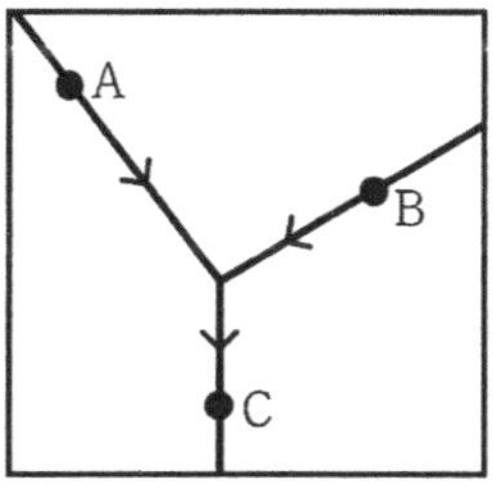

カ

問５　表中のⅠ～Ⅲに当てはまる語句の組み合わせとして、最も適当なものを次のア～カから一つ選び、記号で答えなさい。

	Ⅰ	Ⅱ	Ⅲ
ア	大きく角ばっている	大きく角ばっている	小さく丸みを帯びている
イ	大きく角ばっている	小さく丸みを帯びている	大きく角ばっている
ウ	大きく角ばっている	小さく丸みを帯びている	小さく丸みを帯びている
エ	小さく丸みを帯びている	小さく丸みを帯びている	大きく角ばっている
オ	小さく丸みを帯びている	大きく角ばっている	小さく丸みを帯びている
カ	小さく丸みを帯びている	大きく角ばっている	大きく角ばっている

問６　表中の①と②に当てはまる数の組み合わせとして、最も適当なものを次のア～エから一つ選び、記号で答えなさい。

	①	②
ア	20	80
イ	35	65
ウ	50	50
エ	70	30

問7　川Yの流れを表した図として、最も適当なものを次のア～カから一つ選び、記号で答えなさい。

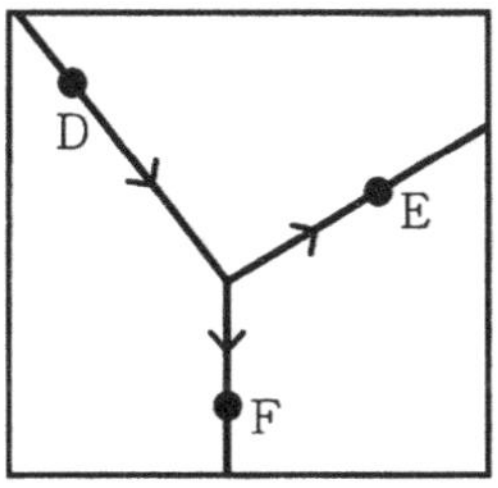

ア

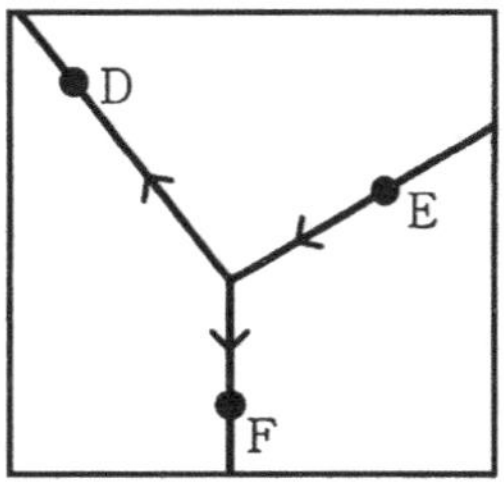

イ

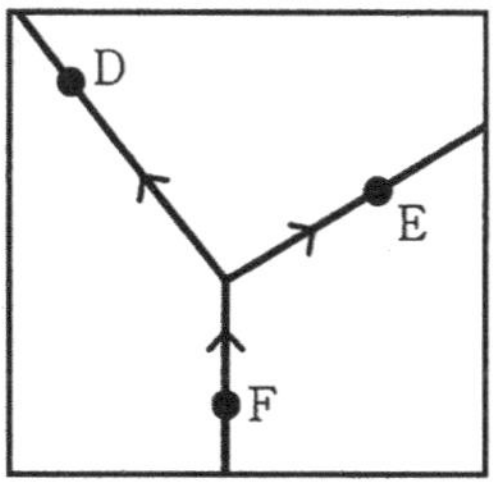

ウ

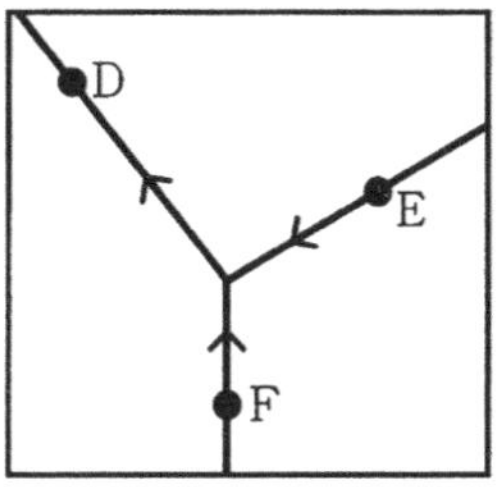

エ

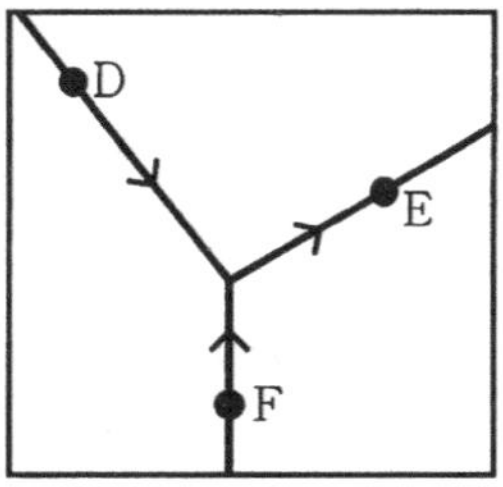

オ

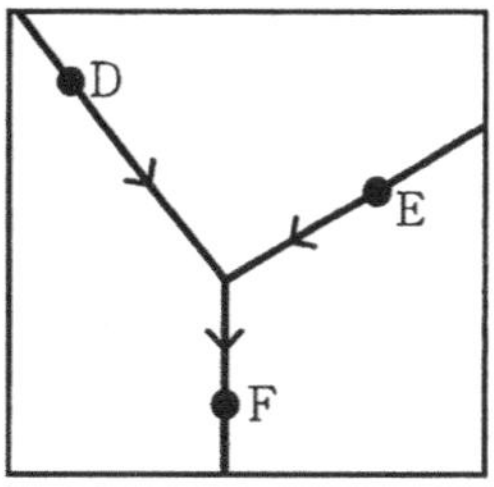

カ

問題4　音に関する次の文章を読み、後の各問いに答えなさい。

スピーカーやギターの弦《げん》のような、音を出しているものにふれたり、表面をよく観察したりすると、細かくふるえ振動《しんどう》していることがわかります。音が聞こえるのは、この振動が耳まで伝わるからです。

音を出しているものが1秒間に振動する回数を「振動数」といい、「Hz（ヘルツ）」という単位で表します。1秒間に100回振動するときの振動数が100Hzです。この振動数が大きいと高い音に、小さいと低い音に聞こえます。440Hzの音は音楽で使う音階の「ラ」で、振動数が2倍になると1オクターブ高い音、振動数が半分になると1オクターブ低い音として聞こえます。

［実験］同じ材料でできた2本の弦（直径が0.01mmと0.02mmの弦）を、それぞれ図のような実験器具に張った。図の弦の長さを変えたり、弦の一方につるしたおもりの重さを変えたりして、弦をはじいたときに出る音の振動数を測定する実験A～Hを行った。その実験の条件と結果は表のようになった。

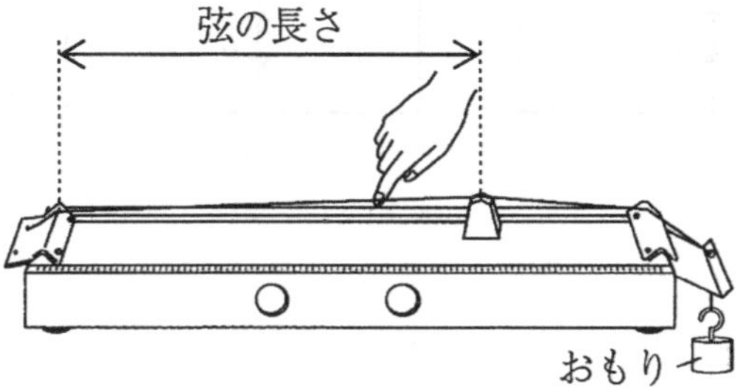

実験	条件			結果
	弦の直径〔mm〕	弦の長さ〔cm〕	おもりの重さ〔g〕	振動数〔Hz〕
A	0.01	15	200	880
B	0.01	30	200	440
C	0.01	60	200	220
D	0.01	60	800	440
E	0.02	15	①	880
F	0.02	30	200	220
G	0.02	30	800	440
H	0.02	60	800	②

問１　弦が１回振動するのに0.02秒かかるとすると、このときに出る音の振動数は何Hzですか。

問２　弦の直径と振動数の関係を調べるには、実験A～Hのどの２つを比べればよいか。最も適当なものを次のア～クから一つ選び、記号で答えなさい。

ア．AとF　　イ．AとG　　ウ．BとF　　エ．BとG
オ．CとF　　カ．CとG　　キ．DとF　　ク．DとG

問３　この実験で、弦の直径と長さを変えずに、弦から出る音を１オクターブ高くするためには、おもりの重さを何倍にすればよいですか。

問４　この実験結果から、弦をはじいたときの音をより高くするためには、弦の直径・弦の長さ・おもりの重さをそれぞれどのようにすればよいか。その組み合わせとして、最も適当なものを次のア～クから一つ選び、記号で答えなさい。

	弦の直径	弦の長さ	おもりの重さ
ア	大きくする	長くする	重くする
イ	大きくする	長くする	軽くする
ウ	大きくする	短くする	重くする
エ	大きくする	短くする	軽くする
オ	小さくする	長くする	重くする
カ	小さくする	長くする	軽くする
キ	小さくする	短くする	重くする
ク	小さくする	短くする	軽くする

問５　表中の①と②に当てはまる数をそれぞれ答えなさい。

問６　下図のギターについて説明した次の文の（　Ⅰ　）と（　Ⅱ　）に当てはまる語句の組み合わせとして、最も適当なものを後のア～カから一つ選び、記号で答えなさい。

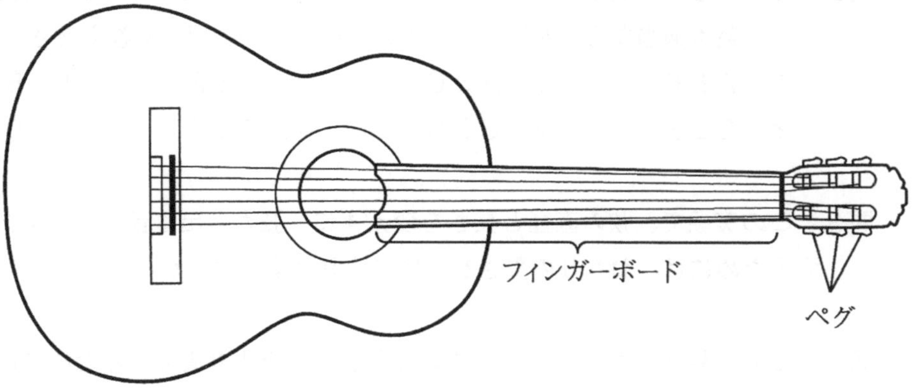

ギターを調律するときには、ペグという弦を巻きつけている部分をしめたり、ゆるめたりして弦の張り具合を調節する。これは［実験］での（　Ⅰ　）を変えることと同じである。また、演奏するときには、音の高さを変えるためにフィンガーボードに指を当てて弦を押《お》さえる。これは［実験］での（　Ⅱ　）を変えることと同じである。

	Ⅰ	Ⅱ
ア	弦の直径	弦の長さ
イ	弦の直径	おもりの重さ
ウ	弦の長さ	弦の直径
エ	弦の長さ	おもりの重さ
オ	おもりの重さ	弦の直径
カ	おもりの重さ	弦の長さ

問7　ギターで下図の★の位置を押さえて弦をはじくと「ラ」(440 Hz) の音が出た。同じ弦で「$\overline{\text{ド}}$ (高いド)」(528 Hz) の音を出すためには弦のどこを押さえればよいか。最も適当なものを下図のア～エから一つ選び、記号で答えなさい。ただし、弦はブリッジから押さえたところまでの部分が振動するものとする。

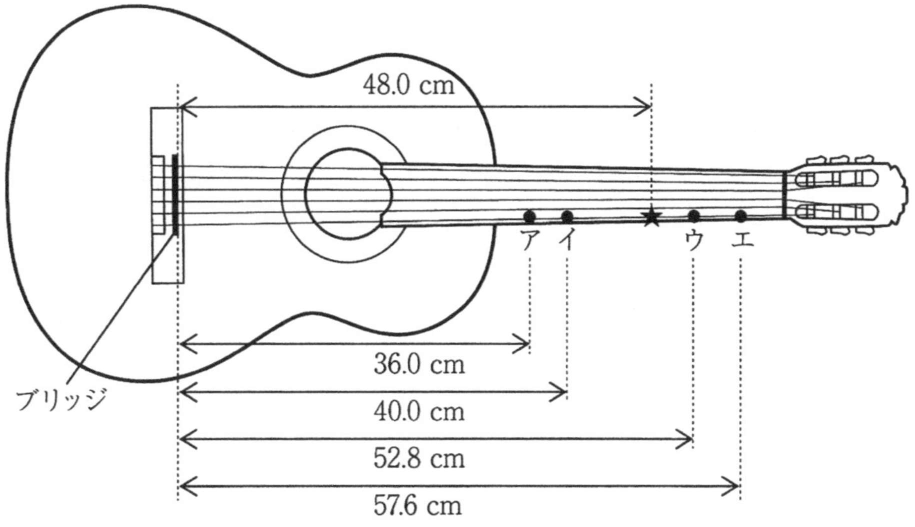

問8　ギターなどの音は「ラ」を基準として、「ド・ミ・ソ」、「ファ・ラ・$\overline{\text{ド}}$ (高いド)」、「ソ・シ・$\overline{\text{レ}}$ (高いレ)」の各音階の振動数の比がどれも「4：5：6」になるように調律する。次の表中のXとYに当てはまる数をそれぞれ答えなさい。

音階	ド	レ	ミ	ファ	ソ	ラ	シ	$\overline{\text{ド}}$	$\overline{\text{レ}}$
振動数〔Hz〕	264	X		Y		440		528	

問題5　次の文章を読み、後の各問いに答えなさい。

〔Ｉ〕 花子さんは理科の授業でメダカのことを学習したので、家でメダカを飼って観察してみようと思いました。

そこでホームセンターに行くと、店員さんがメダカの水そうに案内してくれました。花子さんはたくさんのメダカの中から、元気そうに泳いでいるメダカを15匹《ひき》選んで買いました。買ったメダカをよく観察してみると、せびれに切れこみがあるメダカが６匹いました。

家に帰ってから、花子さんは水そうの中に①水草や小石を入れ、くみ置きしていた水を入れました。エサは、ホームセンターで買った②水の中にいる小さな生物を乾燥《かんそう》させたものをあげました。

飼育を始めてからしばらく経つと、おなかに③卵をつけたメダカが見られるようになりました。花子さんは、メダカの卵がどのように育つのかを観察しました。

問１　メダカには、何種類のひれが合計何枚ついていますか。

問２　買ってきた15匹のメダカの中に、メスのメダカは何匹いるか、数字で答えなさい。

問３　下線部①の「水草」について書かれた文として、**正しくないもの**を次のア〜エから一つ選び、記号で答えなさい。

ア．水そう内の水草が多すぎると、メダカが酸素不足になってしまうことがある。

イ．水草があるとメダカは卵を産みつけやすくなる。

ウ．メダカの入った水そうは、水草がよく光合成をするように直接日光があたるところに置く。

エ．水草は、メダカがかくれる場所になる。

問4　下線部②の「水の中にいる小さな生物」の一つにミドリムシがいる。それを食料やバイオ燃料として利用することで地球規模のさまざまな問題を解決できるのではないかと近年注目されている。ミドリムシのスケッチとして、最も適当なものを次のア～カから一つ選び、記号で答えなさい。

ア　イ　ウ　エ　オ　カ

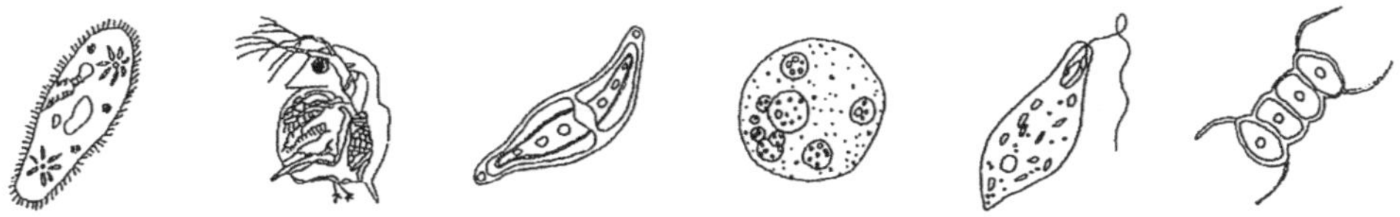

問5　下線部③の「卵」について、メダカの卵とヒトの卵の大きさ（直径）の組み合わせとして、最も適当なものを次のア～カから一つ選び、記号で答えなさい。

	メダカの卵	ヒトの卵
ア	約0.14mm	約1mm
イ	約0.14mm	約10mm
ウ	約1mm	約0.14mm
エ	約1mm	約10mm
オ	約10mm	約0.14mm
カ	約10mm	約1mm

問6　メダカが呼吸をするときの水の流れとして、最も適当なものを次のア～カから一つ選び、記号で答えなさい。

ア．口から入り、口から出る。
イ．口から入り、エラから出る。
ウ．エラから入り、エラから出る。
エ．エラから入り、口から出る。
オ．全身のうろこから入り、口から出る。
カ．全身のうろこから入り、エラから出る。

〔Ⅱ〕 メダカのオスとメスの両方が入った水そう①～⑥を用意して、下のように一日の中で照明を当てる時間と照明を当てない時間を変えて飼育をした。メダカが照明に慣れてから、毎日産卵のようすを調べたところ、結果は次のようになった。後の各問いに答えなさい。

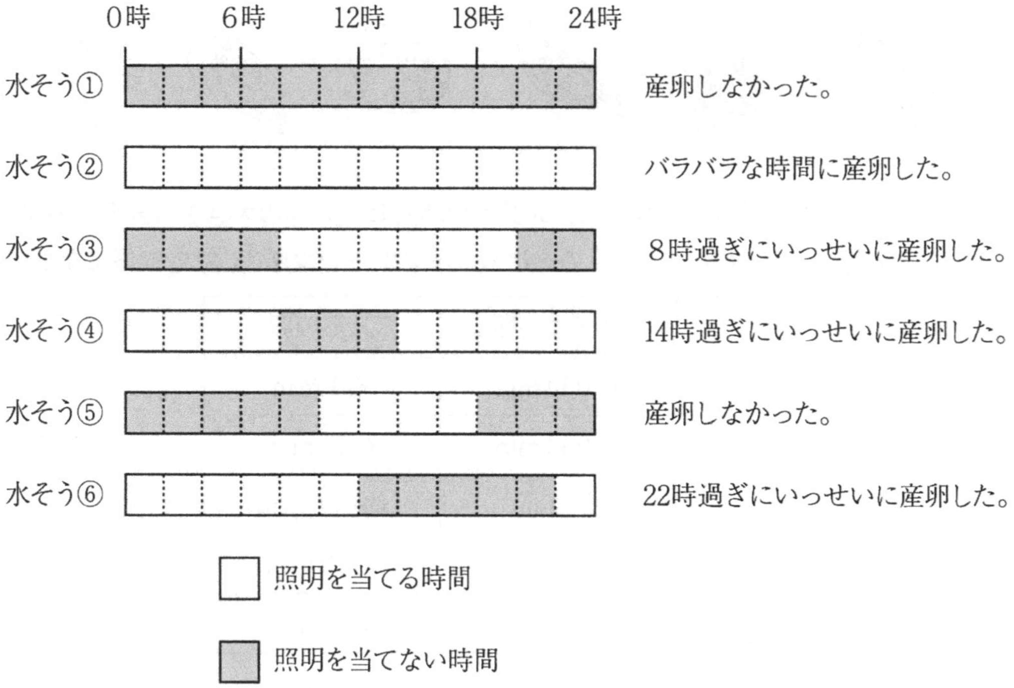
0時
6時
12時
18時
24時
水そう①
産卵しなかった。
水そう②
バラバラな時間に産卵した。
水そう③
8時過ぎにいっせいに産卵した。
水そう④
14時過ぎにいっせいに産卵した。
水そう⑤
産卵しなかった。
水そう⑥
22時過ぎにいっせいに産卵した。
照明を当てる時間
照明を当てない時間

問７　実験の結果から考えられることとして、最も適当なものを次のア～オから一つ選び、記号で答えなさい。

ア．メダカが産卵するのは、一日のうち照明を当てる時間と照明を当てない時間の両方があるときである。

イ．メダカが産卵するのは、一日のうち照明を当てない時間が10時間以下のときである。

ウ．メダカが産卵するのは、一日のうち照明を当てる時間が12時間以上のときである。

エ．メダカがいっせいに産卵するのは、照明をある一定時間以上当てたときである。

オ．メダカがいっせいに産卵するのは、照明を消してすぐの時刻である。

問８　実験の結果から、川や池にすんでいるメダカはいつ産卵すると考えられるか。最も適当なものを次のア～カから一つ選び、記号で答えなさい。

ア．春から秋にかけて、朝明るくなったら産卵する。

イ．春から秋にかけて、夜暗くなったら産卵する。

ウ．秋から春にかけて、朝明るくなったら産卵する。

エ．秋から春にかけて、夜暗くなったら産卵する。

オ．一年中、朝明るくなったら産卵する。

カ．一年中、夜暗くなったら産卵する。

2022年度　後期日程

同志社女子中学校
入学考査問題

【社　　会】

(45分)

（注　意）

・試験開始の指示があるまで、この問題冊子の中を見てはいけません。
・試験開始の指示があったら、冊子のページがそろっているかを確認《にん》してください。もし、不備があれば手をあげてください。　【ページ数　社会：１～18】
・解答用紙は、問題冊子の中にはさんであります。答えはすべて解答用紙に書きなさい。
・解答を始める前に、解答用紙に「受験番号・氏名」を必ず書きなさい。
・試験終了の指示があったら、すぐに鉛《えん》筆を置き、問題冊子をそろえ、その上に解答用紙を表向きに置いて静かに待っていてください。

問題1　第二次世界大戦後から現在までの日本の政治や経済について、次の各文を読んで、後の問いに答えなさい。

Ⅰ　戦争に敗れた日本は、アメリカを中心とする連合国軍に占領《せんりょう》された。日本政府は、その指示のもとで、①民主的な社会を作るための改革を次々と進めていった。

Ⅱ　②日本国憲法が施行《しこう》されてから、今年の【　Ａ　】で〈　Ｂ　〉年目の憲法記念日を迎《むか》える。この憲法は、基本的人権が尊重された③平和な社会を築くことを目指し、④政治の在り方を最終的に決定する権利は国民が持つことこそが政治の大原則であるとしている。国民は⑤選挙で政治に関する選択《せんたく》をするのだが、そのためには、前提として選択にかかる⑥情報を知ること、知る権利が保障されていることが不可欠だ。

Ⅲ　⑦製鉄業や造船業、⑧自動車産業や精密機械、電子機械などの工業を重工業といい、石油の精製などを通じて、プラスチックや薬品などを作る工業と合わせて、重化学工業という。重化学工業の工場は、⑨太平洋ベルトと呼ばれる地域に集中している。また、⑩高度経済成長期のころから、重化学工業が急激に盛んになり、日本の国民総生産（ＧＮＰ）は高度経済成長の末期には⑪アメリカに次いで世界第２位になった。

問１　①民主的な社会を作るための改革に当てはまらないものを、次のア～カから２つ選び、記号で答えなさい。

ア．６・３制の義務教育と男女共学が始まった。

イ．一定の国税を納めた20歳以上の男女に選挙権が与《あた》えられた。

ウ．労働者が労働組合をつくることができるようになった。

エ．大地主の土地を強制的に買い上げ、小作人に安く売り渡《わた》した。

オ．国民が裁判に参加する裁判員制度が始まった。

カ．独占的な企業を解体した。

問２　②日本国憲法について書かれた次の各文の（　　）に当てはまる語を、後のア～タから選び、記号で答えなさい。

・象徴天皇制が定められ、天皇は（　１　）の助言と承認にもとづいて（　２　）行為《こうい》のみを行い、国政に関する権限は持たない。

・人種、信条、性別、社会的身分などにより差別されない（　３　）権が定められている。

・立法権は国会、（　4　）権は内閣、司法権は裁判所に担《にな》わせ、それぞれが抑制《よくせい》しあう三権分立のしくみが定められている。

・憲法を改正するには、衆議院と参議院でそれぞれ総議員の（　5　）以上の賛成と、（　6　）投票で過半数の賛成が必要と定められている。

ア．国民　　イ．国会　　ウ．公式　　エ．神事
オ．国事　　カ．内閣　　キ．行政　　ク．裁判所
ケ．５分の４　　コ．４分の３　　サ．３分の２　　シ．２分の１
ス．統治　　セ．社会　　ソ．自由　　タ．平等

問３　【　A　】に当てはまる月日を答えなさい。

問４　〈　B　〉に当てはまる数字を、次のア～エから１つ選び、記号で答えなさい。
ア．60　　イ．65　　ウ．70　　エ．75

問５　③平和に関して誤りのあるものを、次のア～エから１つ選び、記号で答えなさい。
ア．第９条では、武力や武力によるおどしで、国と国との争いを解決することは永久にしない、と定められている。
イ．1951年９月、アメリカのサンフランシスコで講和会議が開かれ、日本はアメリカ・イギリスなど48か国と平和条約を結び、翌年に独立を回復した。
ウ．1951年９月、日米安全保障条約が結ばれ、アメリカ軍が日本の基地にとどまることになった。
エ．自衛隊は、日本の国を守るために創設されたのであるから、海外で国連の平和維持《いじ》活動に参加したことはない。

問６　④政治の在り方を最終的に決定する権利は国民が持つことを何というか、漢字４字で答えなさい。

問７　昨年（2021年）に行われた⑤選挙を、次のア～エから１つ選び、記号で答えなさい。
ア．衆議院議員総選挙　　イ．参議院議員通常選挙
ウ．統一地方選挙　　エ．東京都知事選挙

問８　⑥情報について書かれた次の各文の（　　）に当てはまる語を、下のア～コから選び、記号で答えなさい。

・大量の情報を多くの人に一度に送るのは、これまで新聞やテレビなどの（　１　）しかできなかった。しかし、世界中で（　２　）が利用されるようになったことや、スマートフォンなどの情報通信機器が急速に広まったことで、いつでも、どこでも、だれでも、簡単に情報を手に入れられるようになった。また、（　２　）を使ったサービスである（　３　）などで多くの人と交流することができるようになった。

・電気製品や自動車など、さまざまなものが（　２　）につながり、情報をやり取りし、たとえば、エアコンなどの電気製品を外出先からスマートフォンなどで操作できるようにもなってきている。このような（　４　）の技術を活用することによって、これまでになかった、より高い価値やサービスを生み出すことが可能になった。

・コンビニエンスストアでは、商品を買うときにバーコードを読み取り、売れた商品の種類や数などが自動的に記録され本部に送信される（　５　）システムが使われている。本部ではこれらの大量の情報を分析《ぶんせき》し、人々がどのようなものを求めているのかを考えて、新しい商品開発や販売《はんばい》に役立てている。また、支払《しはら》いのときには、あらかじめ入金したＩＣカードやクレジットカード、スマートフォンなどで支払いをすることができる（　６　）なども使われるようになってきた。

ア．ＰＯＳ　　イ．ＳＮＳ　　ウ．ＩｏＴ　　エ．ＡＩ
オ．ポイントカード　　カ．マスメディア　　キ．電子マネー
ク．ジャスト・イン・タイム　　ケ．ＧＰＳ　　コ．インターネット

問９　⑦製鉄業について、次のグラフは世界の鉄鋼生産量上位４か国の生産量を表したものです。グラフ中のＸの国を下のア～エから選び、記号で答えなさい。

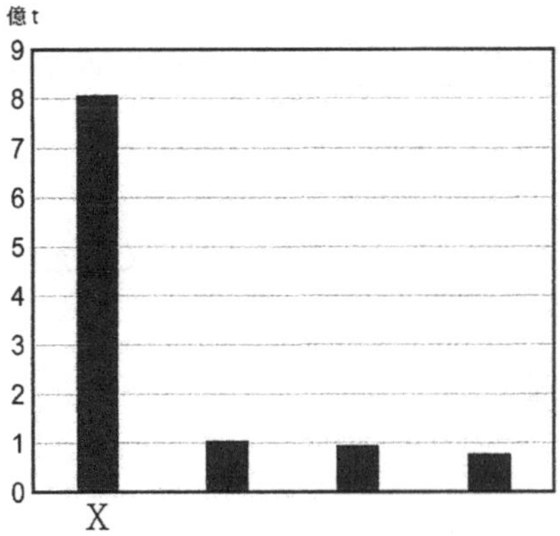

鉄鋼生産量（2016年）

『日本国勢図会　2017/18年版』より作成

ア．日本　　イ．アメリカ
ウ．中国　　エ．インド

問10　⑧自動車産業について、次の文の（　　）に当てはまる語を漢字で答えなさい。2つの（　　）には同じ語が入ります。

日本の自動車産業は、1960年代は国内向け生産を中心に生産が増え、70年代は輸出が盛んになって成長した。その後、80年代にはアメリカを中心に貿易摩擦《まさつ》が起こった。摩擦を解消するために日本の自動車産業は（　　　）を始めた。今では（　　　）が国内生産を上回っている。

問11　重化学工業が、⑨太平洋ベルトと呼ばれる地域に集中している理由としてふさわしくないものを、次のア～エから１つ選び、記号で答えなさい。

ア．人口が多く、働く人や製品を利用する人が多いから。
イ．平野が多いため、内陸部より土地の値段が安いから。
ウ．高速道路が早くから通り、トラックで製品を早く運ぶのに都合がいいから。
エ．船を使って原料や製品を運びやすいから。

問12　次の年表は、第二次世界大戦の終結から現在までの日本の出来事を、起こった順に並べたものです。⑩高度経済成長期の期間として最も適当なものを、ア～エから選び、記号で答えなさい。

日本がポツダム宣言を受け入れる
ア
日本が国連に加盟する
イ
オイルショックが起こる
ウ
京都で地球温暖化防止会議が開かれる
エ
東京で２回目のオリンピック・パラリンピックが開催《かいさい》される

問13　⑪アメリカの現在の大統領を、次のア～エの写真から選び、記号で答えなさい。

ア

イ

ウ

エ

問題２　次の文章を読んで、後の問いに答えなさい。

静《しずか》さんは、夏休みの宿題の「歴史新聞」をつくるため、図書館に行きました。

図書館では、本がテーマごとに分類されて並べられています。静さんは、分類の一つである歴史の本棚《ほんだな》へ向かいました。歴史の本棚は複数あり、さらにくわしく分類されていました。順番にみていくと、「世界史」、「日本史」、①「アジア史（東洋史）」、「ヨーロッパ史（西洋史）」、「アフリカ史・南北アメリカ史」、「伝記」とそれぞれ本棚に大きく表示されていました。

一番初めにある「世界史」の本棚には、『歴史学入門』や②『20世紀の歴史学』といった歴史という学問についての本や、『世界の古代遺跡』や『世界の歴史』のようなシリーズ本が並べられていました。

日本の歴史を調べようとしていた静さんは、「日本史」の本棚へ向かいました。本棚には、『日本の歴史』や『日本史』といった日本の歴史の全体像を示す本が並び、続いて、「原始・古代」、③「中世」、「近世」、④「近代・現代」という見出しの間仕切りがありました。それぞれの見出しの後に並ぶ本を見てみると、「原始・古代」の見出しの後には、⑤縄文時代や弥生時代、⑥古墳時代、⑦飛鳥時代、奈良時代といった小見出しがありました。同じように、「中世」には、⑧平安時代、鎌倉時代、⑨室町時代、戦国時代、「近世」には、⑩安土・桃山時代、⑪江戸時代、「近代・現代」には、江戸末期・幕末史、⑫明治時代、⑬大正時代、⑭昭和・平成時代といった小見出しがありました。

日本と外国の交流について興味を持っていた静さんは、「アジア史」、「ヨーロッパ史」、「アフリカ史・南北アメリカ史」の本棚にも足を運びました。どの本棚も時代や地域ごとにそれぞれ整理されて並べられていました。また、「伝記」の本棚は、大きく日本と世界で分けられており、それぞれ時代を問わず人名のアルファベット順に並べられていました。

静さんはさまざまな本を見る中で、「朝鮮通信使」についての入門書を見つけました。さらに、静さんは、（　X　）藩に仕え、朝鮮との外交を担当していた雨森芳洲《あめのもりほうしゅう》の伝記を見つけました。これらの本を参考にして、（　Y　）における外国との交流をテーマにした「歴史新聞」をつくることにしました。

問１　下線部①に関して、東アジアに分類される国として適当なものを、次のア～エから１つ選び、記号で答えなさい。

ア．中国　　イ．サウジアラビア　　ウ．インド　　エ．インドネシア

問２　下線部②に関して、20世紀の期間（西暦）として正しいものを、次のア～エから１つ選び、記号で答えなさい。

ア．1900年～1999年　　イ．1900年～2000年

ウ．1901年～1999年　　エ．1901年～2000年

問３　下線部③に関して、次のＡ～Ｄは、中世から近世に起きた争いについて述べたものです。Ａ～Ｄに当てはまるものを、下のア～コからそれぞれ選び、記号で答えなさい。

Ａ．将軍のあとつぎをめぐって生じた内乱は、京都から地方へと広がり、11年間におよぶ大きな戦乱となった。

Ｂ．尾張の小さな大名であった織田信長が今川義元の大軍を破り、全国にその名が広まった。

Ｃ．山口県で起きた源平最後の戦いとして知られ、源氏に敗れた平氏はほろぼされた。

Ｄ．岐阜県で起きた天下分け目の戦いとして知られ、戦いに勝利した徳川家康は、全国支配を確かなものにした。

ア．桶狭間の戦い　　イ．壇ノ浦の戦い　　ウ．長篠の戦い　　エ．保元の乱
オ．関ヶ原の戦い　　カ．平治の乱　　キ．応仁の乱　　ク．一ノ谷の戦い
ケ．承久の乱　　コ．島原・天草一揆

問４　下線部④に関して、次のＡ～Ｄは、近代に活躍《かつやく》した人物について述べたものです。Ａ～Ｄに当てはまるものを、下のア～コからそれぞれ選び、記号で答えなさい。

Ａ．「もともと、女性は太陽であった。しかし今、女性は月である」と述べ、女性の地位の向上を目指す運動を展開した。

Ｂ．倒幕運動で大きな役割を果たした一方、西南戦争の中心人物として、明治政府の改革に不満を持つ士族とともに戦った。

Ｃ．イギリスを手本にした憲法と議会の設立を主張し、立憲改進党という政党をつくった。

Ｄ．日露戦争における日本海海戦でロシアの大艦隊《かんたい》を破り、戦争を勝利に導いた英雄《えいゆう》とされた。

ア．新渡戸稲造　　イ．東郷平八郎　　ウ．木戸孝允　　エ．陸奥宗光
オ．平塚らいてう　　カ．大隈重信　　キ．西郷隆盛　　ク．与謝野晶子
ケ．板垣退助　　コ．樋口一葉

問５　下線部⑤の遺跡として知られる三内丸山遺跡の場所と説明の組み合わせとして適当なものを、次のア～エから１つ選び、記号で答えなさい。

ア．青森県－くりやくるみなどを栽培《さいばい》していた。

イ．青森県－たくわえた米などをめぐり、むら同士で争いが起こった。

ウ．佐賀県－くりやくるみなどを栽培していた。

エ．佐賀県－たくわえた米などをめぐり、むら同士で争いが起こった。

問６　下線部⑥において、金属工芸・土木などの諸技術を日本に伝えた、主として朝鮮半島からやってきた人々を何というか、漢字で答えなさい。

問7　下線部⑦において、中臣鎌足とともに蘇我氏をほろぼした人物はのちに［　　］天皇となり、新たな国づくりを進めました。［　　］に当てはまる語を漢字で答えなさい。

問8　下線部⑧は何年ほど続いたか、最も適当なものを、次のア～エから１つ選び、記号で答えなさい。

ア．約250年　　　イ．約300年　　　ウ．約350年　　　エ．約400年

問9　下線部⑨の文化の説明として適当なものを、次のア～エから１つ選び、記号で答えなさい。

ア．人の世（浮世）の日常の姿を題材とした浮世絵が数多く印刷された。

イ．書院造の床《とこ》の間をかざる生け花が盛んになった。

ウ．貴族の生活の様子《ようす》や風景がえがかれた大和絵が生まれた。

エ．人形を使って演じられる人形浄瑠璃が広まった。

問10　下線部⑩において、中国を征服《せいふく》しようと考えた豊臣秀吉は、朝鮮に二度にわたって大軍を送りました。当時の中国の王朝を、次のア～エから１つ選び、記号で答えなさい。

ア．元　　　イ．清　　　ウ．明　　　エ．宋

問11　下線部⑪の後半になると、大きなききんが何度か起こり物価も大きく上がったので、百姓一揆や打ちこわしが全国各地で起こるようになりました。大阪でもききんの影響《えいきょう》は大きく、幕府の元役人である［　　］は、生活に苦しむ人々を救うために同志を集めて兵をあげ、大商人のやしきなどに攻《せ》め入りました。［　　］に当てはまる人名を漢字で答えなさい。

問12　下線部⑫に関して、次のⅠ・Ⅱの風刺《ふうし》画を見て、後の問いに答えなさい。

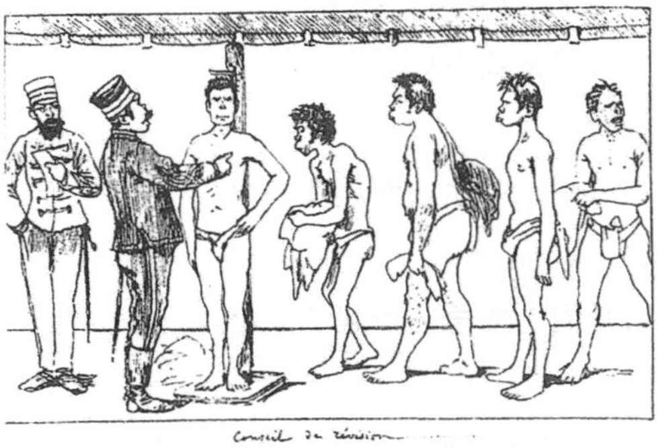

Ⅰ

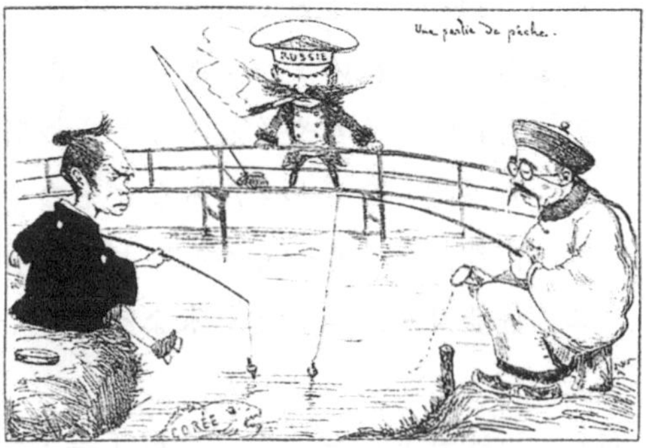

Ⅱ

(A) Ⅰは、富国強兵を目指す明治政府のある法令にもとづいて行われた検査の様子を風刺しています。この法令を漢字で答えなさい。

(B) Ⅱは、19世紀末の国際関係を風刺しています。次の文章を読み、(a)～(c)に当てはまる語の組み合わせとして適当なものを、下のア～カから１つ選び、記号で答えなさい。

日本と(a)が(b)と書かれた魚を釣《つ》ろうとしており、(c)がその様子をうかがっている。

	ア	イ	ウ	エ	オ	カ
a	ロシア	ロシア	朝鮮	朝鮮	中国	中国
b	朝鮮	中国	ロシア	中国	朝鮮	ロシア
c	中国	朝鮮	中国	ロシア	ロシア	朝鮮

問13　下線部⑬の説明として誤っているものを、次のア～エから１つ選び、記号で答えなさい。

ア．ラジオ放送が始まり、新聞と並び人々の情報源となった。

イ．働く女性が増加し、洋服が女性の間にも広まった。

ウ．全国水平社が設立されて、差別をなくす運動が展開された。

エ．治安維持法が制定されて、労働者の権利が拡大した。

問14　下線部⑭に関して、後の問いに答えなさい。

(A) 次のａ～ｃの出来事を起こった順に並べかえたものとして正しいものを、下のア～カから１つ選び、記号で答えなさい。

ａ．二・二六事件　　　ｂ．五・一五事件　　　ｃ．日中戦争

ア．ａ→ｂ→ｃ　　イ．ａ→ｃ→ｂ　　ウ．ｂ→ａ→ｃ

エ．ｂ→ｃ→ａ　　オ．ｃ→ａ→ｂ　　カ．ｃ→ｂ→ａ

(B) 次のａ・ｂの正誤の組み合わせとして正しいものを、下のア～エから１つ選び、記号で答えなさい。

ａ．1941年12月、日本軍がハワイの真珠湾《しんじゅわん》にあったアメリカの軍港を攻撃《こうげき》し、太平洋戦争が始まった。

ｂ．1945年８月６日に広島、９日には長崎に、アメリカ軍によって原子爆弾が投下された。

	ア	イ	ウ	エ
a	正	正	誤	誤
b	正	誤	正	誤

問15 （ X ）・（ Y ）に当てはまる語の組み合わせとして適当なものを、次のア～ケから１つ選び、記号で答えなさい。

	ア	イ	ウ	エ	オ	カ	キ	ク	ケ
X	薩摩	薩摩	薩摩	対馬	対馬	対馬	長州	長州	長州
Y	中世	近世	近代・現代	中世	近世	近代・現代	中世	近世	近代・現代

問16 静さんが利用した図書館について述べた文として最も適当なものを、次のア～エから１つ選び、記号で答えなさい。

ア．歴史という学問について調べるのであれば、「日本史」の本棚に並ぶ本を探せば良い。

イ．「アジア史」の本棚の中に「日本史」の間仕切りがあり、日本史の本が並べられている。

ウ．古墳時代について調べるのであれば、「中世」の間仕切りの後に並ぶ本を探せば良い。

エ．「伝記」の本棚では、北条政子の伝記が聖徳太子の伝記よりも前に並んでいる。

二〇二二年度　後期日程　同志社女子中学校入学考査問題　【国語】解答用紙

※100点満点

問題一

問1

問2

問3

問4

問5

問6

問7

問8

問9

問10

問11

問12

a

b

c

d

e

問１．４点
問２．３点
問３．３点
問４．３点
問５．４点
問６．４点
問７．４点
問８．４点
問９．４点
問10．４点
問11．４点
問12．２点×５

問題二

問1

問2

A

B

C

D

問3

問4

問5

問6

(1)

(2)

あ	
い	

問題4　8点

台	

問題5　完答8点

ア		イ		ウ		エ	

問題6　問1．5点　問2．5点　問3．6点

問1	分速　m
問2	9　時　分
問3	

答え　点

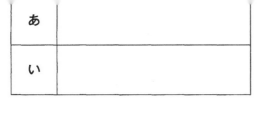

問３	
問４	鉄：酸素 ＝　　　：
問５	g
問６	
問７	

問題３　３点×７

問１	
問２	
問３	
問４	
問５	
問６	
問７	

	Y	

問題５　３点×８（問１は完答）

問１	種類	種類
	枚数	合計　　枚
問２	匹	
問３		
問４		
問５		
問６		
問７		
問８		

問8	1	2	3
	4	5	6
問9			
問10			
問11			
問12			
問13			

問1．１点×２
問2．１点×６
問3．１点
問4．１点
問5．２点
問6．２点
問7．２点
問8．１点×６
問9．１点
問10．２点
問11．２点
問12．２点
問13．１点

問9		
問10		
問11		
問12	A	
	B	
問13		
問14	A	
	B	
問15		
問16		

問1．２点
問2．２点
問3．１点×４
問4．１点×４
問5．２点
問6．２点
問7．２点
問8．２点
問9．２点
問10．２点
問11．２点
問12．２点×２
問13．２点
問14．２点×２
問15．２点
問16．２点

	(5)		
	(6)		
問3	(1)		
	(2)	①	
		②	
		③	

２点×15

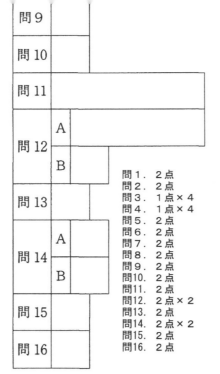

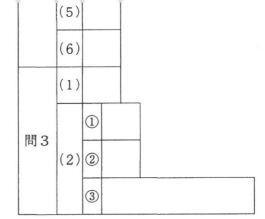

受験番号	

氏　名	

※100点満点

2022年度　後期日程　同志社女子中学校入学考査問題【社会】解答用紙

問題1

問1					
問2	1	2	3		
	4	5	6		
問3	月	日			
問4					
問5					
問6					

問題2

問1				
問2				
問3	A	B	C	D
問4	A	B	C	D
問5				
問6				
問7	天皇			

問題3

問1	(1)	①			半　島
		②			湖
		③			半　島
	(2)				
問2	(1)	①			
		②			
	(2)				
	(3)				

【解答用

受験番号	

氏　名	

※100点満点

2022年度　後期日程　同志社女子中学校入学考査問題【理科】解答用紙

問題１　２点×５（問４は完答）

問１	
問２	
問３	
問４	
問５	種類

問題２　問１～３．２点×３　問４～７．３点×４

問題４　問１～３．２点×３　問４～７．３点×７

問１		Hz
問２		
問３		倍
問４		
問５	①	
	②	
問６		
問７		

【解答

受験番号	

氏　名	

※100点満点

2022年度　後期日程　同志社女子中学校入学考査問題【算数】解答用紙

問題1　7点×2

問1	
問2	

問題2　7点×2

問1	
問2	個

問題7　7点×2

問1	cm^2
問2	cm

問題8　8点

cm^3

問題9　10点

〔求め方〕

【解答

問7

問8

問9

I

II

III

問10

問1.
問2.
問3.
問4.
問5.
問6.

問7.
問8.
問9.
問10.

【解答

受験番号
氏名

問題は次のページに続きます。

問題3　京都市に住む葵《あおい》さんは、夏休みに祖父母が住んでいる静岡県袋《ふくろ》井《い》市に行き、夏休みの宿題である地域調べを行いました。後の問いに答えなさい。

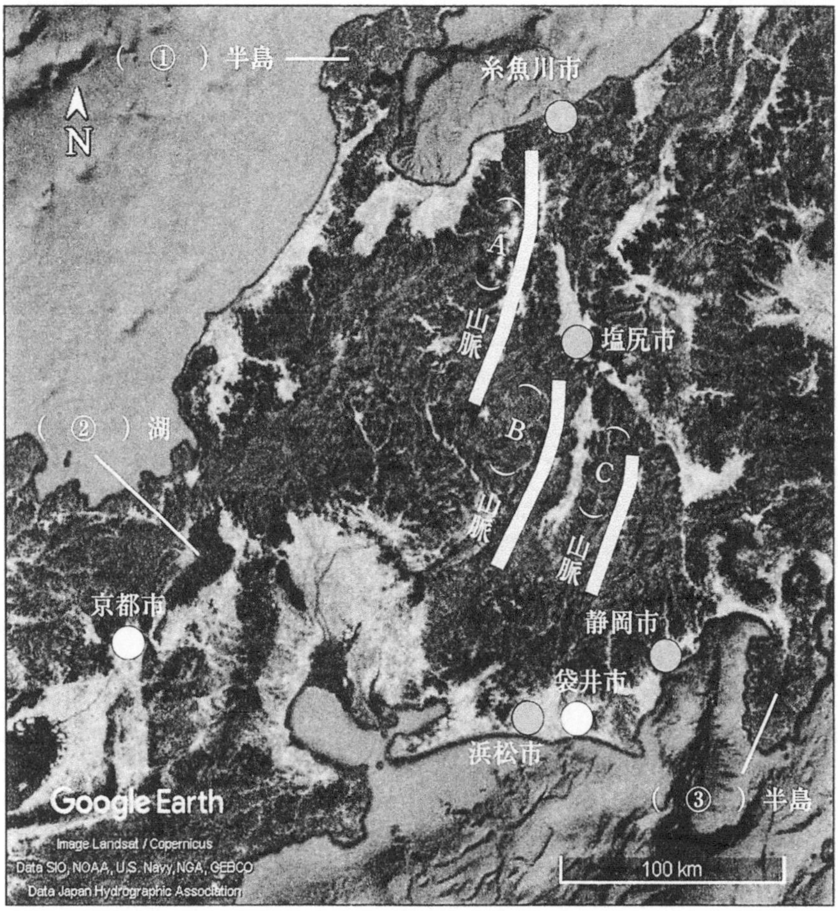

図1　Google Earthより

問1　葵さんはGoogle Earthで袋井市の位置を調べました。図1を見て、後の問いに答えなさい。

（1）（　①　）～（　③　）に当てはまる地名を、解答欄《らん》に合うようにそれぞれ漢字で答えなさい。

（2）A～Cの山脈は、合わせて日本アルプスと呼ばれています。それぞれの名称《めいしょう》として正しいものを、次のア～カから1つ選び、記号で答えなさい。

	ア	イ	ウ	エ	オ	カ
A	赤石	赤石	木曽	木曽	飛驒	飛驒
B	木曽	飛驒	赤石	飛驒	木曽	赤石
C	飛驒	木曽	飛驒	赤石	赤石	木曽

問2　葵さんは、袋井市のホームページから情報を得ることにしました。ホームページにある画像（図2）を見て、葵さんと袋井市に住む友人の優《ゆう》さんが会話をしています。葵さんと優さんの会話文を読んで、後の問いに答えなさい。

図2　袋井市ホームページより

【葵さんと優さんの会話】

葵：この画像から袋井市がどのような地域か、分かる気がするね。

優：そうだね。かつて江戸の日本橋から京都の三条大橋までの街道に53の宿場町があったけれど、袋井宿はどちらから数えても27番目の宿場だったのよ。

葵：だから（　①　）のどまん中なんだね。

優：長野県塩尻《しおじり》市には、江戸から京都まで内陸を経由した（　②　）のどまん中の宿場町だった奈良井宿という場所があるわ。袋井市は、その塩尻市と姉妹都市になっているよ。

葵：Google Earth（図1）を見ると、2つの市は、ほぼ同じ（　③　）にあるね。中央の人たちは凧《たこ》あげをしているの？

優：このあたりの地域は、子どもの成長を祈《いの》って凧あげをする文化があるの。この地域は冬になると、遠州《えんしゅう》の（　④　）という乾《かわ》いた強い風が（　⑤　）から吹くけれど、そのことも凧あげが盛んになった背景なのかもしれないね。

葵：気候と文化の関係を調べるのもおもしろそうだね。左側に見えるのはメロンかな？有名なの？

優：このあたりの地域は、日本で最初に（あ）メロンの温室栽培《さいばい》が行われた場所と聞いたことがあるよ。袋井市で栽培されたメロンは、「クラウンメロン」としてブランド化しているよ。それから（い）茶の栽培も盛んで、「ふくろい茶」として知られているわ。

葵：ありがとう。（う）袋井市の農業についても、もう少し調べてみるね。

（1）会話文中、（　①　）と（　②　）に当てはまる街道の名称を、それぞれ漢字３字で答えなさい。

（2）会話文中、（　③　）と（　④　）に当てはまる語の組み合わせとして正しいものを、次のア～エから１つ選び、記号で答えなさい。

	ア	イ	ウ	エ
③	緯度	緯度	経度	経度
④	やませ	からっ風	やませ	からっ風

（3）会話文中、（　⑤　）に当てはまる方角として適当なものを、次のア～エから１つ選び、記号で答えなさい。

ア．北東　　イ．北西　　ウ．南西　　エ．南東

（4）下線部（あ）について、葵さんは袋井市周辺の気候がメロンの生産を盛んにした背景にあると考え、袋井市周辺、塩尻市周辺、糸魚川《いといがわ》市周辺の月別平均気温と月別平均日照時間を比較《ひかく》しました。図３中の①～③は、袋井市周辺、塩尻市周辺、糸魚川市周辺のいずれかです。①～③と各地域の組み合わせとして適当なものを、下のア～カから１つ選び、記号で答えなさい。

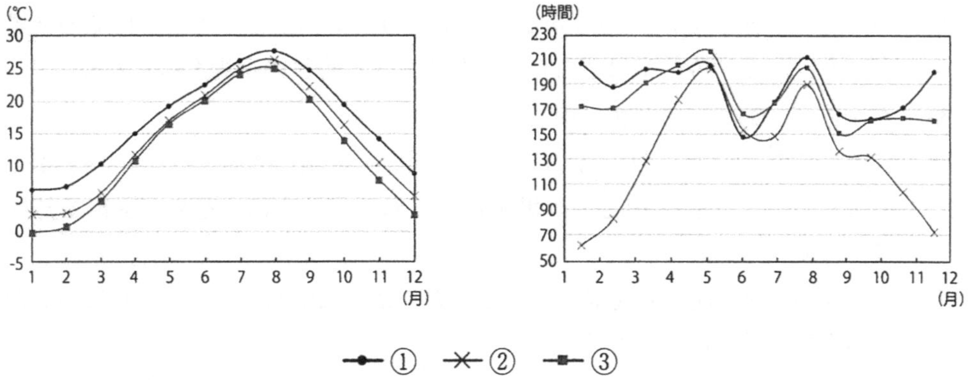

図３　３地域の月別平均気温（左）と月別平均日照時間（右）

	ア	イ	ウ	エ	オ	カ
袋井市周辺	①	①	②	②	③	③
塩尻市周辺	②	③	①	③	①	②
糸魚川市周辺	③	②	③	①	②	①

（5）下線部（い）に関連して、葵さんは静岡県で生産が盛んな農作物を調べました。次の①～③の表は、茶、みかん、いちごのいずれかの生産上位の都道府県を示しています。①～③の表と農作物の組み合わせとして適当なものを、下のア～カから1つ選び、記号で答えなさい。

①

	都道府県	生産量（t）
1位	和歌山	156,000
2位	愛媛	125,400
3位	静岡	85,900
4位	熊本	80,700
5位	長崎	54,000

②

	都道府県	生産量（t）
1位	静岡	29,500
2位	鹿児島	28,000
3位	三重	5,910
4位	宮崎	3,510
5位	京都	2,900

③

	都道府県	生産量（t）
1位	栃木	25,400
2位	福岡	16,700
3位	熊本	12,500
4位	長崎	11,100
5位	静岡	10,600

2019年農林水産省統計より作成

	ア	イ	ウ	エ	オ	カ
①	みかん	みかん	茶	茶	いちご	いちご
②	茶	いちご	みかん	いちご	みかん	茶
③	いちご	茶	いちご	みかん	茶	みかん

（6）下線部（う）について、葵さんは袋井市の農業の特徴《とくちょう》を調べるため、次の表を作成しました。表を見て、下の①・②の文の正誤の組み合わせとして正しいものを、後のア～エから1つ選び、記号で答えなさい。

表

	人口（人）	農業従事者数（人）	農業産出額（千万円）
袋井市	44,928	1,621	585
浜松市	401,729	11,576	3,773
静岡市	350,852	6,725	1,390

2015年農林業センサス、2019年農林水産省統計より作成

①人口に占める農業従事者の割合が最も高い市は、浜松市である。

②農業従事者1人あたりの農業産出額が最も大きい市は、袋井市である。

	ア	イ	ウ	エ
①	正	正	誤	誤
②	正	誤	正	誤

問3　次の図4は、袋井市周辺の20万分の1の地勢図（拡大）です。葵さんは、祖父母が住んでいる袋井市の南部で地域調べを行いました。後の問いに答えなさい。

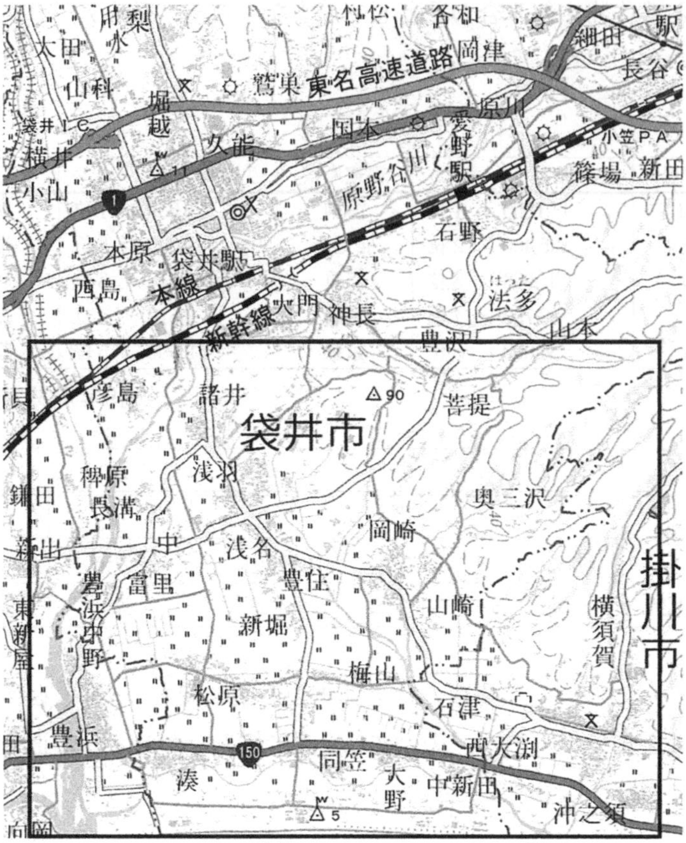

図4　（図中の枠《わく》は図5のおおよその範囲《はんい》）

（1）葵さんは、地理院地図を使って図4全体の範囲を上空から眺《なが》めた鳥瞰図《ちょうかんず》を作成しました。次の図は、東、西、南、北いずれの方角から見たものか、下のア～エから1つ選び、記号で答えなさい。

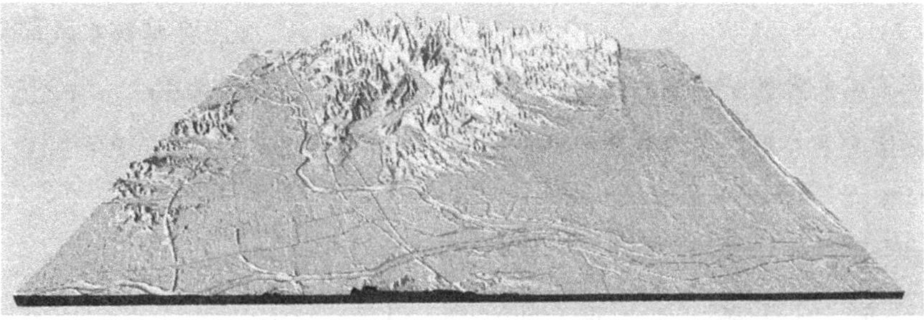

鳥瞰図（高さは5倍に強調）

ア．東　　イ．西　　ウ．南　　エ．北

（2）図5は、袋井市南部の地形図に16世紀後半の水域（青色）を重ねたもので、そこには江戸時代以前に造られた「中畦堤《なかうねづつみ》」（赤破線）という堤防《ていぼう》があります。図6は、葵さんが現在の地形図に「中畦堤」と、江戸時代に造られた「浅羽大囲堤《あさばおおがこいづつみ》」（黒破線）があった位置を描《か》き写したものです。これに関して、後の①～③の問いに答えなさい。

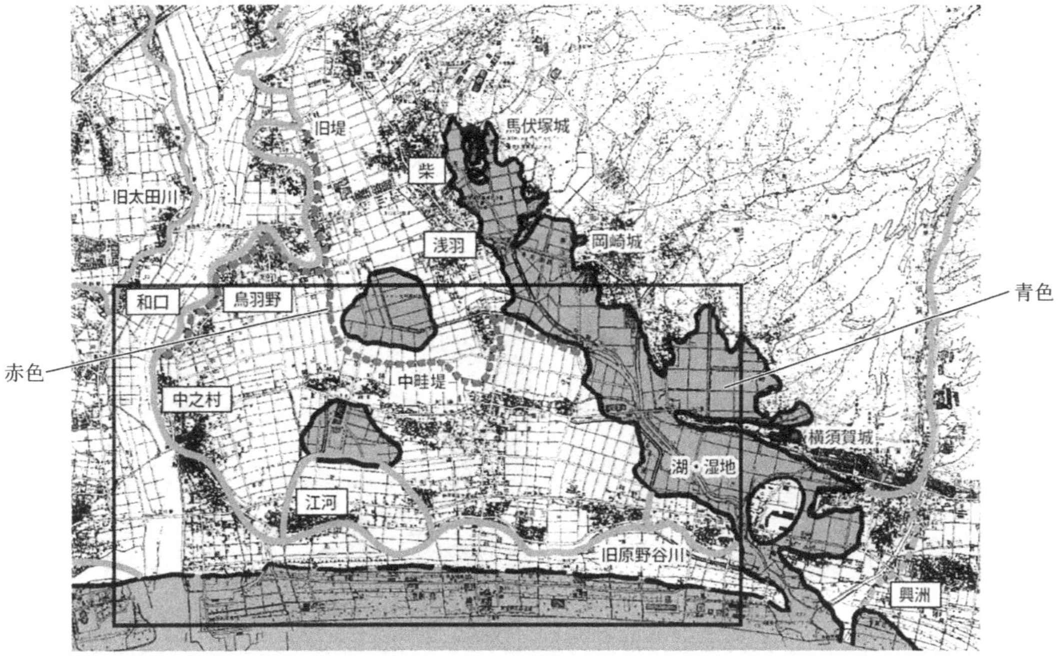

図5　（図中の枠は図6のおおよその範囲）

袋井市歴史文化館資料より

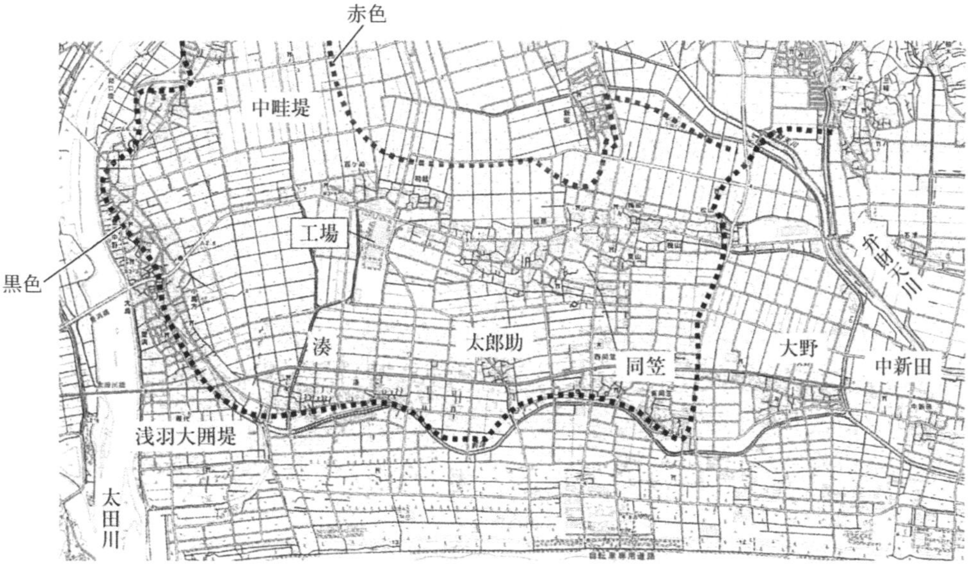

図6　（25000分の1地形図を縮小）

①図4、5、6から読み取れることとして誤っているものを、次のア～エから1つ選び、記号で答えなさい。

ア.「太田川」は、16世紀後半以降に川の流れが変わっている。

イ.「太郎助《たろうすけ》」や「湊《みなと》」などの集落は、かつて堤防に囲まれた輪中集落であった。

ウ.「弁財天川」の周辺は、かつては湖・湿地《しっち》で、今は畑地が土地利用の中心である。

エ. 図6の工場周辺は、かつては湖・湿地であった。

②葵さんは、次の写真1のような小さな山を「大野」や「中新田《なかしんでん》」集落で見つけ、それについて知るために郷土資料館を訪れました。下の会話は、葵さんと資料館の学芸員との会話です。空欄（　1　）～（　3　）に当てはまる語の組み合わせとして適当なものを、後のア～カから1つ選び、記号で答えなさい。

写真1

写真2

【葵さんと学芸員の会話】　学＝学芸員

葵：大野と中新田集落で写真1のようなものを見つけました。これは何ですか？

学：これは「命山《いのちやま》」といって、水害などの際の一時的な避難《ひなん》場所です。歴史は古く、17世紀末に築造されたと考えられています。1680年に江戸時代最大といわれる台風が襲来《しゅうらい》し、（　1　）による大きな被害《ひがい》を受けました。その後、生き延《の》びた村人によって造られたのが「命山」です。

葵：（　1　）による被害はどのようなものだったのですか？

学：史料によると、横須賀《よこすか》城の西側の地域が水浸《びた》しとなり、特に同笠《どうり》・大野・中新田などは多くの死者が出たそうです。大野や中新田は、（　2　）の外側に位置していたため、同笠は（　2　）が壊《こわ》れたために大きな被害が出たそうです。

葵：過去の災害を教訓として命山は造られたのですね。南海トラフでの地震が心配されていますが、この地域ではどんな対策をしていますか？

学：2011年の東日本大震災をきっかけに、先人の知恵である命山を現代に復活させる取り組みが行われました。自治体による（　3　）として、写真2のように現代の技術を用いた「平成の命山」を複数整備しました。

	ア	イ	ウ	エ	オ	カ
1	高潮	高潮	高潮	津波	津波	津波
2	浅羽大囲堤	中畦堤	中畦堤	浅羽大囲堤	浅羽大囲堤	中畦堤
3	公助	自助	公助	自助	公助	自助

③学芸員の話を聞いた葵さんは、自然災害による被害が予想される範囲を示した地図を参考に、祖父母にとって安全な避難経路を考えました。下線のような地図を何というか、カタカナで答えなさい。